EDUCAÇÃO E TECNOLOGIA, NA SOCIEDADE ADMINISTRADA

ESTUDOS CRÍTICOS

Editora Appris Ltda.
1.ª Edição - Copyright© 2024 dos autores
Direitos de Edição Reservados à Editora Appris Ltda.

Nenhuma parte desta obra poderá ser utilizada indevidamente, sem estar de acordo com a Lei nº
9.610/98. Se incorreções forem encontradas, serão de exclusiva responsabilidade de seus organizadores. Foi realizado o Depósito Legal na Fundação Biblioteca Nacional, de acordo com as Leis nᵒˢ
10.994, de 14/12/2004, e 12.192, de 14/01/2010.

Catalogação na Fonte
Elaborado por: Dayanne Leal Souza
Bibliotecária CRB 9/2162

E244e
2024
	Educação e tecnologia, na sociedade administrada: estudos críticos [recurso eletrônico] / Carlos Antônio Giovinazzo Junior, Maria Angélica Pedra Minhoto e Odair Sass (orgs.). – 1. ed. – Curitiba: Appris, 2024.
	    217 p. : il. ; 23 cm. (Educação, Tecnologias e Transdisciplinaridades)
	
	    Vários autores.
	    Inclui referências.
	    ISBN 978-65-250-6081-1
	
	    1. Educação e tecnologia. 2. Ensino superior. 3. Política educacional. I. Giovinazzo Junior, Carlos Antônio. II. Minhoto, Maria Angélica Pedra. III. Sass, Odair. IV. Título.
	
	                                                        CDD – 374.012

Livro de acordo com a normalização técnica da ABNT

Appris
editora

Editora e Livraria Appris Ltda.
Av. Manoel Ribas, 2265 – Mercês
Curitiba/PR – CEP: 80810-002
Tel. (41) 3156 - 4731
www.editoraappris.com.br

Printed in Brazil
Impresso no Brasil

Carlos Antônio Giovinazzo Jr.
Maria Angélica Pedra Minhoto
Odair Sass

(orgs.)

EDUCAÇÃO E TECNOLOGIA, NA SOCIEDADE ADMINISTRADA

ESTUDOS CRÍTICOS

Appris
editora

Curitiba, PR

2024

FICHA TÉCNICA

EDITORIAL   Augusto Coelho
Sara C. de Andrade Coelho

COMITÊ EDITORIAL   Ana El Achkar (UNIVERSO/RJ)
Andréa Barbosa Gouveia (UFPR)
Conrado Moreira Mendes (PUC-MG)
Eliete Correia dos Santos (UEPB)
Fabiano Santos (UERJ/IESP)
Francinete Fernandes de Sousa (UEPB)
Francisco Carlos Duarte (PUCPR)
Francisco de Assis (Fiam-Faam, SP, Brasil)
Jacques de Lima Ferreira (UP)
Juliana Reichert Assunção Tonelli (UEL)
Maria Aparecida Barbosa (USP)
Maria Helena Zamora (PUC-Rio)
Maria Margarida de Andrade (Umack)
Marilda Aparecida Behrens (PUCPR)
Marli Caetano
Roque Ismael da Costa Güllich (UFFS)
Toni Reis (UFPR)
Valdomiro de Oliveira (UFPR)
Valério Brusamolin (IFPR)

SUPERVISOR DA PRODUÇÃO   Renata Cristina Lopes Miccelli

PRODUÇÃO EDITORIAL   Sabrina Costa

REVISÃO   Josiana Araújo Akamine

DIAGRAMAÇÃO   Jhonny Alves dos Reis

CAPA   Eneo Lage

REVISÃO DE PROVA   Bruna Santos

COMITÊ CIENTÍFICO DA COLEÇÃO EDUCAÇÃO, TECNOLOGIAS E TRANSDISCIPLINARIDADES

DIREÇÃO CIENTÍFICA   **Dr.ª Marilda A. Behrens (PUCPR)**   **Dr.ª Patrícia L. Torres (PUCPR)**

CONSULTORES   Dr.ª Ademilde Silveira Sartori (Udesc)   Dr.ª Iara Cordeiro de Melo Franco (PUC Minas)

Dr. Ángel H. Facundo
(Univ. Externado de Colômbia)   Dr. João Augusto Mattar Neto (PUC-SP)

Dr.ª Ariana Maria de Almeida Matos Cosme
(Universidade do Porto/Portugal)   Dr. José Manuel Moran Costas
(Universidade Anhembi Morumbi)

Dr. Artieres Estevão Romeiro
(Universidade Técnica Particular de Loja-Equador)   Dr.ª Lúcia Amante (Univ. Aberta-Portugal)

Dr. Bento Duarte da Silva
(Universidade do Minho/Portugal)   Dr.ª Lucia Maria Martins Giraffa (PUCRS)

Dr. Claudio Rama (Univ. de la Empresa-Uruguai)   Dr. Marco Antonio da Silva (Uerj)

Dr.ª Cristiane de Oliveira Busato Smith
(Arizona State University /EUA)   Dr.ª Maria Altina da Silva Ramos
(Universidade do Minho-Portugal)

Dr.ª Dulce Márcia Cruz (Ufsc)   Dr.ª Maria Joana Mader Joaquim (HC-UFPR)

Dr.ª Edméa Santos (Uerj)   Dr. Reginaldo Rodrigues da Costa (PUCPR)

Dr.ª Eliane Schlemmer (Unisinos)   Dr. Ricardo Antunes de Sá (UFPR)

Dr.ª Ercilia Maria Angeli Teixeira de Paula (UEM)   Dr.ª Romilda Teodora Ens (PUCPR)

Dr.ª Evelise Maria Labatut Portilho (PUCPR)   Dr. Rui Trindade (Univ. do Porto-Portugal)

Dr.ª Evelyn de Almeida Orlando (PUCPR)   Dr.ª Sonia Ana Charchut Leszczynski (UTFPR)

Dr. Francisco Antonio Pereira Fialho (Ufsc)   Dr.ª Vani Moreira Kenski (USP)

Dr.ª Fabiane Oliveira (PUCPR)

Nos casos em que o espírito não se dissolve em uma identidade indiferenciada com a sociedade, e ainda assim só obedece a leis sociais, o seguinte anacronismo é oportuno: agarrar-se à formação cultural, mesmo depois de a sociedade tê-la privado de seus alicerces. Pois, a única forma possível de sobrevivência ao espírito é pela reflexão crítica sobre a pseudoformação, para o que a formação cultural é essencial.

Theodor W. Adorno (1959)

PREFÁCIO

Esta coleção reúne estudos e pesquisas realizados junto ao projeto temático intitulado "Formação e educação, tecnologia e profissionalização na sociedade do capitalismo tardio", executado por pesquisadores, doutorandos e mestrandos da Pontifícia Universidade Católica de São Paulo (PUC-SP) e da Universidade Federal de São Paulo (Unifesp — campus Guarulhos), marcadamente entre 2020 e 2023.

Afora o primeiro capítulo dedicado à apresentação do projeto temático, quanto aos temas, conceitos básicos e etapas de execução, os capítulos subsequentes discutem os resultados de pesquisas que tratam da educação básica e superior no país. Em conjunto, eles representam uma das principais atividades fins do grupo de pesquisa que desenvolve o projeto temático, a saber: a consecução de estudos e de pesquisas, incluindo dissertações e teses; além disso, registre as discussões sistemáticas, prioritariamente, de obras dos autores da teoria crítica da sociedade e a realização de seminários anuais, em que são apresentados os resultados parciais ou finais das pesquisas em andamento ou concluídas, apreciados e avaliados por reconhecidos pesquisadores brasileiros e estrangeiros, convidados externos ao grupo de pesquisa.

Considerando que os conteúdos dos capítulos que compõem este volume são devidamente discutidos na Introdução, inserida na sequência, cabe-nos, aqui, justificar a inclusão, como Anexos, de dois textos de Theodor W. Adorno: "Teoria da pseudocultura" (1959), tradução da versão em inglês, "Theory of Pseudo-Culture" (1959), do original em alemão, "Theorie der Halbbildung" e "Sobre a especificação da teoria crítica", traduzido do alemão.

Teoria da pseudocultura segue o mesmo entendimento da tradução espanhola do substantivo "Halbbildung" que adotou o substantivo "seudocultura", por sua vez, a tradução mais frequente, no Brasil, aplica preferencialmente o termo "semiformação". De nossa parte, entendemos que, embora o advérbio "halb" signifique "meio" e "metade", quando é aglutinado com substantivos abstratos, tais como cultura e formação, permitem, conforme a etimologia, atribuir ao substantivo "halbbildung" o significado de "cultura superficial", ou recorrendo, em português, ao prefixo pseudo em lugar de semi, referenda a tradução "pseudocultura" e "pseudoformação" em vez da versão literal "semicultura" ou "semiformação". No entanto, muito mais importante do que esse detalhe é a relevância ocupada pela teoria da pseudocultura, dentre os escritos do autor acerca da educação, tanto porque, diferentemente de outros textos e intervenções em que são tratadas questões educacionais específicas, tais como a educação contra a barbárie, a formação de professores, a função dos meios de comunicação junto à educação, a exigência de uma educação política, ele se concentra em discutir o problema da formação do indivíduo sob a sociedade administrada, explorando os limites estritos das reformas educacionais, bem como o potencial e o papel efetivo da educação no processo de resistência à pseudoformação, que atualmente se alastra pelo país afora. Trata-se de um importante exemplar de análise dialética da educação, consoante à teoria crítica da sociedade e às concepções de Theodor Adorno.

Sobre a especificação da teoria crítica (Zur Spezifikation der kritischen Theorie), publicado nos arquivos de Adorno, em 2004, é um sumário datilografado sem data, pertencente ao arquivo de Max Horkheimer, mas redigido por Theodor Adorno, refere-se, provavelmente, ao conteúdo de um curso a ser ministrado sobre a teoria crítica, na Universidade de Frankfurt ou no Instituto de pesquisa social, após o retorno de ambos à Alemanha, na virada de 1949-1950. A tradução, em uma lauda, dispõe o rol de oito pontos específicos, os quais permitem compreender a lógica da exposição pretendida pelo autor: delimitar a base marxista da teoria a par da objeção das versões que insistem em hipostasiar o materialismo dialético, satisfazendo-se em repetir as conclusões pretéritas de Marx e Engels, ainda que o movimento do objeto exija fundamentação objetiva, baseada em pesquisas, bem como se contrapor ao reducionismo economicista que pretende esgotar a explicação do real ao fator econômico, bem como a tentativa de converter o materialismo em uma ontologia. Ainda que a teoria mantenha a premissa da primazia da economia política na ordem social, o autor sustenta a necessidade de incluir a mais-valia psíquica, caracterizada pela expropriação do sujeito mediante a sua conversão em mero apêndice da sociedade, formulação que, aos longos de suas obras, ele sintetizou com a expressão "inflexão em direção ao sujeito", apontando, assim, para a importância das teorias parcelares (Filosofia, Antropologia, Psicologia, Sociologia, entre outras). Assinale também que a advertência de evitar a hipostasia da teoria é extensiva à própria teoria crítica da sociedade.

Claro está que a tradução poderia ser adensada com diversas notas indicadoras de obras acessíveis aos temas e questões sumariadas em pontos, particularmente em língua portuguesa, contudo, optamos por deixar aos interessados as suas indicações, visto que a contribuição desse sumário é constituir um roteiro para orientar as leituras do grupo de pesquisa.

Odair Sass

SUMÁRIO

INTRODUÇÃO..13
Pedro Fernando da Silva

1

FORMAÇÃO: TÉCNICA E TECNOLOGIA NA EDUCAÇÃO CONTEMPORÂNEA..23
Odair Sass

2

TÉCNICA, TECNOLOGIA E PROFISSIONALIZAÇÃO: A PRODUÇÃO CIENTÍFICA SOBRE OS FINS DA UNIVERSIDADE E FORMAÇÃO......47
Maria Angélica Pedra Minhoto, Carlos Antônio Giovinazzo Jr.

3

DA FORMAÇÃO DO INDIVÍDUO AUTÔNOMO À PRODUÇÃO DE CAPITAL HUMANO: A UNIVERSIDADE EM QUESTÃO...................69
Maria Angélica Pedra Minhoto, Cristiane Fairbanks

4

A COMPETÊNCIA COMO FERRAMENTA DE PSEUDOFORMAÇÃO NA SOCIEDADE DO CAPITALISMO TARDIO......................................95
Luiz Alberto Neves Filho, Elisangela Lizardo

5

A FORMAÇÃO CONTINUADA DE PROFESSORES DA EDUCAÇÃO BÁSICA E AS POLÍTICAS PARA A MELHORIA DA QUALIDADE DA EDUCAÇÃO PÚBLICA EM SÃO PAULO.....................................111
Juarez Bernardino de Oliveira

6

JUVENTUDE, DEMOCRACIA E FASCISMO: A FORMAÇÃO DO JOVEM E O ENSINO MÉDIO NO BRASIL CONTEMPORÂNEO...................139
Carlos Antônio Giovinazzo Jr.

7

POLÍTICA EDUCACIONAL CONTEMPORÂNEA: ANÁLISE DA ATIVIDADE DO FUNDO NACIONAL DE DESENVOLVIMENTO DA EDUCAÇÃO (2000 A 2019)..153
Deise Lopes de Souza

8

EXPANSÃO E MERCANTILIZAÇÃO DA EDUCAÇÃO SUPERIOR: ANÁLISE PRELIMINAR DE UM PROCESSO DE DEFORMAÇÃO EM LARGA ESCALA...169
Maria Angélica Pedra Minhoto

9

TEORIA DA PSEUDOCULTURA (1959) 183
Theodor W. Adorno

SOBRE A ESPECIFICAÇÃO DA TEORIA CRÍTICA 209
Theodor W. Adorno

SOBRE OS AUTORES...215

NOTA DOS ORGANIZADORES..................................217

INTRODUÇÃO

Diferenciando-se substancialmente de obras que se dedicam a apresentar resultados estandardizados, obtidos por meio de práticas de pesquisa que seguem o mandamento da produtividade a todo custo, o livro para o qual este breve texto serve de apresentação realiza o pensamento crítico como evidente negação do operacionalismo que tem impregnado parte substancial das práticas científicas contemporâneas. Opõem-se, portanto, ao fetichismo do método que, comumente controlado com rigor e colocado em primeiro plano, parece substituir a interpretação de problemas complexos cuja compreensão depende tanto do acesso a nuances somente obtidas por meio da utilização de um método rigoroso, que propicie a sua descrição precisa, quanto de uma teoria que mantenha o pensamento livre o suficiente para interpretar os dados obtidos sem sucumbir ao culto positivista dos fatos. Sem negligenciar o valor do método científico, este livro, que combina teoria e pesquisa empírica, confere primazia ao seu objeto e, por isso mesmo, cria condições para acompanhar criticamente os seus movimentos contraditórios a partir dos diferentes prismas delimitados por cada um dos capítulos que o compõem.

Ao articular formação e educação, tecnologia e profissionalização como processos relacionados, mas descontínuos, o conjunto dos escritos (ensaios e artigos) que compõem este livro e, antes ainda de sua objetivação como texto, cada uma das pesquisas que compuseram o projeto temático *Formação e educação, tecnologia e profissionalização no capitalismo tardio*, realiza o que se espera de uma teoria crítica que se ocupe da educação: critica-a em todas as suas vertentes, mas não para desabilitá-la ou para submetê-la à expectativa de que realize a transformação da sociedade, mas, sim, para que por meio da crítica possa recuperar a esperança de desbarbarizar a vida dura sob o capitalismo tardio e de realizar o seu potencial formativo negado pela forma predominante, que atualmente lhe é imposta pelas tendências totalitárias que subjazem inclusive à democracia formal, e parece ser a única possível: a pseudoformação. Imbuído de intenção crítica, o livro escrito por pesquisadores vinculados ao Programa de Pós-Graduação em Educação: história, política, sociedade, da PUC de São Paulo, discute os processos sociais que contribuem para a degradação da formação cultural (*Bildung*) em uma pseudoformação (*Halbbildung*) socializada.

Os autores congregam o objetivo comum de investigar, por diversos meios em diferentes modalidades de escolarização, a condição e algumas das contradições da formação, em particular, da que ocorre no âmbito da educação escolar permeada por objetivos sociais como o da profissionalização e pela organização tecnológica dos processos de ensino e de produção científica que, em consonância com a conceituação de tecnologia elaborada por Marcuse (1941/1999, p. 73), estabelece-se como "uma forma de organizar e perpetuar (ou modificar) as relações sociais, uma manifestação do pensamento e dos padrões de comportamento dominantes, um instrumento de controle e dominação".

A análise crítica da invasão efetuada pela racionalidade tecnológica sobre o campo da formação nos diversos níveis da escolarização é composta e complementada por cada uma das contribuições que analisam a relação entre educação, tecnologia e dominação a partir de questões dirigidas aos modos e à qualidade da educação propiciada pelas instituições formativas brasileiras. Essa problemática é desdobrada em temas como a finalidade da universidade e o tipo de formação que atualmente tem sido propiciada no Brasil, de modo a questionar se essa formação tem se voltado para a autonomia ou para o ajustamento às exigências de profissionalização engendradas pela sociedade funcional, bem como a discutir as consequências da mercantilização da educação superior (capítulos 2º, 3º e 8º, respectivamente escritos por Minhoto & Giovinazzo Jr., Minhoto & Fairbanks e Minhoto); a orientação ideológica da formação e da formação continuada de professores da educação básica por meio da instrumentalização da técnica e da tecnologia (capítulos 5º e 7º, respectivamente escritos por Oliveira e por Souza), assim como por meio da hegemonia de finalidades adaptacionistas e voltadas ao desenvolvimento de competências (capítulo 4º, escrito por Neves Filho & Lizardo); a limitada formação propiciada aos jovens no ensino médio já impactado por políticas públicas de educação, inclusive de financiamento da educação básica (capítulos 6º e 7º, respectivamente escritos por Giovinazzo Jr. e Souza).

Além da evidente fundamentação em pesquisas independentes, rigorosamente conduzidas com métodos consistentes a cada um dos objetos delimitados, as interessantes discussões teóricas desdobradas nos capítulos que compõem esta obra se articulam com questões conceituais muito bem formuladas no ensaio de Sass (capítulo 1º), intitulado *Formação: técnica e tecnologia na educação contemporânea*, que orienta o projeto temático do grupo e abre o livro, de modo a apresentar questões conceituais centrais para a pesquisa, delimitar conceitos e problemas atuais que possibilitam com que essa investigação possa ser realizada de modo consistente e crítico. Em uma perspectiva histórica, articula conceitos relacionados à formação e à pseudoformação, aos processos de trabalho e alienação, às diferenças entre técnica e tecnologia, bem como às possibilidades e limites da individuação.

Por se tratar de uma obra que comunica os resultados de um conjunto de pesquisas sobre problemáticas particulares, mas articuladas em um projeto temático com o objetivo comum de analisar criticamente o recrudescimento da pseudoformação, tornar-se interessante ressaltar a afinidade teórica que há em torno de conceitos e análises elaborados por autores da primeira geração da Escola de Frankfurt, sobretudo Herbert Marcuse, Max Horkheimer e Theodor W. Adorno. Essa afinidade, longe de indicar mera filiação, representa a escolha por trabalhar com conteúdos teóricos pertinentes à compreensão e à análise crítica de aspectos históricos e especificidades dos objetos de pesquisa articulados, os quais compreendem temas relacionados às relações e às contradições entre formação e educação, por um lado, e tecnologia e profissionalização, por outro. A fundamentação nesses autores, portanto, não é dogmática, mas sim crítica e aberta ao diálogo com outras referências importantes, como Marx e Hegel, e à contribuição de pesquisadores atualmente dedicados ao estudo desses temas.

Entre os temas transversais tratados nos oito capítulos que compõem o livro — cujo título *Formação e educação, tecnologia e profissionalização no capitalismo tardio*, é idêntico ao do projeto de pesquisa temático do qual é produto —, a concepção, as contradições e a história da Universidade, bem como de seu papel na formação, estão presentes em algumas dos textos componentes desta obra, possibilitando ao leitor acompanhar criticamente o percurso de instauração da Universidade que partiu da intenção humboldtiana de formar indivíduos autônomos, mediante o amplo acesso ao conhecimento e às artes, bem como mediante a apropriação da cultura por meio do acesso à educação pública, universal e gratuita, e lamentavelmente chegou ao questionável objetivo de produzir capital humano, submetendo-se a interesses sociais circunscritos à formação de especialistas e de profissionais qualificados para atuação nos diversos setores produtivos (capítulo 3º de Minhoto & Fairbanks).

A esse respeito, o ensaio de Sass, que ao mesmo tempo conserva as intenções do projeto temático e as realiza como espírito crítico-reflexivo, discute com muita precisão a separação instaurada no processo histórico entre arte e técnica e, posteriormente, entre técnica e sujeito, propondo, com isso, questões de grande relevância para o debate sobre educação, profissionalização e tecnologia, pois extrai consequências preciosas sobre as mudanças ocorridas nas concepções de formação que levam à pseudoformação e à destituição do sujeito. Na análise desenvolvida por ele, assim como também nas dos demais autores desta obra, é possível perceber como, em correspondência com a divisão do conhecimento produzida em consonância com a divisão do trabalho material, a fragmentação produzida no âmbito da formação implica formas extremas de alienação que potencializam a alienação do trabalho amplamente estudada por Marx. A respeito desse funesto sucedâneo da formação, que cada vez mais substitui formas consistentes de apropriação da cultura, a pseudoformação descrita por Adorno no ensaio *Teoria da pseudocultura*, de 1959 — publicado neste volume em primorosa tradução de Minhoto — compreende formas cindidas de reação ao social, conferindo à dimensão psíquica importante correspondência com a alienação radical, Adorno percebeu e destacou o papel da alienação como base dos sistemas delirantes produzidos ou explorados pela pseudocultura. Com isso, a cisão entre técnica e sujeito, típica da sociedade administrada, engendra uma ampliação e aplicação da técnica como tecnologia que interrompe o entendimento da técnica como uma produção e propriedade do sujeito, vinculada ao processo de individuação. A propósito, Sass (capítulo 1, p. 32) observa que o parcelamento promovido pela divisão social do trabalho "interrompe o processo de individuação em curso, fortalecendo a personalidade objetiva e enfraquecendo a face subjetiva por meio da imposição técnica que outrora lhe pertenceu". Se com esse processo se instaura a alienação crescente, que favorece a animalização do ser humano, como observou Marx nos *Manuscritos econômico-filosóficos*, a formação torna-se uma das esferas mais atingidas. A força niveladora da socialização totalizante se alimenta da destruição da consciência a respeito do processo de produção de mercadorias e da determinação da própria existência.

Conforme o empenho dos pesquisadores integrantes das pesquisas relatadas nesta obra, que não se contentaram com conclusões sintéticas da teoria que fundamentou seus estudos, é insuficiente repetir o entendimento de Adorno de que a formação se dá por meio da apropriação da cultura pelo sujeito, pois embora essa compreensão seja profícua como negação da pseudoformação (*Halbbildung*) "pouco ou nada diz se for admitida como uma conclusão sintética de uma investigação não realizada" (capítulo 1, p.

36). Como confirmado in loco, o projeto temático que está na base empírica dos ensaios e artigos que compõem este livro indica a necessidade imprescindível de se realizar pesquisas amplas e consistentes sobre a relação entre os processos de formação e de educação oferecidos pelas instituições de ensino, as possibilidades de desenvolvimento de modos de apropriação e de transformação da cultura e a dimensão subjetiva implicada. Esse trabalho de análise é consistentemente realizado pelas pesquisas relatadas e refletidas nesta obra e pode ser constatado na indagação articulada nas pesquisas a respeito do status da formação cultural nessa sociedade capitalista tardia cujas instituições de educação estão cada vez mais voltadas para a profissionalização e para a aquisição de tecnologias aplicáveis aos interesses da produção.

Para reforçar a importância dessa posição crítica diante da teoria, que a reconhece como iluminação da realidade empírica, pode-se destacar que, ao se referir às dimensões compreendidas pelo conceito de formação adotado no capítulo *Juventude, democracia e fascismo: a formação do jovem no ensino médio no Brasil contemporâneo*, Giovinazzo Jr. enfatiza que a formação que ocorre na instituição escolar pode ser entendida como uma totalidade que compreende as dimensões social, política, cultural e psicológica, mas no âmbito da pedagogia das competências, que expressa a ampliação da pseudoformação,

> [...] desconsidera-se os ensinamentos da Psicologia sobre a complexidade e a dimensão social e cultural do desenvolvimento intelectual, ao mesmo tempo em que é supervalorizada a vertente da ciência psicológica que separa o cognitivo, o social, o ambiental e o afetivo em compartimentos estanques da psicologia humana (capítulo 6, p. 123).

De modo semelhante, em consonância com Adorno (1959), exatamente o ensaio publicado neste livro, o autor desvela o impacto regressivo da cisão entre a tecnologia e os modos de profissionalização que se resumem à sua apropriação e aplicação, por um lado, e, por outro, à constituição ampla de sujeitos capazes de ter experiências e de interpretar o mundo e, ainda, de transformá-lo quando preciso. O mesmo tipo de cisão que fragmenta o psiquismo e a psicologia que remeteria ao ser humano integral, priorizando, por sua vez, a psicologia instrumentalizada que serve à adaptação, atinge também a relação entre as pessoas e a tecnologia que deveria ser apropriada por elas criticamente, como sujeitos, privando-os de experiências essenciais à formação da subjetividade. Não é possível haver formação sem sujeito, mas a pedagogia das competências justamente obstrui o processo de subjetivação.

Os vários textos que compõem a criteriosa análise das contradições da educação brasileira, desenvolvida no livro, são coerentes entre si ao denunciar que ela tem sucumbido os objetivos da profissionalização no sentido da preparação, dissociada de experiências formativas efetivas, do trabalhador, dos jovens ou mesmo dos docentes para que se ajustem às demandas da maquinaria (podemos ver isso em Souza, em Minhoto, em Giovinazzo Jr., em Neves Filho e Lizardo). Inspirado por essa intenção crítica, que se desdobra nas várias pesquisas, Sass realça a continuidade no tempo atual do processo de redução das pessoas a meros apêndices da maquinaria, denunciado tanto por Marx quanto por Adorno em momentos históricos e estágios distintos do desenvolvimento das forças produtivas técnicas.

A falência da formação nos diferentes níveis de escolarização e profissionalização, constatada pelos vários prismas investigados, corresponde ao fato de as pessoas terem se tornado privadas de experiências que lhes permitam formar uma consciência esclarecida. A pseudoformação em curso leva-as a terem de se ajustar sem reservas aos objetivos estabelecidos pelas forças hegemônicas, de modo que, com isso, suas necessidades tornam-se dirigidas. Conjuntamente ao sacrifício da consciência ocorre a introjeção de uma racionalidade instrumental como a descrita por Horkheimer em *Eclipse da razão* em relação ao declínio do indivíduo em favor da autonomização da máquina:

> O indivíduo outrora concebeu a razão exclusivamente como um instrumento do eu. Agora, ele experimenta o inverso dessa autodeificação. A máquina ejetou o piloto; ela corre cegamente pelo espaço. O tema dessa época é a autopreservação, muito embora não exista qualquer eu a ser preservado. (Horkheimer, 1946/2015, p. 143).

Poder-se-ia ponderar que tanto a compreensão baseada em Adorno (1968/2004), de que na sociedade industrial do capitalismo tardio as necessidades são totalmente dirigidas, quanto a afirmação de Horkheimer (1946/2015) de que não mais existe um Eu a ser preservado são hiperbólicas, objetivamente verdadeiras, mas dotadas de um efeito de exagero que busca provocar reflexão no leitor, entretanto, a esse respeito, as pesquisas articuladas pelo projeto temático *Formação e educação, profissionalização e técnica*, orientadas pela abdicação de conclusões sintéticas — mesmo que em relação a tão precisamente bem delimitada compreensão de Adorno a respeito da pseudoformação — conferem primazia a seu objeto e o acompanham em suas atuais contradições. De modo semelhante, pode-se supor que também essas afirmações duras de Adorno e de Horkheimer sobre a individualidade, embora possam ser excelentes estimuladoras se entendidas como maneiras de iniciar a discussão sobre a formação, podem nada significar se não as fizermos trabalhar, se não as investigarmos nos fenômenos de nossa realidade concreta. Pode-se depreender dessa discussão que a dimensão do Eu se destaca como relevante para a investigação dos processos educacionais. Embora haja um processo anterior à escolarização em que o psiquismo pode ou não se desenvolver de modo a consolidar um Eu suficientemente delimitado, ainda nos primeiros estágios do desenvolvimento, é importante considerar que a escolarização pode recriar condições para que essa instância se aprimore ou se atrofie. É importante notar que momentos essenciais da formação, como é o caso da educação básica, principalmente do ensino médio, têm tido seu potencial formativo desarticulado em decorrência da instrumentalização da técnica em prol da ordem social opressiva e de reformas que, por meio do direcionamento da formação e da formação continuada de professores (capítulos 5º e 8º, de autoria de Oliveira e de Minhoto, respectivamente), assim como por meio da flexibilização e redução do currículo e da instauração de simulacros da autonomia, como é o caso dos itinerários formativos, restringem o campo de possibilidades futuras dos estudantes e impedem a experiência escolar (conforme discutido no capítulo escrito por Giovinazzo Jr.).

Embora haja muitos outros aspectos importantes dentre os muitos analisados nessa instigante articulação entre o conhecimento teórico e a pesquisa empírica, que representa um modo muito preciso de aproximação com objetos complexos, e que requer tanto atenção à dimensão empírica quanto reflexão teórica detidas, é oportuno retornar à questão da alienação, pois é um conceito que parece essencial às diversas pesquisas que obtiveram os dados que fundamentaram os vários capítulos do livro. Destaca-se a potente articulação das análises sobre formação e educação com a dimensão psicológica, em particular, com o entendimento de que a formação implica constituição de um Eu que possa participar como sujeito do processo educacional.

Em consonância com as análises das diferentes concepções originárias da Universidade e diante da fixação de uma de suas tendências como hegemônica, precisamente aquela cujos fins não é a formação, mas a "formação de especialistas e profissionais altamente qualificados, atentas às necessidades dos setores produtivos" (capítulo 3, p. 73), a separação entre a técnica e a base subjetiva de quem a produz corresponde à degradação de seu papel como elemento da formação. Alienada a esse nível, a técnica ficou direcionada apenas à adaptação disfarçada sob a aparência de profissionalização, competência e capital humano (mais uma vez, fazem-se referências aos capítulos 2º, 3º e 4º, escritos por Minhoto e Giovinazzo Jr., Minhoto e Fairbanks e Neves Filho e Lizardo, respectivamente). Uma passagem do Capítulo 1º sintetiza o destacado:

> [...] a técnica deve ser considerada não só do lado objetivo, como os instrumentos que permitem ao homem a criar extensões de si mesmo, mas, também, do lado subjetivo, posto que é do domínio do indivíduo, visto que a ferramenta tanto é projeção dele, quanto manipulado conforme suas habilidades para operá-la, constituindo assim o momento subjetivo de sua 'personalidade'. (capítulo 1, p. 30).

Essa formulação é precisa quanto à distinção entre técnica e tecnologia, mas também em relação à dimensão psicológica da formação, compreendida no excerto pelo entendimento de que a técnica não alienada é uma extensão do indivíduo, um momento subjetivo de sua personalidade. Distintamente da tecnologia que tem orientado cegamente a educação para o trabalho alienado e para o ajustamento, a técnica que também poderia servir à libertação, pode, quando não alienada, corresponder a um momento subjetivo da personalidade do indivíduo. Esse entendimento ilustra o alcance crítico desta obra, pois preserva o sentido criativo da técnica, entendida como conhecimento voltado ao enfrentamento de problemas práticos; da técnica quando não dissociada da arte e da reflexão teórica.

Tendo em vista a importância do momento subjetivo e os riscos da alienação total, Sass assinalou que a cisão entre os momentos objetivo e subjetivo interrompeu o processo de individuação, "cancelando, paralisando ou restringindo ao limite inferior, a possibilidade de afirmação do 'eu' e de formação da personalidade individual" (Sass, p. 20) e, partir do próprio conceito de alienação, formulou uma importante ponderação:

> [...] só pode ser alienado, cindido, aquilo que está individuado, ainda que seja apenas um broto. Não cabe, portanto, explicar pela alienação o que não é passível de ser individuado, ainda que sejam representados por manadas de espécimes. Mas,

> testemunham o broto ceifado, as casas de Orates ou Aliena-
> dos, com seus manicômios e prisões, criados na sociedade
> moderna. (Sass, p. 34).

A respeito dessa relação entre individuação e alienação, há uma passagem no ensaio de Adorno sobre a pseudocultura, no capítulo 9 deste livro, no qual ele se refere à psicose como alienação objetiva. Trata-se de uma passagem bastante enigmática, que nos leva a indagar se se trata de considerarmos a loucura como alienação completa ou, diferentemente, como um processo que não poderia decorrer da alienação, posto que o Eu, nesse caso, pode não ter se individuado:

> A pseudocultura é defensiva: esquiva-se dos contatos que
> poderiam trazer à luz algo de sua natureza dúbia. Não é a
> complexidade, mas a alienação que dá origem às formas psi-
> cóticas de reação ao social e a psicose é ela mesma alienação
> objetiva apropriada e internalizada pelo sujeito. Os sistemas
> coletivos ilusórios da pseudocultura reconciliam o irreconci-
> liável, pois, eles articulam a alienação, sancionam-na, como
> se fosse um profundo mistério obscuro, e aparentemente se
> aproximam dela, substituindo a experiência danificada por
> uma falsa experiência. (Adorno, cap. 9, p. 180).

A educação que hoje se revela excessivamente comprometida com a disseminação da tecnologia e voltada acriticamente para a profissionalização, de fato, parece impedir a individuação e, com isso, acaba por fortalecer o desenvolvimento de modos muito regredidos de constituição psíquica que alimentam processos sociais altamente destrutivos no âmbito da psicologia das massas e da ascensão do fascismo. Adorno notou que os sistemas delirantes têm seu valor na economia psicológica da pessoa individual e uma função social objetiva. É, certamente, fundamental que támbém por meio da análise crítica da relação entre tecnologia e profissionalização se possa considerar em que medida a educação que se apoia na racionalidade tecnológica não favorece precisamente a manutenção dessas formas regredidas de constituição subjetiva: uma educação que visa transmitir uma técnica sem sujeito e acaba por produzir pessoas sem subjetividade.

Pedro Fernando da Silva

Referências

ADORNO, Theodor W. [1968]. Capitalismo tardío o sociedad industrial? *In*: ADORNO, Theodor W. *Escritos sociológicos I*. Madrid: Akal, 2004. p. 330-344.

HORKHEIMER, Max. [1946]. *Eclipse da razão*. Tradução de Carlos Henrique Pissardo. São Paulo: Unesp, 2015.

MARCUSE, Herbert. [1941] Algumas implicações sociais da tecnologia moderna. *In*: MARCUSE, Herbert. *Tecnologia, guerra e fascismo*. São Paulo: Fundação Editora UNESP, 1999. p. 71-104.

FORMAÇÃO: TÉCNICA E TECNOLOGIA NA EDUCAÇÃO CONTEMPORÂNEA[1]

Odair Sass

A formação, quando referida ao homem, é, como categoria gramatical, um substantivo feminino, e como conceito significa, entre tantas outras significações, as ações e seus efeitos recíprocos dos homens entre si, sejam diretos ou imediatos, tal como ocorre com as interações pessoais e individuais cotidianas, sejam indiretos ou mediatos, tal como ocorre nas relações mediadas por grupos de interesses, instituições ou pelo estado.

A definição anterior, ainda que apresentada em termos abstratos, contém elementos importantes — histórico, social e político — da formação, na medida em que enfatiza o seu caráter ativo e recíproco das relações estabelecidas entre o indivíduo, a sociedade e as instituições que a sustentam e o estado. Quando situada na história é evidente que a formação adquire especificidades concretas, estruturais e circunstanciais, da ordem social e do momento histórico particulares. Em suma, recorrendo à máxima hegeliana, formação acompanha o movimento do espírito objetivo.

Na antiga Grécia, considerada sistematicamente como uma referência histórica originária, visto que ali floresceu, devido ao alto nível de desenvolvimento das artes, das ciências e dos ofícios, uma diferenciação decisiva da civilização ocidental relativamente aos rumos tomados pelos povos orientais, a Paideia, como é denominada a formação do homem grego. A relevância da *paidea* para a história da educação decorre da própria forma como ela foi criada e sedimentada ao longo do tempo, caso contrário, "[...] essa história vivida já teria desaparecido há longo tempo se o homem grego não a tivesse criado na sua forma perene" (Jaeger, 1986, p. 3).

Para o homem grego, à medida que se desenvolvem a sociedade e a cultura, a "ideia de educação representava para ele o sentido de todo o

---

[1] Uma versão preliminar deste capítulo foi redigida como elaboração do projeto temático: "Formação e educação, tecnologia e profissionalização na sociedade industrial do capitalismo tardio" (2019).

esforço humano. Era a justificação última da comunidade e individualidade humanas" (Jaeger, 1986, p. 3).

De pronto, vale esclarecer, a fim de evitar equívocos e anacronismos, que o termo "cultura" é aqui aplicado à Grécia clássica em uma acepção muito distinta de seu uso tardio, na era moderna, quando passa a ser mais apropriadamente um conceito antropológico descritivo e enfaticamente relativista, com o qual se pretende caracterizar o conjunto das manifestações sociais, econômicas e políticas bem como as formas de organização da vida social de um povo, de um grupo social, entre tantos outros modos de criar agrupamentos sociais, sob uma infinidade de argumentos. O esvaziamento e a lassidão dos conceitos, que marca a fase contemporânea do relativismo sem freios, salta aos olhos, como se observa em quase palavras de ordem que grassam, nesse período em que a desesperança e a irracionalidade sobressaem: "cultura da empresa", "cultura do estrupo", "cultura da paz", "cultura do crime", são algumas expressões da redução relativista do conceito.

A concepção grega disso diferia plenamente, posto que, a Paideia representava a realização efetiva, externa ditada pela sociedade e internalizada pelo sujeito, da cultura; a cultura não era uma coisa aí, um disponível para quem quisesse apanhá-la, como se apanha um fruto de uma árvore acessível ao alcance das mãos e pronto para ser saboreado.

A cisão histórica estabelecida entre a cultura e [civilização] os processos materiais de produção e reprodução da vida humana, constatada de diversas formas na sociedade industrial, é verdadeira e falsa; verdadeira na medida em que objetivamente a cultura apresenta-se organizada e distribuída plenamente em setores independentes uns dos outros, falsa porque a suposta independência permanece indissociável do modo de produção industrial que continua a determinar praticamente todas as relações dos indivíduos com a sociedade.

Vale observar que as transformações das sociedades ao longo do tempo tratadas, principalmente pela História e pela Antropologia, mediante o conceito de civilização, acentuam uma ou outra esfera; a primeira, enfatiza os aspectos estruturantes da sociedade tais como a fixação geográfica e espacial dos agrupamentos humanos, a edificação das cidades, os monumentos e instrumentos, a organização social e política, as normas e códigos que regulam as relações sociais, a ciência e tecnologia as técnicas, em síntese, os elementos fundamentais que caracterizam um período histórico ou uma civilização (Civita); a Antropologia, por sua vez, põe acento sobretudo nas formas de organização social que garantem a reprodução do grupo social, a sua preservação, os meios materiais, técnicos e culturais desenvolvidos e utilizados para a consecução desses fins.

Com o intuito de evitar as polarizações, por vezes ardilosas, tanto do evolucionismo à medida que propugna uma ascendência linear e lenta da civilização e do progresso desde a antiguidade de modo a possibilitar a exposição da história da humanidade em etapas delimitadas com rigidez, quanto do relativismo descritivo da Antropologia, que tal como fez com a cultura, relativiza a noção de civilização, é pertinente, repor, por uma questão de método, a seguinte proposição apresentada por Freud, em seu estudo sobre *O futuro de uma ilusão*, publicado originalmente em 1927:

> A civilização humana, expressão pela qual quero significar tudo aquilo em que a vida humana se elevou acima de sua condição animal e difere da vida dos animais — e desprezo ter que distinguir entre cultura e civilização —, apresenta, como sabemos, dois aspectos ao observador. Por um lado, inclui todo o conhecimento e capacidade que o homem adquiriu com o fim de controlar as forças da natureza e extrair a riqueza desta para a satisfação das necessidades humanas; por outro, inclui todos os regulamentos necessários para ajustar as relações dos homens uns com os outros e, especialmente, a distribuição da riqueza disponível. As duas tendências da civilização não são independentes uma da outra. (Freud, 1978, p. 87-88).

A diferenciação entre cultura e civilização — aquela incidindo predominantemente sobre a regulamentação das relações sociais que tornam possível a vida humana em sociedade enquanto essa incide sobre o domínio do homem sobre a natureza — acompanhada da vinculação necessária entre esses dois fatores, aproximam Freud do movimento do Esclarecimento, de um lado, e põe o indivíduo como o elemento central de um programa racional da civilização, de outro.

A recusa do autor em cindir cultura e civilização contém um importante desdobramento metodológico na medida em que sustenta a necessária remissão recíproca entre as duas esferas. Esse procedimento, tal como é aqui entendido, sugere que ambas as esferas determinam uma a outra, opondo-se, assim, ao funcionalismo positivista que separa inexoravelmente uma da outra para, posteriormente, relacioná-las funcionalmente, posto que são admitidas como conceitos independentes.

Esse procedimento é também adotado no presente projeto na medida em que proporciona tanto a especificação precisa dos conceitos básicos de formação, educação, instrução, profissão, técnica e tecnologia, quanto a análise dos possíveis nexos que se estabelecem entre eles.

Como diversas pesquisas psicológicas sobre o desenvolvimento e a aquisição dos conceitos — tema recorrente da psicologia, há pelo menos 100 anos — evidenciaram que, em traços gerais, eles passam por etapas específicas desde a polissemia e pré-conceitual (juízos anteriores à experiência e análise do objeto, ou, inferências e generalizações incorretas com base na experiência prévia) , da criança, até a fase conceitual propriamente dita, do jovem e do adulto, quando passam a integrar uma estrutura que os hierarquiza dos mais simples e imediatos aos mais abstratos e mediatos. Claro está que imaginação, abstração, reflexão, indução dedução, entre tantas outras categorias do pensamento, fazem-se presentes em todas as etapas, ainda que mais ou menos evidentes, recorrentes, ocultas ou explícitas em umas do que em outras.

Em contrapartida, quando se pretende delimitar um objeto de estudo, as categorias que o caracterizam e o explicam em seu movimento histórico, é delineada uma trajetória distinta daquela verificada pelos estudos psicológicos, primeiro, porque o objeto se apresenta em suas formas maduras ou superadas, em vez dos brotos que se originam do pensamento infantil, segundo, porque torna possível retornar retrospectivamente ao passado fixando como referência o presente, como se o observador estivesse ingressando na história "de costas para o passado tendo o presente como ponto fixo", em vez de dar as costas para o presente e olhar somente para o passado, ou, ao contrário, dar as costas para o passado e olhar somente para o presente, gerando os perniciosos anacronismos; registro que se trata de uma metáfora de um colega historiador, para mim enunciada em conversas sobre os métodos de investigação daquela disciplina. Como corolário, permite evitar tanto a polissemia das palavras em que o relativismo positivista procura sustentação, quanto abandonar, conforme a expressão aplicada por Adorno (1994, p. 175) sobre o ensaio como forma, "a rota militar na direção das origens".

A formação, quando aplicada ao homem, é, como todo conceito, ambígua, pois refere-se aos elementos externos e universais — extra-humanos, sociais e culturais —apropriados pelo indivíduo ao longo de sua história pessoal que, por sua vez, os exteriorizam, como pensamento e ação. A proposição sintética de Adorno (s/d, p. 2) de que "a formação cultural (*Bildung*) não é outra coisa que a cultura (*Kultur*) do ponto de vista de seus propósitos subjetivos" proporciona um bom ponto de partida para a delimitação do escopo, objeto de estudo, problema, objetivos hipótese e método desse projeto.

Pelo que até aqui se expôs, a formação, consoante o espírito objetivo do tempo que se impõe de modo irrevogável às criaturas, torna-se concreta, em cada sociedade e época, como educação, o modo predominante de cada sociedade formar os homens de que precisa a fim de manter a sua reprodução, ou, conforme a fórmula de Durkheim, para quem a educação é socialização metódica das novas gerações e pode ser resumida nos seguintes termos:

> *A educação é a ação exercida, pelas gerações adultas, sobre as gerações que não se encontram ainda para a vida social; tem por objeto suscitar e desenvolver, na criança, certo número de estados físicos, intelectuais e morais, reclamados pela sociedade política, no seu conjunto, e pelo meio especial a que a criança, particularmente, se destine.* (Durkheim, 1955, p. 32, grifos no original).

Como se pode depreender do excerto anterior, a supremacia da sociedade, do universal sobre o indivíduo, o particular, é evidente. Ainda que o autor identifique o homem como ser uno, constituído por um ser individual e um ser social, o primeiro deve submeter-se, de boa vontade e para o seu próprio bem (e o da sociedade) ao segundo, caracterizado como um sistema de ideias, sentimentos, hábitos que exprimem em cada indivíduo, crenças religiosas, valores e práticas morais, tradições, profissões, representações e opiniões pertencentes aos grupos de que ele faz parte. O conjunto desses elementos coletivamente compartilhados "forma o ser social. Constituir esse ser em cada um de nós — tal é o fim da educação" (Durkheim, 1955, p. 32).

Forçoso é concordar com a constatação do autor acerca da primazia da sociedade sobre o indivíduo, mas, é igualmente forçoso refutar a tese de que a educação para ser efetiva exija o sacrifício do particular. A visão evolucionista e positiva da história em que a sociologia de Durkheim se sustenta impõe-lhe a aceitação da sociedade de classes, como se natural fosse, do que decorre a omissão ou o desprezo por noções tais como liberdade, para além da "liberdade" de o indivíduo submeter-se à sociedade, autonomia em vez de heteronomia, igualdade em lugar da cristalização funcional das desigualdades entre os homens. De passagem, cabe assinalar que o modelo explicativo do autor não dispensa a psicologia, antes a inclui à medida que o indivíduo serve para explicar as leis sociais explicadas pela sociologia, trata-se, portanto, de uma psicologia sem sujeito, ou um sujeito ativo apenas para ajustar-se à sociedade dotado de uma inteligência adaptativa em lugar de uma inteligência reflexiva; uma psicologia coletiva ou psicossociologia, como seus seguidores, passaram a denominar tal entendimento.

Definida como socialização metódica e sistemática, a educação, propugnada por Durkheim, é um exemplar da linearidade do conceito na medida em que o restringe tão somente à adaptação ou à servidão voluntária do particular ao todo social, não deixando ao indivíduo, sequer, o direito de espernear, pois, se for admitida a premissa evolucionista do sociólogo, ao indivíduo, isto é, a parcela social da criatura, só resta adaptar-se ao desenvolvimento linear, em linha reta, lento, gradual e seguro da sociedade, nada de sobressaltos, rupturas, contradições.

À essa redução ideológica contrapõe-se aquela para a qual a educação, como a expressão da formação em um período histórico considerado, é, desde o princípio, ambígua, pois, a sociedade para preservar a sua produção, reprodução e manutenção, exige, como condição necessária, que a educação seja estruturada como uma espécie de subsistema do sistema social que visa formar cada um e a todos conforme os seus preceitos, mas, se a formação é apropriação da cultura pelo sujeito, obviamente, a educação não consegue simplesmente cancelar o fator subjetivo, nem alcançar a padronização total ou mesmo a fusão do indivíduo com a sociedade, apesar de todos os esforços empregados, com esse intuito, nas sociedades autoritárias e de tendência totalitária. A esse respeito é esclarecedora a seguinte passagem:

> A educação seria impotente e ideológica se ignorasse o objetivo de adaptação e não preparasse os homens para se orientarem no mundo. Porém ela seria igualmente questionável se ficasse nisto, produzindo nada além de *well adjusted people*, pessoas bem ajustadas, em consequência do que a situação existente se impõe precisamente no que tem de pior. Nestes termos, desde o início existe no conceito de educação para a consciência e para a racionalidade uma ambiguidade. Talvez não seja possível superá-la no existente, mas certamente não podemos nos desviar dela. (Adorno, 1995, p. 143-144).

A formação é pelo que se expôs uma mediação entre o universal e o particular, entre o indivíduo e a sociedade, concretizada por meio da educação, que, por sua vez, é objetivada, na época moderna, em instituições sociais, hierarquicamente organizadas para atingir os fins formativos preconizados por aquela, dentre as quais destaca-se a escola que passou a adquirir importância cada vez mais crescente de par com a expansão planetária da indústria para todas as esferas da vida em sociedade, sobrepondo-se à relevância de instituições primárias e secundárias de socialização. A descrição contundente de Marx (1975) acerca da educação das crianças, em meados do século XIX, quando a obrigatoriedade da escola elementar foi incluída na legislação trabalhista inglesa, como freio à exploração do trabalho infantil, é uma prova cabal de que a educação não foi instituída de modo idílico, mesmo em um país como a Inglaterra que organizou um dos sistemas de educação pública mais antigos da modernidade. É notável, se se compara a importância, a diversificação e o desenvolvimento da educação escolar entre os meados do século XIX e os dias atuais.

Os apontamentos precedentes parecem ser suficientes para justificar a seguinte proposição: a história, observada de acordo com a imagem de um observador que se afasta para o passado adotando o presente como ponto de referência, certamente, encontraria no período de consolidação da grande indústria, da qual a chamada revolução industrial foi um dos fatores importantes, os brotos fundamentais e as bases que impulsionaram a criação de instituições voltadas a promover a formação dos indivíduos necessária às transformações políticas, econômicas e sociais da sociedade capitalista industrial.

A formação e o seu correlato, a educação, consoante às premissas da indústria, que exige: 1) ciência em vez da tentativa e erro do empirismo ou das descobertas casuais; 2) tecnologia, como ciência aplicada à produção, que fixa na máquina, antes de tudo, os movimentos que antes eram próprios do trabalhador, tornando este um apêndice daquela; e, também, por isso, 3) a educação técnica e profissional indispensável para um ambiente de trabalho dirigido pela maquinaria, muito diferente daqueles necessários à produção, em etapas históricas anteriores ao capitalismo industrial, é reduzida ao domínio desses elementos principais: científico, técnico, tecnológico e profissional.

Por sua importância para o presente projeto, é pertinente acrescentar que instrução é um outro termo ambíguo associado à formação e à educação. Foi usual denominar Instrução pública a organização dos estados em torno da educação, regulamentada pelo poder legislativo e efetivada pelo poder executivo, como política educacional; no Brasil, a denominação Ministério da Educação, data de 1953, em substituição sequencial ao Ministério da Instrução, Correios e Telégrafos, criado em 1890; Ministério da Justiça e Negócios Interiores, de 1892 até 1930, quando Getúlio Vargas criou o Ministério dos Negócios da Educação e da Saúde Pública, o qual foi substituído pelo Ministério da Educação e Saúde, em 1937; Ministério da Educação e Cultura (MEC), em 1953, desdobrado, desde 1985, em Ministério da Educação (MEC) e Ministério da Cultura (Minc). Mais do que mudanças de nomenclaturas essas denominações representam atribuições distintas, a cada momento da função social e política da educação, além do que a substituição gradativa da instrução pela educação certamente não se deve ao acaso, nem às preferências nominais. Para além do uso incorreto quando instrução e educação considerados sinônimos, visto que, diz-se que uma pessoa instruída ou culta, mas não necessariamente uma pessoa educada, o termo é aplicado em um espectro que oscila entre a sua aproximação com a *Bildung*, em um polo, e ao conjunto de passos que devem ser dados para se acionar um aparelho técnico, conforme rezam os manuais de instruções, passando pela didática, como método instrucional de ensino.

Como *Bildung*, registra Anatoli Lunatcharski (1988, p. 42), designado Comissário do Povo para a Instrução Pública, na Revolução russa de 1917, ao propugnar a harmonia entre indivíduo e sociedade:

> Do mesmo modo que no organismo de um homem culto, cada célula vive e funciona para o bem de todas e tudo se funde num sentimento de felicidade, também na sociedade deve tudo deve tender para o objectivo comum, e cada indivíduo deve fornecer um máximo de esforços criativos para que tudo se funda em harmonia. E esta harmonia a que chamamos cultura é a instrução.

Depreende-se, então, que o homem culto ou instruído é aquele que vive, mediante o seu esforço e máximo de criatividade, em harmonia com a sociedade e sua felicidade depende da felicidade do todo, donde pode-se concluir que à educação escolar cabe proporcionar uma parcela da formação da pessoa instruída considerando que, para ser plena, depende de muitas atividades e fatores extraescolares.

Ainda que a citação tenha sido inserida apenas para exemplificar o uso da palavra "instrução", em circunstâncias culturais e políticas específicas, como equivalente à formação, não é possível omitir tanto a suposta harmonia entre o particular e o universal, nas sociedades até agora organizadas pelos homens, quanto a objeção de que cabe ao estado promover a fusão entre indivíduo e sociedade, seja lá qual for a natureza e o teor do estado.

Como método pedagógico, a instrução é definida, principalmente, como os modos de ensinar o instruendo, aquele que a recebe, a fazer alguma coisa por meio dos conhecimentos técnicos, científicos e artísticos, acumulados e fixados pela cultura e civilização. Com a expansão da indústria, parece lícito constatar que, assim como a educação teve seu conceito ampliado, a instrução passou a ser restringida ao desenvolvimento cognitivo e à inteligência prática, à aquisição de hábitos e habilidades específicas, à preparação para o trabalho e à educação técnico-profissional, e, com o apoio sistemático da psicologia comportamental e da pedagogia, permanece restrita ao binômio ensino-aprendizagem, cabendo ao primeiro ser ministrado por um instrutor, e ao segundo cabe ser assimilado por aquele que a recebe. Até hoje muitas escolas isoladas e sistemas de ensino médio e superior, de formação técnica, mantêm a denominação instrutor para distingui-lo do professor.

Considerada uma realização histórica e social, consoante as condições objetivas que encontra em cada período, é pertinente concluir que: a formação assim como a sua sombra permanente, a pseudoformação, coexistem inexoravelmente, de modo que o apelo por uma educação humanística, sob o industrialismo minuciosamente controlado da sociedade capitalista, apesar de compreensível, soa como crítica ideológica frágil, ou, um protesto inútil. Em face dessa condição, tomar a educação como tema de investigação e a consciência crítica necessária à resistência política como objeto de estudo implica levar a cabo estudos e pesquisas que mantenham esses elementos indissociáveis: cultura-sociedade-indivíduo-ciência-técnica-tecnologia.

O diagrama a seguir propicia uma visualização de conjunto das categorias e conceitos apresentados.

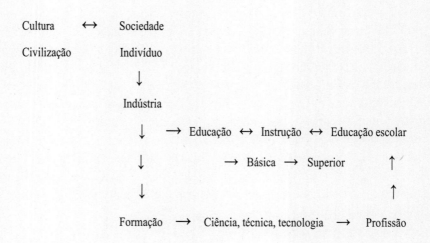

Desse emaranhado esboço cabe desentranhar os núcleos que compõem o objeto de investigação desse projeto temático, a saber: a formação, concretizada pela educação contemporânea, com ênfase na educação escolar, tal como ela se organiza e estrutura relativamente aos meios e fins de que dispõe, conforme as exigências da sociedade do capitalismo tardio.

Para o que aqui interessa, capitalismo tardio pode ser definido como um sistema social fechado, sustentado pelo cancelamento ou pela redução ao mínimo de suas contradições sociais internas, mantido em sua base pelas transformações constantes e expansão acelerada, para todas as esferas da vida material e cultural, do modo de produção industrial, proporcionadas pela apropriação privada da ciência e tecnologia.

Visando relacionar desdobramentos da base conceitual até aqui apresentada, é importante relembrar, a bem da clareza, que tendo definido a educação como a realização concreta da formação humana, em cada período histórico e em cada sociedade específica. Esse entendimento geral, claro está, exige detalhamento, antes de tudo, como ficou assentado anteriormente. Tanto a educação quanto a formação são conceitos tardios, visto que, apesar das evidências robustas acerca da existência de distintos processos de socialização das novas gerações, desde épocas pretéritas, bastante longínquas na história da humanidade, a consciência deliberada e sistemática da ação das gerações mais velhas sobre as mais novas remonta as etapas mais recentes, reiterando o que se disse ao início do capítulo, tal como a Grécia clássica designou a formação do homem grego como Paideia ($\varpi\alpha\iota\delta\epsilon\iota\alpha$), conforme mostrou Werner Jaeger (1986), ou, como Formação cultural (Bildung), designação aplicada no período da Ilustração, no século XVIII, que, a rigor, indica várias cisões constatadas até a chamada época moderna: trabalho manual e trabalho intelectual; arte, ciência e técnica; formação e cultura, classes sociais, entre outras. Evidenciam essas distinções modernas, além da diferença entre as concepções grega e moderna de cultura, apontada por Jaeger (1986), cabe registrar, por exemplo, aquela apresentada por Hegel, como diretor do Gymnasium Nuremberg, entre 1808 e 1816, quando, em um informe pedagógico preparado para a classe inferior (Unterklasse), distingue a formação teórica, a formação prática, a formação profissional, que, por sua vez, implica fidelidade e obediência a ela, ao mesmo tempo que cada profissional renuncie à vaidade, à presunção e ao egoísmo (Hegel, 1991).

Essa premissa geral enseja uma gama de questões que exige detalhamento, das quais são desentranhadas duas relevantes para o projeto temático:

a primeira, propõe-se a situar três momentos que resultaram na separação histórica entre o homem e a natureza extra-humana, a atividade intelectual e manual, do produtor e o produto de seu trabalho, as quais, entre tantas outras, proporcionaram, como segunda questão, as condições para o desenvolvimento do modo industrial de produção capitalista. Serve de referência, para o que interessa, a separação entre arte, ciência, tecnologia e técnica, desde a relação unitária entre arte, técnica e ciência, que vigeu ainda na antiga Grécia (Jaeger, 1986; Mumford, 1986), até a cisão entre a técnica e o sujeito, visível na sociedade administrada, fundamentada na expansão da ciência e da técnica e a sua aplicação como tecnologia para todas as esferas das relações sociais, mediante a ideologia da racionalidade tecnológica, portanto, uma sociedade técnica sem técnicos, são destacados dois momentos que apontam o processo crescente da alienação generalizada que, então, se impõe: i) da separação crescente entre a arte e a técnica ao trabalho alienado; e ii) formação, técnica e educação, sob a sociedade do capitalismo tardio, coordenada pela quase fusão entre ciência e tecnologia e manipulação da técnica.

i. Da separação entre a arte e a técnica ao trabalho alienado

Se o indivíduo pode ser considerado uma categoria social e política, historicamente recente, tal como ilustra a revolução francesa, em fins do século XVIII, sintetizada pelo lema *Liberté,* Égalité *e Fraternité,* com o rompimento dos grilhões dos antigos regimes, a abolição da escravidão e o enaltecimento do indivíduo, o longo processo histórico-social de individuação não deve ser dissociado do processo biológico e mental da espécie humana, que, por sua vez, retrocede à história dessa, tal como mostram as teorias evolucionistas e os estudos arqueológicos, paleontológicos e etnográficos. Não se trata aqui de retornar às origens da vida no planeta, nem pretender percorrer a trajetória milenar dos primórdios da história, antes dela existir, embora, haja estudos imperdíveis, lamentavelmente ignorados, sobre esse tema, a exemplo, *de Estudos sobre e origem da consciência e da linguagem* de *Trân Duc Thao* (1974); trata-se tão somente de questionar certas noções admitidas como naturais, nas ciências como se fossem estáticas, imutáveis, perenes e originárias. Refiro-me, em particular, à noção de trabalho que, para além da interpretação da origem divina da vida, é, por vezes, naturalizada até mesmo nas ciências contemporâneas, o que, cá entre nós, não fica bem para uma concepção teórica que propugna a origem materialista da vida e se afirma dialética e histórica. Não se trata tampouco de refutar o trabalho como categoria explicativa fundamental, mas reconhecer que é indispensável responder a certas questões, a saber: foi somente o trabalho que originou a espécie humana, ou ele é uma das atividades humanas, as quais estão presentes desde os primórdios de sua evolução? Como o trabalho constituiu-se em categoria fundamental, se, incialmente, os espécimes puderam fabricar instrumentos com a autonomia dos membros inferiores em relação aos superiores, afastando de plano a hipótese de que alguém ordenou: faça-se o machado e o machado se fez? Foi somente o trabalho que fez o homem a converter-se em um animal bípede, e desenvolver uma forma de reprodução que desafia a força da gravidade, discutida por *Trân Duc Thao* (1974) como "a tragédia biológica da mulher"?

É certo que a premissa da ciência moderna para que uma disciplina se constitua é necessária a delimitação de um objeto de estudo e de métodos próprios para estudá-lo, em decorrência do que se verifica não só a especialização das ciências, mas igualmente a fragmentação do conhecimento científico; sendo a primeira compreensível com o acúmulo e diversificação dos ramos de conhecimento, além do desenvolvimento técnico e tecnológico, enquanto a segunda deve ser evitada. Vale assinalar que contribuem para a fragmentação do conhecimento científico tanto os dualismos que sustentam as concepções, mente e corpo, quanto o positivismo que delimita de modo irresponsável e abstrato os objetos de estudo, a pretexto de uma pretensa objetividade dos fatos, bem como o monismo vulgar.

Por isso, cabe insistir que as funções superiores ou intelectuais (pensamento, linguagem, raciocínio) não são independentes das funções primárias (fisiológicas e anatômicas), como, por vezes, persiste nas ciências sociais as visões dualistas entre corpo e mente. A esse respeito vale repor a proposição de Horkheimer (1980, p. 126, grifo no original), acerca da determinação histórica do aparelho fisiológico, decorrente das condições de existência e, portanto, também, do objeto, pois:

> Em relação a isso poder-se-ia inverter a frase: as ferramentas são prolongamentos dos órgãos humanos, na frase: os órgãos são também prolongamentos das ferramentas. Nas etapas mais elevadas da civilização a *práxis* humana consciente determina inconscientemente não apenas o lado subjetivo da percepção, mas em maior medida também o objeto.

Em primeiro lugar, destaque-se do excerto que práxis humana é de pronto práxis social, é práxis particular que se dispõe para o coletivo;

segundo, depreende-se que as ferramentas, como mediação entre os órgãos humanos (mãos, olhos, movimento apropriado dos músculos) não são consideradas apenas como uma influência externa de um corpo já pronto, antes são mediações porque reciprocamente o modelam; e terceiro, se práxis humana é conscientemente orientada, então, ela implica reflexão em vez de ser um mero reflexo ou instinto.

Se essa interpretação for procedente, é igualmente pertinente concluir que a habilidade manual do sujeito é tanto resultado quanto causa é causa da habilidade intelectual, mediada pela memória que retém a atividade como traços simbólicos da sequência de operações como uma totalidade, reproduzida tanto pela repetição e aperfeiçoamento dos movimentos empregados sobre a ferramenta, como projetadas pela imaginação para a conduta racional que resulta em um objeto externo para satisfação de suas necessidades materiais físicas (beber, comer, abrigar-se, defender-se, reproduzir) e espirituais (registrar experiências, contar, comunicar-se).

Não é exagero, pois admitir que o aparentemente simples movimento de pinça, especificamente humano, executado pela pressão dos dedos indicador e polegar, provavelmente um ato que proporcionou ao homem apanhar e segurar um objeto exterior ou do próprio corpo, que se reproduz em cada recém-nascido, além de ser indispensável para o uso do pincel, da ferramenta, lançar uma pedra com um estilingue, disparar uma arma, bem como é condição para a escrita ou, como disse Vygotsky, para fixar, na folha de papel, o movimento do gesto que representa a escrita no ar, tenha sido historicamente precedido pelo gesto da indicação, que cumpre a dupla função de apontar para o objeto exterior e, na ausência desse, retornar para o próprio indivíduo, como um impulso imperativo para a internalização subjetiva ou reflexão.

Em suma, fazendo um corte brusco em uma longa história não linear, ressalte-se que as menções às categorias sujeito e objeto; memória, razão, manual e intelectual, imaginação, não são fortuitas, antes seguem uma sequência que tem desdobramentos históricos importantes, especialmente em relação à técnica e sua aplicação nas artes e na aquisição de conhecimento indispensável para a preservação da espécie humana.

De passagem, vale registrar que a sequência das faculdades humanas, assim chamadas as categorias do pensamento filosófico, até o período da Ilustração, era: memória, razão e imaginação, a qual cabia dirigir as outras, equação invertida por Francis Bacon e consubstanciada pelos enciclopedistas, na conhecida obra *Enciclopédia ou Dicionário raciocinado das Ciências, das Artes e dos Ofícios*, de Diderot e D'Alembert (1989, p. 51, grifei), publicada originalmente em 1751, da qual se extrai o seguinte excerto que argumenta pela inversão baconiana do conhecimento:

> Enfim, examinarmos os progressos da **razão** em suas operações sucessivas, convencer-nos-emos ainda que ele deve preceder **a imaginação** na ordem das nossas faculdades, visto que **a razão**, através das últimas operações que realiza no objeto conduz, de alguma maneira, à **imaginação**.

Pronto, fica assim consolidado o imperativo da ciência sobre as artes e os ofícios, bem como a subordinação da imaginação, liberdade incondicionada do ser humano, à razão, outrora condicionada por aquela, eis o momento do esclarecimento agudamente discutido por Horkheimer e Adorno, em *Dialética do esclarecimento* (1985).

Retomando o fio da meada, acerca de sua função social, a técnica deve ser considerada não só do lado objetivo, como os instrumentos que permitem ao homem a criar extensões de si mesmo, mas, também, do lado subjetivo, posto que é do domínio do indivíduo, visto que a ferramenta tanto é projeção dele, quanto manipulado conforme suas habilidades para operá-la, constituindo assim o momento subjetivo de sua "personalidade".

É importante registrar que o progresso técnico alcançado pela humanidade preserva desde o início sua ambiguidade à medida que a realização estética, lúdica e racional não pode deve ocultar a sua contribuição para o desenvolvimento do caráter belicista e agressivo, afinal, a mesma lâmina que serviu, nas mãos do escultor, para esculpir o ideal de beleza grego e especializado pela arte médica como bisturi para preservar a vida, serviu também para ser usada como arma para o guerreiro eliminar o adversário. A classificação, atribuída em alguns círculos intelectuais e religiosos, como Idade de Ouro, o período pré-técnico da história humana, segundo Mumford (1986, p. 41, grifei), deve-se ao fato de "ter sido um período em que não existia **guerra organizada, escravatura nem trabalho compulsório**, três das principais características desse progresso verdadeiramente ambivalente a que chamamos civilização".

No entanto, ainda que seja admitida a unidade originária entre a arte e a técnica, como expressão dos processos simbólicos e instrumentais para representar a natureza ou exprimir as emoções, afetos e desafetos, é imperativo reconhecer que os símbolos não satisfazem uma série de necessidades materiais e práticas ao homem, não produzem alimentos, abrigo e tantas outras necessidades à sua preservação, condição que evidencia um impulso decisivo para a técnica ser expandida, transformada, reinventada em outras tantas finalidades humanas, das quais duas são destacadas: a) o estabelecimento da ordem intelectual e das ações manuais mediante a repetição e estandardização, que proporcionam uma sensação de segurança e sanidade; e b) a padronização, a hierarquia e o parcelamento do trabalho manufatureiro.

A repetição e a padronização também são ambivalentes na medida em que são importantes para a memorização, preservação e previsão de atos futuros, assim como seus usos exagerados e reiterados são índices de compulsões e transtornos psíquicos graves. Vale assinalar que, obviamente, esses elementos técnicos foram e continuam a ser apropriados pela atividade humana conhecida como trabalho; atividade objetiva a fim de produzir um objeto exterior, útil ao produtor, em um primeiro momento, para satisfazer suas necessidades imediatas, e, em período histórico posterior, para ser consumido por outrem. O trabalho como objetivação foi considerado por Hegel como alienação positiva do sujeito.

O momento histórico a ser aqui destacado, com o intuito de compreender a separação e a autonomia da técnica relativamente ao indivíduo, pode ser ilustrado pelo reiterado exemplo apresentado por Adam Smith a respeito da fabricação de alfinete (Cf. Marglin, 1976). Em síntese, um objeto antigo, feito de bronze ou ferro, útil para prender as vestimentas, agora usado como enfeite ou adorno, o alfinete era produzido até o sistema manufatureiro, pelo produtor individual, que adquiria o material bruto, tratava-o para adquirir a forma de finas hastes metálicas, em seguida cortadas em tamanho padrão, de acordo com a finalidade de uso, devidamente endireitadas, afinadas em uma ponta, para furar o tecido, e um formato de "cabeça" na outra, para manter preso o tecido. Pois bem, a fim de justificar o aumento da produtividade de alfinete, no sistema manufatureiro Adam Smith descreve o parcelamento técnico da oficina do artesanato, uma produção em série horizontal, em que um trabalhador corta as pequenas hastes metálicas em um molde padrão, repassando-as para outro trabalhador que dá forma retilínea a cada uma, apontada e encabeçada, por um terceiro, tratada para não enferrujar e armazenada por um quarto trabalhador e assim sequencialmente até a finalização do processo.

O importante desse processo é destacar que o sistema manufatureiro impõe uma hierarquia "horizontal" do processo de trabalho conduzido pelo mestre-artesão, com seus auxiliares e aprendizes. As instalações, bancadas, ferramentas e material de trabalho pertencem ao proprietário da oficina, em geral um mestre integrante de alguma corporação de ofício. Duas são as consequências a serem extraídas: primeira, ainda que o mestre-artesão componha a série metódica da produção, ele, paulatinamente, afasta-se da atividade manual e passa a orientar e controlar o processo produtivo. O mais importante é destacar que o parcelamento das tarefas, sob a manufatura, não se deve, como pretendeu justificar Adam Smith, apenas ao aumento óbvio da produtividade de alfinetes, mas principalmente ao incremento da dominação do processo de trabalho bem como sobre o trabalhador, separando-o do material de trabalho, dos meios de produção e do produto. O trabalhador individual dá início à sua substituição pelo trabalhador coletivo, ainda que, cada um, opere com as suas mãos e suas extensões externas. Em outros termos, o parcelamento promovido pela divisão social do trabalho mediante a separação técnica amplia a alienação do trabalhador, não somente porque retira dele os meios e o que produz, mas também, porque, como precede toda a argumentação anterior, interrompe o processo de individuação em curso, fortalecendo a personalidade objetiva e enfraquecendo a face subjetiva por meio da imposição técnica que outrora lhe pertenceu.

No entanto, falta assinalar ainda dar um passo decisivo para completar a alienação total do indivíduo, decorrente da supremacia plena da economia política, levada a cabo pelas relações sociais do modo capitalista de produção.

Diante da expansão acelerada da economia visível durante a diversificação de ramos econômicos e concentração dos ofícios em grandes corporações, tornou-se imperativo o declínio do artesão isolado e a necessidade de revolucionar o processo e produção, já manifestamente de natureza capitalista, isto é, baseados no princípio da troca e obtenção do lucro, mediante a exploração do trabalho alheio. O caminho adotado, seja pela incerteza da resistência e do controle exercido pela força de trabalho e do corporativismo protetor dos ofícios, incidiu justamente sobre o controle do processo de trabalho, visando eliminar o elemento subjetivo ainda presente no processo de trabalho, portanto, deslocando o instrumental de trabalho até então manuseado pelo trabalhador para um mecanismo fixo e inerte, mas que reproduza objetivamente, ainda que seja de modo grosseiro e rudimentar, os movimentos antes produzidos manualmente pelo trabalhador por meio do domínio técnico que detêm e de suas habilidades manuais e intelectuais.

Esse deslocamento do instrumental de trabalho, controlado até então pelas mãos e inteligência do indivíduo, para um objeto mecânico, denominado por Marx de "máquina-ferramenta ou máquina de trabalho", é a condição histórica para completar a separação do trabalhador de suas capacidades, habilidades, enfim, despojando-se de si mesmo, consolidando a alienação total, deixando-lhe como única propriedade a sua força

de trabalho ou apenas a sua pele, como disse Marx, e convertendo-o em apêndice, um vigilante do instrumental que anteriormente lhe perteceu e posteriormente ainda controlava, até dele ser expropriado por completo (Cf. Marx, 1975). A hierarquia "horizontal", característica do sistema manufatureiro de produção, também cede lugar a uma hierarquia "vertical", com a figura do capitalista em seu topo, os administradores, gerentes e capatazes, no meio e a massa de trabalhadores, agora acessórios da maquinaria, na base.

Diante da determinação econômica que se expande aceleradamente para os ramos existentes da produção de mercadorias, além de criar ramos imagináveis e até aqueles imaginados pela ficção científica, conduzidas pela indústria como processo social de produção, não apenas como fábricas e autômatos, cientificamente planejados e tecnicamente operacionalizados, Marx toma como referência o conceito de alienação em Hegel, essencialmente entendido por esse como exteriorização objetivada do homem, mediante o trabalho, portanto, a alienação como objetivação ressalta o lado positivo do trabalho, ocultando assim, embora fosse visível, a negatividade do trabalho, isto é, a alienação do lado negativo ou o trabalho alienado, anteriormente descrito, em seus traços gerais.

A fim de encadear com o que segue, é importante recuperar, do que se expôs, a premissa de que a unidade da arte e da técnica permite evidenciar que ambas contêm dois momentos indissociáveis, um objetivo, materialmente transferido para o objeto exterior ou objetado exteriormente, como na literatura, outro subjetivo, mentalmente projetado pela imaginação, racionalmente exteriorizado pela técnica por aquele que adquire habilidade intelectual e manual de efetivar o que foi projetado.

Reitere-se também que a cisão entre o momento objetivo e subjetivo interrompeu o processo de individuação que, então, brotava, cancelando, paralisando ou restringindo ao limite inferior, a possibilidade de afirmação do "eu" e de formação da personalidade individual. Essa consideração permite registrar o que parece ser evidente ao conceito de alienação, a saber: só pode ser alienado, cindido, aquilo que está individuado, ainda que seja apenas um broto. Não cabe, portanto, explicar pela alienação o que não é passível de ser individuado, ainda que sejam representados por manadas de espécimes. Mas testemunham o broto ceifado, as casas de Orates ou Alienados, com seus manicômios e prisões, criados na sociedade moderna.

Consolidado ao longo da história, as incontáveis separações entre trabalho manual *versus* intelectual, sujeito *versus* objeto, individual *versus* social, individualização *versus* socialização, domínio *versus* dominação, prolonga-se até o renascimento, quando ressurge com outras polarizações tais como teoria e práxis, corpo e mente; proletariado e burguesia, operário e capitalista, meios *versus* fins, das quais, queiramos ou não, somos herdeiros, por isso, ao pensamento crítico e à pesquisa séria não se pode renunciar ou ignorar. Recuperar, pela ciência, o obscurecimento que o trabalho alienado provoca mantendo o domínio técnico do sujeito, é também resistir a um sistema social mantido pela tecnologia que progride a olhos vistos, cada vez mais aceleradamente, projeta uma sociedade tecnológica sem técnicos, sem homens.

ii. Formação, técnica e educação, sob a sociedade do capitalismo tardio

A supremacia conferida pelo esclarecimento à Razão, por meio da subordinação da Imaginação, e à Ciência ao Mito, tal como mostraram Horkheimer e Adorno (1985), resultou em um sistema social, vigente, fundamentado em uma racionalidade irracional em seu todo, principalmente porque apesar de todo o progresso científico e tecnológico, capaz de reduzir ao mínimo ou eliminar o sacrifício imposto às criaturas e o eventual impedimento da existência de vida no planeta, desterrou aquele que deveria ser o fim mais precioso da humanidade, o indivíduo, podendo viver uma vida que valha a pena, uma existência pacificada, cada um com si mesmo, com o outro, com a natureza extra- humana.

A exposição precedente, desde o início, insistiu que a separação do indivíduo e da técnica com o consequente progresso desta e atrofiamento daquele, pela interrupção do processo embrionário de individuação, permitiu esclarecer que tal separação foi prolongada por etapas e períodos históricos longos, ora de modo mais lento, ora por rupturas abruptas, até completar o processo final de alienação, com a instituição do modo capitalista de produção e seu sistema industrial em expansão, inicialmente representado pela fábrica, um local físico com instalações gigantes e maquinaria monstruosas, até atingir, como se verifica hoje, para todos os ramos da vida social e da natureza extra- humana, planetária e interplanetária, nunca dantes imaginados, essencialmente fundamentado na ciência e na aplicação deliberada dos conhecimentos obtidos, como tecnologia, à produção de mercadorias, tal como Marx (1985) concluiu em sua análise sobre a grande indústria. Se Marx cingiu-se a definir tecnologia como expressão objetiva da ciência, no processo de produção de mercadorias, Marcuse (1999) definiu, com clareza, que sob a sociedade industrial, a tecnologia é um processo social, que transforma profundamente o processo material de produção, o fator técnico e tecnológico, e o fator humano, formando uma nova individualidade, sem a qual os fatores técnicos, econômicos e políticos seriam inúteis. É dispensável adicionar comentários à função social e política que a educação desempenha para essas transformações, sob o capitalismo tardio.

Uma consequência importante do que foi apresentado ao longo do presente texto pode ser assim enunciada: se tecnologia (τεχνολογία), palavra grega, que originalmente significava o logos, o estudo racional (λόγος) da técnica (τεχνική), hoje, seu significado deve ser revisado, a fim de acompanhar o movimento do conceito, pois se ele incluía o domínio do artesão, com a imaginação, razão, habilidades intelectual e manual, portanto, o elemento subjetivo da tecnologia, hoje, o conceito passou a ser completamente exterior ao sujeito, visto que não há motivo algum para supor que o indivíduo, tendo sido despojado da técnica, não esteja alienado da tecnologia a qual se submete, até com prazer ou por compulsão. Isso explica parcialmente porque o pensamento crítico sustenta que a ideologia foi deslocada para o aparato social, definida por Marcuse como ideologia da racionalidade tecnológica que milita, também de acordo com ele, a favor da "servidão voluntária".

É notável que, tal como foi mencionado ao início do texto, o conceito de Paideia, a formação do homem grego, recebeu como sinônimo moderno, em alemão, o conceito de (*Bildung*), traduzido por Formação, em português, e dividida em três, por Hegel: a formação teórica, a formação prática e a formação profissional. Certamente, se essa partição aponta para a especialização, aponta também para seu contrário: a fragmentação dos conhecimentos — científicos, técnicos, artísticos. Se a *Bildung* é a expressão moderna da Paideia grega, e contempla a diversidade da Formação, então ela há de ser referência concreta para o enfrentamento a que se encontra reduzida, como pseudoformação (*Halbbildung*).

A condição contemporânea da Formação e sua objetivação por meio da Educação, ampliada para uma parte relevante da vida social de cada um, desde a infância até a fase adulta, carrega um conjunto crescente de desafios, em parte crônicos — como acesso, permanência, formação proporcionada, condições de trabalho e de formação do magistério, expansão da educação pública, política educacional consistente, são alguns deles — em parte agudos, porque emergentes diante dos agravamentos sociais repentinos, sejam de ordem sanitária, de ordem social, como a exclusão e alienação crescentes, de ordem subjetiva, como a apatia, a angústia, o preconceito e as formas da violência, de ordem econômica marcada pela acumulação crescente da riqueza de par com aumento exponencial da miséria.

Diante do imenso rol de desafios, é indispensável reconhecer que a educação escolar, em todos os seus níveis, delimita um campo destacado de resistência política e fecundo para a crítica fundamentada cientificamente para pelo menos enfrentar os desafios que selecionamos como relevantes.

Isso posto, para encerrar, parece pertinente arrolar algumas conclusões provisórias sobre os projetos em andamento ou em elaboração, tendo como referência a discussão teórica precedente:

1ª) A sentença bastante utilizada de Adorno, para definir a pseudoformação como "apropriação da cultura pelo lado do sujeito ou da subjetividade" é interessante e estimuladora se for entendida como uma boa maneira de iniciar a discussão sobre a formação, mas pouco ou nada diz se for admitida como uma conclusão sintética de uma investigação não realizada.

É pertinente, por isso, perguntar: o que, do que e como a chamada "prática docente" é exercida, seja em relação ao domínio teórico que orienta tal prática, ou como os meios técnicos e tecnológicos são criticamente adotados? O que a formação de professores propicia de experiências formativas, de domínio do conhecimento disponível há pelo menos um século, sobre a criança ou o adolescente, de sociologia da educação e que tenha repercussões em sua prática profissional?

Não custa lembrar a sutileza crítica de Johan Herbart, em sua obra fundamental, *Tratado de Pedagogia Geral*, publicada em 1806, quando enuncia aos educadores que "a criança deve ser encontrada, não deduzida!". A educação não avançará um milímetro se persistir construtivistas que não leem Jean Piaget, vygotskianos que não leem Vygotsky, escolanovistas que tão somente ouviram falar em John Dewey, wallonianos que leem, no máximo, versões de terceira mão, das obras de Henri Wallon, e os exemplos poderiam ser multiplicados.

Não se trata, obviamente, que a formação técnica, profissional e teórica do professor seja uma formação livresca, ultrapassada e anacrônica; trata-se de resistir a uma busca exagerada e compulsiva por resoluções práticas imediatas de problemas que, provavelmente, sequer ocorreriam nos limites do ambiente escolar, com profissionais bem formados, apesar das restrições impostas. Investigar seriamente a pseudoformação proporcionada ao professor é resistência política e racionalmente orientada.

2ª) Em decorrência da ponderação anterior, afirmar que as reformas educacionais não são suficientes para superar a pseudoformação em que estamos atolados, outra conclusão de Adorno, repetida muitas vezes, também, deveria servir de estímulo para a reflexão e o pensamento crítico, em vez de ser usada como aceno de derrota, frente ao cotidiano irracional que parece insolúvel, pois, a principal contribuição da teoria crítica e relacionar aquilo que aparece como dissociado e parece ser insolúvel.

Ao contrário do que diversos de seus críticos argumentam, sob palavras de ordem do tipo "vocês criticam, mas o que propõem", "a teoria crítica é elitista e elaborada por burgueses", e tantas inferências tolas ou maledicentes, é função social e política da teoria crítica contribuir que, ao fim e acabo, o fetiche do "véu tecnológico", como disse Marx, que mantém o mundo sob o gris e a escuridão, é apenas um véu.

Em vez de responder à crítica ligeira, parece muito mais razoável persistir com a consecução de pesquisas que se apropriem das bases lançadas pela teoria crítica impulsionando o conhecimento para a frente, evitando, a todo custo, que a teoria seja paralisada pela repetição surda que desconsidera o princípio fundamental de que o conhecimento crítico é aquele que se ocupa do movimento do objeto, investigando o que impede seu deslocamento e qual é o potencial imanente a tal desenvolvimento, posto que, conforme Max

Horkheimer a relação da teoria crítica não visa apenas descrever e explicar a sociedade, visa, antes, à sua transformação, daí a teoria da sociedade é crítica, desde que mantenha uma relação negativa com o existente.

Referências

ADORNO, Theodor W. O ensaio como forma. *In*: COHN, Gabriel (org.). *Theodor W. Adorno*. São Paulo: Editora Ática, 1994. p. 167-187.

ADORNO, Theodor W. *Educação e emancipação*. São Paulo: Paz e Terra, 1995.

ADORNO, Theodor W. *Teoria da pseudocultura*. Tradução de Maria Angélica Pedra Minhoto, s/d. (Publicada em Anexo nesta coletânea).

DIDEROT; D'Alembert. [1751]. *Enciclopédia ou Dicionário Raciocinado Das Ciências, Das Artes e Dos Ofícios*: Por uma sociedade de Letrados. Tradução de Fúlvia Maria Luiza Moretto. São Paulo: Editora Unesp, 1989.

DURKHEIM, Émile. *Educação e sociologia*. 4. ed. São Paulo: Edições Melhoramentos, 1955.

FREUD, Sigmund. O futuro de uma ilusão. *In*: FREUD, Sigmund. *Cinco lições de psicanálise e outros textos*. São Paulo: Abril cultural, 1978. p. 85-128. (Os pensadores).

HEGEL, G. H. F. *Escritos pedagógicos*. Traducción Arsenio Ginzo. Madrid: Fundo de Cultura Económica, 1991.

HORKHEIMER, Max. Teoria tradicional e teoria crítica. *In*: HORKHEIMER, Max; ADORNO, Theodor W. *Dialética do esclarecimento*: fragmentos filosóficos. Tradução de Guido A. de Almeida. Rio de Janeiro: Jorge Zahar Editor, 1985.

JAEGER, Werner. *Paidéia*: a formação do homem grego. São Paulo: Martins Fontes, 1986.

LUNATCHARSKI, Anatoli. *Sobre a educação e a instrução*. Moscovo: Edições Progresso, 1988.

MARCUSE, Herbert. Algumas implicações sociais da tecnologia moderna. *In*: MARCUSE, Herbert. *Tecnologia, guerra e fascismo*. São Paulo: Fundação Editora UNESP, 1999. p. 73-104.

MARGLIN, Stephen. Origens e funções do parcelamento das tarefas: Para que servem os patrões?. *In*: GORZ, André (org.). *Divisão social do trabalho e modo de produção capitalista*. Porto: Publicações Escorpião, 1976. p. 39-85.

MUMFORD, Lewis. *Arte e técnica*. Tradução de Fátima Godinho. Porto: Edições 70; São Paulo: Livraria Martins Fontes, 1986.

MARX, Karl. *O capital*: crítica da economia política. Tradução de Reginaldo Sant'Anna. 3. ed. Rio de Janeiro: Civilização Brasileira, 1975.

MARX, Karl. Manuscritos econômico-filosóficos: Terceiro manuscrito. *In*: MARX, Karl. *Manuscritos econômico-filosóficos e outros textos escolhidos*. Tradução de José Carlos Bruni. 2. ed. São Paulo: Abril cultural, 1978. p. 1-48.

TRÂN DUC THAO. *Estudos sobre as origens da consciência e da Linguagem*. Tradução de F. Reis. Lisboa: Estampa, 1974.

TÉCNICA, TECNOLOGIA E PROFISSIONALIZAÇÃO: A PRODUÇÃO CIENTÍFICA SOBRE OS FINS DA UNIVERSIDADE E FORMAÇÃO

Maria Angélica Pedra Minhoto
Carlos Antônio Giovinazzo Jr.

Introdução

O objetivo deste capítulo é apresentar alguns resultados da pesquisa "Fins da Universidade Pública e Formação no Brasil: análise baseada na produção científica" (Minhoto, 2019), examinando o emprego dos termos "técnica", "tecnologia" e "profissionalização" em resumos de artigos científicos publicados entre 2010 e 2020, fontes da referida pesquisa. Além disso, evidenciam-se as contribuições ao desenvolvimento do projeto temático "Formação e educação, tecnologia e profissionalização, na sociedade industrial do capitalismo tardio" (Sass, 2019), do qual ambos os autores participam. A base teórica para análise são os estudos desenvolvidos por Theodor Adorno, sobre educação, por Herbert Marcuse, sobre a sociedade industrial, e por Max Horkheimer, sobre teoria e a racionalidade instrumental. Os resultados mostram que ante os preceitos da eficiência e adaptação econômica da educação superior às necessidades da sociedade, verifica-se uma tendência a tornar o ambiente acadêmico cada vez mais submetido a tais preceitos, com a consequente descaracterização de sua função formativa e a redução da autonomia do trabalho científico. Prevalecem respostas imediatas às demandas sociais impostas pelo capital — e pelos detentores do poder, que advêm de sua posse — em detrimento daquelas que poderiam promover os interesses humanos.

Se a Educação e o engenho científico são dimensões inalienáveis do Esclarecimento e de qualquer projeto de sociedade que assuma a democracia e a justiça social como objetivos e como parâmetros, então, a Universidade e demais instituições de ensino superior somente teriam sua existência justificada em função de tais princípios. No entanto, quando a pressão para que pesquisadores, docentes e estudantes apresentem soluções e produtos que permitam única e essencialmente a adaptação aos interesses econômicos (locais, regionais, nacionais e/ou globais), seja da própria Universidade, seja de pessoas, grupos e classes que, em tese, se beneficiam de suas ações de ensino, pesquisa e extensão, temos a sobreposição de finalidades alheias aos interesses e bens coletivos.

Longe de afirmar que tanto a Educação quanto a Ciência possuem (ou deveriam possuir) independência e autonomia absoluta em relação à divisão de trabalho impulsionada pelo modo de produção capitalista em seu estágio atual — pois, conforme ensina Horkheimer (1991, p. 36-37), "o cientista e sua ciência estão atrelados ao aparelho social, suas realizações constituem um momento da autopreservação e da reprodução contínua do existente, independentemente daquilo que imaginam a respeito disso" —, mesmo assim e até pelo lugar que ocupam, a tarefa de formadores e pesquisadores deveria ser a de promover o pensamento e o comportamento críticos, que, em linhas gerais, são definidos nos seguintes termos pelo mesmo autor:

> [...] tentativa de superar realmente a tensão, de eliminar a oposição entre a consciência dos objetivos, espontaneidade e racionalidade, inerentes aos indivíduos, de um lado, e as relações e processos de trabalho [das quais participam os intelectuais, cientistas, professores etc.], básicas para a sociedade, de outro. (Horkheimer, 1991, p. 46).

Dessa forma, a atividade acadêmica que não sucumbe de modo conformista à ordem existente mantém a vigilância teórica sobre categorias sociais que só aparente e abstratamente indicam desenvolvimento progressivo da liberdade, da justiça e da igualdade. É o caso de expressões como "inovação", "avanço tecnológico", "fator de impacto do conhecimento", "função social da Universidade", entre outras. É imprescindível apreender todo o sentido empírico e objetivado de termos que são apresentados, ao mesmo tempo, como premissas e finalidades da Ciência, como se não carregassem em si interesses específicos. O pensamento e o comportamento críticos questionam as razões que levam à configuração de determinado estado de coisas. Nas palavras de Marcuse:

> Insistimos em uma *atitude científica* quando insistimos na libertação da ciência de seu uso excessivo para exploração, destruição e dominação. Somos *empiristas* (não fornecedores

de utopias). Queremos aprender os *fatos* e como interpretá-los. Mas queremos aprender *todos* os fatos, especialmente aqueles geralmente suprimidos ou obscurecidos. Em suma, queremos aprender *mais*, não *menos*. *Não* queremos *destruir* as instituições de ensino estabelecidas, mas queremos reconstruí-las. Não *des*escolarizar a sociedade, mas *re*escolarizá-la. (Marcuse, 2009, p. 42-43. Destaques no original).

É com base nas ponderações precedentes que discutimos a produção acadêmica acerca da Universidade e da educação superior no Brasil. A configuração desse nível da educação brasileira é hoje bastante complexa. Há instituições públicas mantidas pelos poderes públicos federal, estadual ou municipal e instituições privadas mantidas por particulares, congregações religiosas (confessionais), entidades comunitárias e entidades filantrópicas (cf. art. 20 da LDB — Lei de Diretrizes e Bases da Educação Nacional, n. 9.394/96). Em termos de organização e prerrogativas acadêmicas, podem ser classificadas como Universidades, Centros Universitários e Faculdades, uma estrutura formalizada pela Constituição Federal de 1988 (CF/88) e normatizada pela LDB, que garante gratuidade do ensino público, recursos para manutenção e desenvolvimento das instituições federais e assegura a participação da iniciativa privada, inclusive com fins lucrativos (cf. Decreto n. 2.306/97)[2] na oferta de educação superior.

No âmbito desse regramento e, sob a retórica de autoridades e especialistas de que o sistema superior de ensino deveria contribuir estrategicamente para o desenvolvimento econômico e social do país, produzindo conhecimentos, inovações e a formação de indivíduos preparados para as mudanças e os novos desafios da sociedade contemporânea, estimulou-se no país uma onda de expansão de instituições privadas e, em menor intensidade, de instituições públicas de ensino superior.

Algumas universidades públicas e confessionais, fundadas até meados do século XX e identificadas socialmente como "universidades de pesquisa", permaneceram, de modo geral, restritas a uma pequena fração da população, apesar de seu paulatino crescimento. Nos últimos anos, as primeiras têm sofrido cortes cada vez mais expressivos em suas verbas e as últimas têm lutado contra a crise financeira, a inviabilidade de parte de seu corpo

---

[2] O Decreto n. 2.306/97 regulamentou o sistema federal de ensino, permitindo a propriedade e a gestão das instituições superiores de ensino por mantenedoras ou empresas com fins lucrativos. Posteriormente, essas instituições foram alimentadas com verbas públicas por meio de programas federais, como o Fundo de Financiamento Estudantil (FIES, de 1999) e o Programa Universidade para Todos (Prouni, de 2004).

discente em arcar com as despesas de matrícula e permanência e com o declínio do financiamento público para o desenvolvimento de pesquisas.

A título ilustrativo, registre-se que, desde 2014, acontecem cortes sistemáticos de recursos destinados ao custeio e manutenção das instituições públicas federais e, também, nos orçamentos das agências federais de fomento à pesquisa, notadamente a Coordenação de Aperfeiçoamento de Pessoal de Nível Superior (CAPES) e o Conselho Nacional de Desenvolvimento Científico e Tecnológico (CNPq). Aliás, esse fenômeno atingiu todos os níveis, da educação infantil à pós-graduação, conforme aponta o Informativo Técnico nº 6/2019, da Câmera dos Deputados (Brasil, 2019), referente ao período entre 2014 e 2018, com redução acumulada no período 2014-2018, assim discriminada: ensino superior (-15,0%); educação básica (-19,3%); e ensino profissional (-27,6%). No que concerne ao ensino superior e à pesquisa, a situação se tornou extremamente dramática, a partir de 2019, com os severos cortes de recursos perpetrados pelo governo eleito em 2018, fato amplamente noticiado pela imprensa em geral. De outra parte, não é demais enfatizar que grande parte do reconhecimento internacional, conquistado por algumas das principais universidades do mundo, advém do fato de serem instituições com importante produção científica. Por sua vez, de acordo com Tumenas (2021), que examina as principais fontes de receitas das universidades líderes nos rankings internacionais, todas elas recebem um polpudo financiamento público exatamente para o investimento em pesquisa. Em suas palavras:

> [...] outro ponto de atenção é a importância do financiamento público, independentemente se a instituição é pública ou privada. Nas universidades que possuem algum detalhamento das receitas de pesquisas podemos ver a elevada participação do financiamento público. Seja em bolsas, seja em laboratórios mantidos diretamente pelo governo nas universidades. (Tumenas, 2021, p. 283).

No Brasil, o acesso restrito a essas instituições conceituadas, ao longo do século XX, foi convertido em oportunidade comercial, com o estabelecimento de políticas de financiamento estudantil para ingresso no setor privado (ProUni e Fies), promovendo o crescimento e a expansão do mercado de vagas e títulos de ensino superior. Proliferaram instituições de ensino privadas[3], vendendo o seu negócio em forma de cursos — sem a

---

[3] Para se ter ideia do espaço ocupado pelo setor privado no ensino superior, em rápida consulta ao sítio eletrônico do Ministério da educação (MEC) observa-se a existência de 2715 instituições privadas de ensino superior

preocupação com a pesquisa e a produção de conhecimento científico — voltados à inserção de jovens no mercado de trabalho, mais exigente em termos de qualificação, e em constante transformação — principalmente para o setor de serviços, que cresceu comparativamente aos outros setores e estendeu a classe trabalhadora para além do escopo da fábrica. Concordando com Adorno (1994), quando afirma que no capitalismo tardio a produção industrial é fator determinante, pois constitui a principal fonte da riqueza produzida socialmente, além de ser a base para as relações sociais de produção, o setor de serviços, que inclui também o comércio de bens e mercadorias, é o que mais emprega mão de obra no país, conforme a nomenclatura adotada pelo Instituto Brasileiro de Geografia e Estatística (IBGE). Em 2016, o setor de serviços detinha aproximadamente 75% da população ocupada, seguido pela indústria, com 21%, e pelo setor agropecuário, com 3,2% (Bonfim, 2018).

Esse movimento intensificou a relação instrumental com os serviços oferecidos pelas instituições de ensino superior: a oferta de habilidades, competências e conhecimentos colados às demandas do mercado de trabalho na forma de ensino. O propósito de uma formação voltada à autonomia de indivíduos intelectualmente qualificados fica subsumido às necessidades de formação de recursos humanos, consolidando uma racionalidade instrumental[4] cuja aplicação de conhecimentos visa maximizar a competitividade do mundo dos negócios.

Desde o final da primeira década do século XXI, com a forte crise econômica mundial, e contrariamente às promessas de empregabilidade subjacentes à nova expansão do ensino superior, o mercado brasileiro foi tomado por uma diminuição no número de postos de trabalho, a ampliação de formas precárias de contratação e a retirada de direitos trabalhistas, o que vem estimulando o crescimento da economia informal, revelando que

---

(com e sem fins lucrativos), 89% do total, e 341 instituições públicas de ensino superior (municipais, estaduais e federais), ou 11% do total. Disponível em: https://emec.mec.gov.br/. Acesso em: 10 jan. 2022.

[4] Baseia-se na formulação elaborada por Horkheimer (2000). A razão, alicerçada nas ideias de justiça, igualdade, felicidade, democracia e até propriedade privada, foi suplantada, no capitalismo tardio, pelo princípio subjetivista do interesse pessoal, convertendo-a em razão instrumental — racional passa a ser tudo aquilo que concorre para a efetivação de objetivos imediatos, mesquinhos e egoístas, sem a necessidade de remetê-los e examiná-los à luz da totalidade: "[...] o particular tomou o lugar do universal" (Horkheimer, 2000, p. 29). Dessa maneira, a razão instrumental neutraliza e até mesmo se opõe aos valores universais (como justiça e liberdade). Tal situação se desdobra no plano subjetivo, uma vez que todas as atividades realizadas pelos indivíduos, inclusive o pensamento, são transformadas em instrumentos. Em outras palavras, da experiência com o objeto e com o outro são expurgados seus significados em si mesmos, pois passam a estar referidos aos padrões utilitaristas e produtivos e à lógica da equivalência da economia mercantil (Horkheimer, 2000).

o desenvolvimento científico e tecnológico engendrado no capitalismo tardio ao contrário de suavizar o processo de trabalho (Marcuse, 1982), vem recrudescendo o desemprego, extinguindo profissões tradicionais e ampliando a extração de mais-valia em larga escala. Para comprovar o que aqui se afirma basta lembrar que a taxa de informalidade no trabalho da população ocupada no Brasil sempre esteve acima dos 43% na última década, chegando no quarto trimestre de 2021 a 48,7%, conforme dados da Pesquisa Nacional por Amostra de Domicílios (PNAD) Contínua Trimestral realizada pelo IBGE.[5]

Tendo em vista o breve cenário apresentado, busca-se compreender a complexidade e as contradições dos objetivos e da formação oferecida nas Instituições de Ensino Superior e as relações que mantêm com a sociedade e o estado, reveladas na recente produção acadêmica. Neste texto, apresenta-se a análise dos resumos de um subconjunto de artigos, entre os selecionados como base empírica da pesquisa de pós-doutorado (Minhoto, 2019). O critério para a seleção dos textos foi de encontrar a menção de pelo menos uma das seguintes palavras: "técnica", "técnico", "tecnologia" e "profissionalização", com o objetivo de analisar como tais conceitos são utilizados na recente produção que versa sobre os fins e o valor social da formação superior.

Apresentação do Material

No universo de 287 artigos que compõem a base empírica da pesquisa de pós-doutorado, 73 resumos apresentam pelo menos um dos termos utilizados como critério de seleção, ou seja, aproximadamente ¼ dos textos. Em 41 resumos a palavra "tecnologia" foi utilizada; em 22, a palavra "técnica"; em 11, a palavra "técnico"; e, em três resumos, a palavra "profissionalização"[6].

Após a leitura integral dos resumos, identificou-se a temática em que as palavras estão inseridas: dos 41 resumos que utilizam a palavra "tecnologia", 16 referem-se a ela para indicar diversos tipos de relação entre tecnologia e formação no ensino superior; 16 indicam tipos de relação entre tecnologia e o papel das universidades; oito têm como lócus de pesquisa determinados estabelecimentos educativos ou cursos cujos nomes contêm a palavra "tecnologia"; um estabelece a relação entre tecnologia e

---

[5] Informação disponível em: https://valor.globo.com/brasil/noticia/2021/11/10/trabalho-informal-bate-re-corde-e-deve-continuar-a-crescer.ghtml. Acesso em: 10 jan. 2022.

[6] Entre os 73 resumos, foram identificadas 77 ocorrências dos termos selecionados, pois em alguns resumos mais de um termo foi mencionado.

planejamento acadêmico e outro menciona a tecnologia desenvolvida por uma comunidade australiana como método de intervenção no campo da subjetivação (formação e educação)[7].

Entre os que utilizam as palavras "técnica" e/ou "técnico", 14 referem-se a elas para indicar a formação técnica; 12 para indicar procedimentos de método e/ou técnicas de pesquisa; duas mencionam atividades de assessoria de pessoal técnico; uma o lócus de pesquisa (escolas técnicas); uma aponta questões técnicas como limites para a realização de pesquisas; uma refere-se a despesa com servidores técnicos para compor o custo-aluno-ano em uma universidade pública; outra a fontes de pesquisa — os Resumos Técnicos do Censo do Ensino Superior —; e, por fim, uma se refere à interação dos sujeitos com os (ciber)espaços sociotécnicos.

No que toca aos resumos que mencionam a palavra "profissionalização", foram encontradas três menções sobre a necessidade de profissionalização: 1) de tutores de Educação a Distância; 2) de licenciados em Letras; e 3) de trabalhadores em geral.

Neste trabalho não são analisados os resumos que tratam como lócus de pesquisa os estabelecimentos ou cursos cujos nomes contêm as palavras "técnica", "técnico" ou "tecnologia" (totalizando nove resumos); os que indicam procedimentos de método ou fonte de pesquisa (13 resumos); e as atividades ou os custos relativos a servidores técnicos (três resumos).

Entre os resumos que utilizam as palavras "tecnologia", "técnica" e "técnico" para indicar sua relação com a formação no ensino superior, foi possível notar que alguns assumem uma postura de conformidade e salientam a tendência instrumental dessa relação, ao passo que outros apresentam uma tendência mais crítica. Na sequência, destaca-se o modo como as relações entre os termos utilizados e o ensino superior são enfatizadas nos artigos.

Na perspectiva mais instrumental foram mencionados: 1) o uso das Tecnologias de Informação e Comunicação (TIC) para promover o aprendizado significativo em Engenharia; 2) o aprendizado de novas técnicas para ampliar a perspectiva de solução de problemas, inventar novos problemas ou novas formas de vida que requerem novas técnicas em cursos de formação continuada para engenheiros da Petrobras; 3) o uso de tecnologias informacionais pelos profissionais da área da saúde, para levantamento bibliográfico com fins de pesquisa científica; 4) o uso das TIC no ensino em enfermagem,

---

[7] Um resumo, entre os 41, foi classificado em mais de uma temática.

aliado às novas exigências de formação profissional; 5) o uso das TIC no ensino em biblioteconomia, para fins de busca informacional; 6) o uso de tecnologias digitais na formação de professores, para fins de democratizar essas ferramentas na educação a distância (EaD); 7) a análise do potencial didático-metodológico das tecnologias digitais para a formação docente; 8) a constatação de que o uso das tecnologias móveis e de redes sociodigitais colocam os sujeitos em constante interação com (ciber)espaços sociotécnicos, do que decorre a necessidade de mudanças na educação, principalmente na formação de professores; 9) a aplicação da tecnologia coletiva dos Warlpiri, como técnica de ativação dos elementos instituintes da vida cotidiana e de criação de método de intervenção no campo da subjetivação (educação e formação dos sujeitos); 10) o fomento das principais competências exigidas pelo mercado profissional de Administração, quais sejam: padrões e valores, adaptação e negociação, conhecimento e técnico-profissional; 11) a análise das políticas empreendidas pela República Federal da Alemanha no sentido de captar, ao redor do mundo, as potencialidades técnico-científicas que visam à competitividade industrial, por meio da circulação de estudantes; 12) a reprovação da expansão dos Institutos Federais, pois que promoveu a aproximação de seu modelo de formação ao modelo de formação universitária, que visa produzir mais ativos intelectuais que o aprimoramento do desenvolvimento socioeconômico a partir de ativos econômicos; 13) a propriedade técnica que se pretendia ensinar aos historiadores, na década de 1940, para poderem desempenhar bem o ofício; 14) a análise da produção de um programa de pós-graduação em educação, sendo que uma de três tendências verificadas foi privilegiar a tecnologia para a inovação da prática; e 15) a análise de dificuldades técnicas de alunos para expressarem suas ideias em projetos de moda, revelando um bloqueio criativo.

É necessário advertir que a intenção foi apreender exatamente o tipo de valorização feita em relação à tecnologia e à técnica no processo de formação de estudantes. Os dados coletados dos resumos, confirmados na leitura dos textos completos, quando necessários, permitiu cumprir esse propósito. Essa breve e sucinta descrição de como os autores dos artigos se referem à tecnologia e à técnica/técnico no ensino superior permite algumas considerações.

Mencionar o uso e a presença da tecnologia ou fazer a defesa de seu emprego no ensino assume o caráter de um argumento autojustificador. Compreendida como fato que em si contém o positivo, o progressivo e o moderno, em oposição ao negativo, retrógado, atrasado e defasado, a tecnologia e a técnica não são problematizadas e, muitas vezes, sequer definidas. Assim, usa-se formulações genéricas, abstratas e extraídas do senso comum que, no lugar de serem elas próprias examinadas, servem como pressupostos que orientam a investigação — e não como elemento constituinte do objeto investigado.

Assim, a tecnologia no ensino superior, como elemento didático, se presta a supostamente promover um aprendizado mais significativo ou é convertida em princípio educativo sem que sejam realizadas as devidas ponderações sobre o que os estudantes aprendem e com quais finalidades, nem sobre os nexos entre avanço tecnológico e aumento da lucratividade do capital, sem a urgente distribuição de riqueza tão necessária ao combate da desigualdade social. De outra parte, a tecnologia é encarada como solução, seja como meio para aperfeiçoar a formação de professores e de outros profissionais, atualizando e modernizando as práticas pedagógicas do ensino superior, seja para democratizar o acesso à educação, em geral, e à superior, em particular, via implementação das modalidades de educação à distância e de outras formas de emprego das tecnologias digitais de informação e comunicação no ensino.

Também é possível encontrar interpretações que tomam a tecnologia e a técnica como panaceia, visto que de seu avanço depende o desenvolvimento econômico do país. Desse modo, especialmente a tecnologia e a técnica adquirem importância e valor inquestionáveis, uma vez que, em tese, elas ampliam a perspectiva de solução dos problemas educacionais e sociais que acometem as instituições, as empresas, as escolas etc., bem como permitem àqueles que se apropriam (ou se submetem?) de sua lógica a sintonia com as "novas" formas de vida e de comunicação e, ainda, com as igualmente "novas" exigências de formação profissional e do mercado de trabalho. Aqui aparece outro valor indubitável associado à tecnologia e à técnica: inovação. A esses termos são atribuídos valores que os convertem em parâmetros de conduta e reguladores da vida social, da comunicação, do trabalho, da educação e do pensamento, sem que um debate aprofundado sobre as implicações e desdobramentos sociais e políticos da tecnologia, conforme recomenda Marcuse (1999). Tecnologia, técnica e inovação se tornam motes dos objetivos a serem alcançados, desse modo, deixam de ser meios e substituem os fins. De acordo com a advertência feita por Adorno (1995), as consequências dessa inversão podem ser graves. Apesar de longo, vale a pena reproduzir o excerto a seguir:

Um mundo em que a técnica ocupa uma posição tão decisiva como acontece atualmente, gera pessoas tecnológicas, afinadas com a técnica. Isto tem a sua racionalidade boa: em seu plano mais restrito elas serão menos influenciáveis, com as correspondentes consequências no plano geral. Por outro lado, na relação atual com a técnica existe algo de exagerado, irracional, patogênico. Isto se vincula ao 'véu tecnológico'. Os homens inclinam-se a considerar a técnica como sendo algo em si mesma, um fim em si mesmo, uma força própria, esquecendo que ela é a extensão do braço dos homens. Os meios — e a técnica é um conceito de meios dirigidos à autoconservação da espécie humana — são fetichizados, porque os fins — uma vida humana digna — encontram-se encobertos e desconectados da consciência das pessoas. Afirmações gerais como estas são até convincentes. Porém uma tal hipótese ainda é excessivamente abstrata. Não se sabe com certeza como se verifica a fetichização da técnica na psicologia individual dos indivíduos, onde está o ponto de transição entre uma relação racional com ela e aquela supervalorização, que leva, em última análise, quem projeta um sistema ferroviário para conduzir as vítimas a Auschwitz com maior rapidez e fluência, a esquecer o que acontece com estas vítimas em Auschwitz. (Adorno, 1995, p. 132-133).

É necessária uma ressalva: o autor se refere à relação que os indivíduos estabelecem com a técnica, caracterizada predominantemente pelo entendimento de que essa é algo externo ao subjetivo e que está no mundo para que as pessoas possam fazer uso dela e dominá-la, assim como na relação com a natureza. No entanto, há outra maneira de lidar com a técnica (e com a tecnologia): como produto histórico do engenho e das relações humanas, como parte inerente e constituidora da subjetividade. Seja como for, as considerações feitas do extraído desse primeiro conjunto de artigos reforçam a ideia de que prevalece certa perspectiva instrumental de relacionar a tecnologia e a técnica com as funções do ensino superior. Quer isso dizer que se observa uma tendência que as trata menos como objeto de estudo e análise e mais como elemento orientador da definição de objetivos e ações.

Há um segundo grupo de trabalhos, que examinam de uma perspectiva mais crítica a relação entre "tecnologia", "técnica" e "técnico" e a formação no ensino superior. Desses, foram extraídas as seguintes menções: 1) a importância da educação popular para o fortalecimento das dimensões teórico-metodológica, ético-política e técnico-operativa do exercício profissional do serviço social, com vistas a reafirmar o saber popular, respeitar a autonomia dos sujeitos e construir com eles alternativas de intervenção; 2) a enorme lacuna em termos de pesquisa, intervenção e debates em torno do clima e das mudanças globais como desafio de um ensino baseado no aprofundamento científico sobre o tema; 3) a combinação entre educação e pesquisa ligada às mudanças climáticas em programas de ciência e tecnologia, por viabilizarem a análise do modo de vida urbano, ligado ao consumo e ao aumento da insustentabilidade; 4) a manutenção do Curso Agrotécnico da Universidade Federal de Viçosa, como evidência da disputa entre capital e trabalho na definição de um modelo de formação para o jovem brasileiro; 5) a necessidade de formação universitária para além dos limites da formação técnica profissional específica, que possibilite o desenvolvimento do senso crítico, do pensamento reflexivo, comportamento ético, habilitando para uma atuação com responsabilidade social; 6) a garantia de preparo científico e técnico de profissionais, nos cursos de graduação, e de maturidade e sensibilidade intelectuais que gerem referências conceituais e valorativas para a supostamente tornar intencionais suas práticas no mundo do trabalho, no universo social e na esfera cultural, o que pode ser promovido pela presença da Filosofia nos currículos de formação universitária; 7) a ampliação do caráter técnico profissionalizante valorizado pelos cursos na área da saúde, com a introdução de uma disciplina para discutir obras literárias, estendendo assim a compreensão do ser humano e de suas relações sociais; 8) a análise de aspectos técnicos do estágio docente de pós-graduandos para instigar a reflexão sobre práticas de ensino e a carreira docente no contexto nacional; e 9) a análise de que os sistemas de Ciência, Tecnologia e Inovação (CT&I) precisam recuperar o papel público da formação humana, pois a vida social e econômica demanda uma ampla formação de cidadãos-profissionais técnica e intelectualmente competentes e éticos.

Nesse conjunto de artigos, que se caracteriza por enfatizar a formação profissional crítica, cujo sentido pode ser evidenciado no emprego de termos como ética, cidadania, responsabilidade social, autonomia, transformação social, formação humanística, exercício profissional com compromisso social, entre outros, verificam-se distintas formas de relacionar tecnologia e técnica com a formação no ensino superior que, para efeito de exposição, podem ser sintetizadas em três interpretações principais.

A primeira assinala a necessidade de a formação profissional no ensino superior estar balizada pelo domínio da técnica, condição essencial para a intervenção social qualificada na realidade, especialmente no que se refere às populações de baixa renda ou em situação de vulnerabilidade. Essa é uma forma de conferir qualidade aos serviços prestados e, ao mesmo tempo, promover ações produtoras de autonomia. Nessa mesma esteira, mas sem a ênfase na ação profissional imediata, a segunda interpretação destaca o papel da pesquisa — e o conhecimento e domínio técnico do método científico — na formação intelectual dos estudantes, seja para a análise dos desafios sociais oriundos do desenvolvimento econômico, seja para a elaboração de alternativas ao modelo dominante (produtor de desigualdades e destruidor dos recursos naturais e do meio ambiente). Já a terceira interpretação opõe técnica e humanismo, e isso de dois modos: denunciando que a formação técnica descuida da dimensão humana, quando os cursos promovem a cisão entre as partes geral e específica em seus currículos, e propondo reformulações que envolvem a articulação entre domínio técnico e formação humanística.

Essa última interpretação, embora mantenha a perspectiva crítica de análise em relação à tecnologia e à técnica na sociedade do capitalismo tardio, parece reproduzir no plano teórico o entendimento de que a divisão social do trabalho produz a alienação quando impede o acesso à educação humanística, e não exatamente quando promove a cisão entre trabalho manual e intelectual. Em outros termos, está presente em uma parte dos artigos analisados a noção de que falta à formação no ensino superior coordenar e combinar as duas dimensões ou fazer com que o humanismo se sobreponha à técnica. O problema que se verifica é o não reconhecimento do que há necessariamente de humano no desenvolvimento da técnica e da tecnologia e de seus nexos com a sociedade e a cultura. Nas palavras de Adorno (2010, p. 315):

> Creo que también las necesidades tecnológicas, por rigurosas que sean, son al mismo tiempo maneras de manifestarse necesidades sociales. [...] El que la técnica y a la sociedad se identifiquen y a la vez aparezcan como separadas por un abismo es testimonio de una situación social en última instancia irracional [...]. En una sociedad dueña de sí misma y verdaderamente racional, la técnica podría descubrir su esencia social y la sociedad la trabazón de la llamada cultura con los avances técnicos. La concepción de una cultura del espíritu alejada de la técnica sólo puede nacer de la ignorancia de la sociedad respecto a su propria esencia. Todo lo espiritual tiene elementos técnicos; sólo quien conoce el

espíritu únicamente como espectador, como consumidor, puede padecer la ilusión de que los productos del espíritu vienen del cielo. Por eso hay que evitar permanecer en la rígida antítesis entre humanismo y técnica. Ésta es producto de la falsa conciencia.

Essa não admissão do entrelaçamento de sociedade, cultura, técnica e tecnologia contribui para que a formação profissional no ensino superior continue sendo tratada de forma fragmentada e sem a devida reflexão sobre os cursos de formação, as profissões, as ciências e o papel social de todas, com a reprodução de um equivocado debate que opõe, de um lado, aprendizado profissional estrito, de outro, humanismo. No entanto, bastante promissor é fato de haver considerável número de artigos, dentre os analisados, que de maneira crítica e não conformista tomam a tecnologia e a técnica pelo seu potencial formativo, ou seja, atreladas aos aspectos característicos de cada profissão e, também, às suas implicações sociais — que favorecem a reprodução da ordem capitalista e/ou que ensejam a proposição de alternativas a essa ordem. Mencione-se os trabalhos que apontam como imprescindível o domínio técnico e a reflexão sobre a técnica no exame de propostas de formação profissional, que têm como objetivo a intervenção e a transformação social.

Prosseguindo, nos resumos que indicam tipos de relação entre "tecnologia" e o papel das Universidades, foi igualmente possível verificar que alguns salientam a relação de uma perspectiva adaptativa do papel das Universidades, enquanto outros apresentam uma perspectiva mais crítica.

Do ponto de vista adaptativo foram salientados: 1) os desafios científicos e a competição para produzir patentes e a transferência de tecnologia entre a PUCRS e as empresas, com o ambiente de inovação favorecido por políticas institucionais e existência do parque tecnológico na universidade, porém identificando dificuldade na conciliação entre pesquisa, patenteamento e docência, ainda que pesquisadores tenham papel essencial para o sucesso na comercialização de tecnologias acadêmicas. Sugere a criação de políticas que viabilizem tempo aos pesquisadores para a atuarem na Transferência de Tecnologia Universidade-Empresa (TTUE) e o desenvolvimento de habilidades relacionais e comerciais; 2) as formas de cooperação entre universidades, governo e setor produtivo, na Rede Nordeste de Biotecnologia (Renorbio), e a necessidade de se construir agendas de pesquisa básica inspiradas pelo uso, isto é, mais atentas à empresa e ao mercado; 3) as capacidades de inovação em uma rede formada por universidade pública e pequena empresa de base tecnológica para o estabelecimento de negócios baseados em biotecnologia aplicada a ativos da biodiversidade na Amazônia brasileira; 4) a análise de impacto institucional regional das duas principais políticas federais descentralizadas de apoio à ciência, tecnologia e inovação (CT&I): cooperação universidade-indústria e financiamento à inovação nas micro e pequenas empresas; 5) a chamada "3ª Missão" da universidade de pesquisa de transferir conhecimento, tecnologia e inovação, que tem sido acompanhada por reconfigurações tanto da pesquisa, alinhando-a ao novo modo de produção científica, quanto do ensino, alinhando-o aos novos perfis adequados à economia e à sociedade do conhecimento; 6) as atribuições dos Institutos e Universidades Federais para além do ensino e da pesquisa, pois incorporam a responsabilidade de colaborar para o desenvolvimento econômico por meio da criação de conhecimento científico e tecnológico aplicado, contribuindo diretamente para a inovação — Teoria da Hélice Tripla; 7) a análise do processo de institucionalização da apropriação comercial da ciência por meio das práticas científicas difundidas no contexto acadêmico brasileiro e a conclusão de que, apesar dos incentivos criados pelas políticas científicas, o campo científico não incorpora sem resistência os novos valores e as práticas orientadas para o mercado; 8) a análise do número de patentes publicadas em 2014 — ficando a USP e a Unicamp na frente, com os 30 inventores mais produtivos — e da trajetória acadêmica e profissional dos pesquisadores, que mostra existir relação positiva entre mobilidade acadêmica internacional e inovação (depósito de patentes) no país de origem do talento acadêmico; e 9) a visão relacional dos governos para desenvolver com maior eficácia suas políticas de ciência e tecnologia e desenvolver recursos humanos qualificados à indústria brasileira de semicondutores, enfatizando a importância das relações recíprocas entre universidade, indústria e governo para a eficácia na implementação dessas políticas.

De certa maneira, as ponderações apresentadas anteriormente, referentes ao primeiro conjunto de artigos (relação entre tecnologia e técnica com a formação no ensino superior desde a perspectiva instrumental) podem ser aplicadas nesse grupo. Resta indicar que a adaptação da universidade e da pesquisa científica às necessidades sociais superimpostas pelos interesses particulares, muitas vezes disfarçados de nacionais, é realizada com a associação imediata de desenvolvimento social, crescimento econômico, modernização e expansão capitalista. Quase nenhum questionamento é feito

EDUCAÇÃO E TECNOLOGIA, NA SOCIEDADE ADMINISTRADA: ESTUDOS CRÍTICOS

acerca do modelo a ser implementado e dos grupos e classes sociais, bem como dos setores beneficiados. O teor dos artigos aponta para o diagnóstico, qual seja, de que a universidade ou não está em sintonia com os setores da produção material ou é subutilizada no seu potencial de contribuir com o desenvolvimento do país.

Vale destacar, ainda, que os artigos sustentam parte de sua argumentação fazendo uso de termos e palavras que funcionam como uma espécie de farol orientador. Todos devem convergir para sua luz, sem que os sentidos e conceitos atinentes sejam plenamente desenvolvidos. É o caso de inovação, de exploração sustentada da biodiversidade, de cooperação universidade em empresas (indústria, micro e pequenos empreendimentos etc.), de transferência de conhecimento e tecnologia e internacionalização da universidade. O uso de tais termos evidencia o que Marcuse (1982, p. 106) denominou de fechamento do universo da locução. Assim, "a linguagem fechada não demonstra nem explica", apenas comunica a decisão já tomada e fornece e aplica o comando. O autor prossegue:

> [...] a funcionalização da linguagem expressa uma condensação do significado que tem uma conotação política. Os nomes das coisas não são apenas "indicativos de sua maneira de funcionar", mas sua maneira (real) de funcionar também define e "fecha" o significado da coisa, excluindo outras maneiras de funcionar. O substantivo governa a sentença de um modo autoritário e totalitário, e a sentença se torna uma declaração a ser aceita — repele a demonstração, a qualificação, a negação de seu significado codificado e declarado (Marcuse, 1982, p. 95).

A aceitação conformista e acrítica da tecnologia como elemento estruturador e organizador das relações sociais é a expressão de uma tendência identificada nas universidades brasileiras: submissão aos interesses do capital e de conversão de suas funções. Para muitos, ela deve ser, única e essencialmente, geradora de meios de produção e fornecedora de recursos humanos às empresas.

No entanto, e em contraposição à interpretação predominante, também se verificou outra forma de tratamento dado ao tema da tecnologia e o papel das universidades. Da perspectiva mais crítica foram mencionados: 1) a transferência de tecnologia produzida na universidade para sociedade no sentido da preservação ambiental e da promoção social, por meio da cooperação entre universidade, agricultores e governo; 2) a análise das transformações da universidade — de Humboldt até a contrarreforma universitária — como triplo processo: de integração subordinada da educação à política de ciência, tecnologia e inovação; de diversificação e hierarquização institucional segundo a oferta e duração dos cursos; e de empresariamento da educação; 3) a análise da engenharia social que elege a educação, a ciência e a tecnologia para promoverem progresso econômico e social, o que reduz a universidade à executora e refém não autônoma, enquanto o capital se beneficia do conhecimento gerado pelos trabalhadores-pesquisadores para se reproduzir e esses experimentam a intensificação e a alienação do seu trabalho; 4) a análise da relação universidade-sociedade no Brasil, reduzida à relação universidade-empresa, como mostram os Estudos Sociais da Ciência e Tecnologia; 5) a relação entre a universidade e as classes populares como alternativa às tendências privatistas das políticas de ensino superior, ciência e tecnologia no país; e 6) a atuação do Laboratório de Demonstrações da Universidade Federal do Pará, como um centro de ciência visando ao avanço da alfabetização científica na Amazônia brasileira, assim como da difusão e popularização da ciência e tecnologia.

Nesse conjunto menor de trabalhos observa-se um posicionamento bastante distinto em relação ao conjunto anterior. A própria tecnologia é tratada como fenômeno social a ser analisado, e isso baliza a interpretação dos nexos entre universidade, sociedade e economia. Podem ser extraídas duas interpretações gerais dos artigos considerados. Na primeira, temos a ideia de que a tecnologia e seus produtos poderiam estar direcionados para a promoção social, a preservação ambiental e a cooperação entre distintos agentes sociais (em contraposição aos agentes econômicos). Portanto, a transferência de conhecimento e de tecnologia, produzida na universidade, só faria sentido, conforme tal interpretação, se vinculada a um projeto de sociedade que inclua a promoção de outra forma de relacionamento entre universidade e sociedade. Propugna-se a associação das universidades com os interesses das classes populares, e isso se configura como alternativa ao modelo predominante, que associa de modo imediato e direto o papel do ensino superior com o desenvolvimento capitalista. A segunda interpretação propõe a análise crítica da maneira pela qual a ciência, a tecnologia e a inovação foram capturadas e desfiguradas em favor do capital, tendo como consequência para a própria Universidade a perda da autonomia e sua subordinação à lógica empresarial.

Trata-se de uma perspectiva que, sem abrir mão do potencial emancipador da tecnologia e sem opor, de forma cindida, técnica e humanismo, analisa criticamente o processo histórico e social que converteu a tecnologia em meio de dominação, mas dialeticamente parece reconhecer suas contradições e que é possível e necessário promover transformações qualitativas na forma como os recursos naturais são explorados e a riqueza produzida socialmente, material e imaterial, é distribuída entre os indivíduos, grupos e classes sociais, visando à satisfação máxima das necessidades humanas e à emancipação.

Há mais dois resumos selecionados que aqui são apresentados em bloco. Não se encaixam diretamente nas categorias anteriores, mas fazem referência à tecnologia ou à técnica. Um deles trata da relação entre tecnologia e planejamento acadêmico e analisa a aplicação da metodologia Planeação Estratégica e Comunicativa (PEC) para o planejamento de ações de impacto científico e social nos Programas de Pós-Graduação (PPG), defendendo que a PEC é tecnologia social proveitosa para os PPG atingirem suas potencialidades, manterem interlocução com seu contexto local e produzirem ações de impacto científico e social. O outro aponta algumas questões técnicas como limites para a realização de pesquisas, e toma como base as relações centro-periferia na produção científica e as representações dos pesquisadores sobre as possibilidades e limites de realizar o seu trabalho em um contexto disciplinar desigual; mostrando que tais representações expressam a ideia de uma periferia relacional, articulada em termos de falta, em referência a questões institucionais, financeiras, técnicas, culturais e cognitiva.

Por fim, foram selecionados três resumos que mencionam o conceito de profissionalização, voltados à avaliação do desempenho profissional e a sua relação com a formação: 1) problematizando se a concessão do diploma de licenciado em Letras garante as condições básicas necessárias para a formação profissionalizante inicial do professor de língua portuguesa; 2) apontando a necessidade de profissionalização dos tutores para o exercício na EaD; e 3) advogando a necessidade de incrementar a profissionalização dos trabalhadores, pois o mercado de trabalho estaria desvalorizando a mão de obra qualificada, como decrescido a oferta de empregos de maior remuneração e titulação, mostrando, com isso, a necessidade de maior interação entre universidade, empresa e governo.

Os primeiros dois resumos mencionados nessa última sessão evidenciam a presença da técnica e da tecnologia na organização e funcionamento da Universidade, seja apontando suas possibilidades e benefícios, inclusive na relação com a sociedade, pois de seu bom emprego dependeria o aperfeiçoamento e a promoção de impactos sociais satisfatórios, seja reconhecendo os desequilíbrios e deficiências do ensino superior, especialmente no ensino e na pesquisa, quando há desigualdades entre as instituições em termos de estrutura, equipamentos e financiamento.

Já os artigos que versam sobre o tema da profissionalização podem ser associados àqueles analisados anteriormente e que instrumentalizam a relação entre tecnologia e técnica com a formação e com o papel hodierno da Universidade. Questionam a profissionalização realizada e, ao mesmo tempo, defendem que essa deveria acontecer em consonância com as imposições mais recentes do mercado de trabalho, compreendido como em constante mutação, por conta da reestruturação do processo produtivo capitalista e dos consequentes rearranjos na divisão social do trabalho.

Algumas considerações sobre o material

Como visto, prevalece no material apresentado uma perspectiva instrumental da Educação Superior. No que se refere à formação, a tendência mais expressiva é a de distanciamento do ideal de desenvolvimento integral das potencialidades individuais (*Bildung*), chegando a figurar como irracional a aproximação da formação oferecida nos Institutos Federais ao modelo universitário, que visa ao crescimento intelectual, ao invés da adaptação aprimorada ao desenvolvimento socioeconômico. Na presença da formação adaptativa e alienada, não há condições para a autodeterminação e a reflexão sobre os processos de dominação e de reafirmação das desigualdades sociais (Adorno, 1995).

Estudantes (graduandos ou pós-graduandos), docentes e pesquisadores são por vezes referidos, sem qualquer pudor, como capital ou recursos humanos, isto é, insumos produtivos. Sua valorização aparece atrelada ao desenvolvimento de potencialidades técnico-científicas para a competitividade industrial, o incremento no número de patentes produzidas, habilidades comerciais e ingresso no mercado de trabalho. Fala-se abertamente em favor da apropriação comercial da ciência por meio de práticas de pesquisas difundidas no contexto acadêmico e lamenta-se que os novos valores e práticas orientadas para o mercado ainda não tenham sido incorporadas sem resistência na Universidade. A penetração da racionalidade do mercado nesse ambiente favorece a conversão da formação superior em negócio, com a justificativa de que aqueles que a acessam e valorizam ganham em capacidade de rentabilidade individual. Conhecimentos, pensamento e formação devem contribuir para o aumento da produtividade e da manutenção das relações de produção e dominação capitalistas, sendo meros instrumentos de perpetuação e reafirmação do existente, o que, como se observa, não diz respeito apenas à formação técnica. O que se nota efetivamente é a prevalência do status quo, com incidência baixa de resumos que mencionam a formação humana, a visão crítica do mundo e a valorização da cultura e de modos diferentes de vida possível.

Nos resumos que tratam da relação entre tecnologia e o papel da Universidade, há uma clara tendência de que o investimento em CT&I deve privilegiar a pesquisa aplicada ao desenvolvimento econômico e social, negligenciando ou desvalorizando a pesquisa básica, conforme se pode observar na definição das denominadas Áreas Prioritárias do Ministério da Ciência, Tecnologia e Inovações, estabelecidas nas Portarias MCTIC nº 1.122/2020 e MCTIC nº 1.329/2020 (Brasil, 2020). Essa é a base efetiva de produção para a suposta sociedade tecnológica, o que fortalece o entendimento — ideológico na acepção de Marcuse (1982) — de que ciência e tecnologia são forças neutras e direcionadas indelevelmente ao desenvolvimento do capitalismo e encobrindo a dominação exercida por elas no atual estágio da sociedade. Trata-se de uma visão positivista que não questiona a "realidade", porque faz dos fatos um fetiche, alienando o trabalho científico e estruturando a formação da nova geração de cientistas pela racionalidade tecnológica.

Marcuse, em uma palestra para estudantes na Universidade de Vincennes, no ano de 1974, ao criticar a compreensão de que o capitalismo tardio teria supostamente se convertido em uma "sociedade pós-industrial" e de que nela a divisão do trabalho estaria ocorrendo entre trabalhador intelectual e trabalhador do conhecimento, afirma que o saber dos trabalhadores e sua aplicação continuam subordinados aos interesses da classe dominante e que:

> [...] a própria ideia de que a sociedade pós-industrial seria regida pelo que se chama de racionalidade tecnológica é ideológica. Nos estágios avançados, o capitalismo não se move sob o impacto da racionalidade tecnológica; em vez disso, ocorre o inverso. O crescimento e o impacto da racionalidade tecnológica são metodicamente restritos, restringidos e subordinados aos interesses da lucratividade e do poder. (Marcuse, 2015 [1974], p. 15)[8].

---

[8] Trecho traduzido da versão original pelos autores: "[...] the very idea that post-industrial society would be ruled by what is called technological rationality is ideological. At the advanced stages of capitalism does not move under

A racionalidade tecnológica não se libertou; subordina-se aos interesses econômicos, reforça, no *ethos* científico, a divisão social do trabalho acadêmico, certo tipo de profissionalismo e o cientificismo vulgar, para forjar um tipo de cognição que satisfaça somente as necessidades financeiras e ideológicas do capital. A dimensão crítica e o potencial emancipador da ciência e da tecnologia continuam asfixiados (Marcuse, 1982).

Os resultados aqui apresentados expressam com clareza o acirramento da tendência à submissão ao capital e à aceitação conformada dos valores dessa forma econômica da vida universitária. Essa se vê descaracterizada em sua função formativa, respondendo de forma imediata a demandas sociais, em especial às provenientes do sistema econômico. Poucos trabalhos dedicam-se ao questionamento desse modo de formar, de produzir e aplicar ciência, técnica e tecnologia, e de compreender que poderiam ser radicalmente humanizados, rompendo com a hegemonia econômica e a lógica da dominação (Marcuse, 1982). Tais resultados merecem outras análises e aprofundamentos, no entanto, contribuem para mostrar que o capitalismo tardio opera no sentido de reduzir ao mínimo suas contradições internas, sem resolvê-las, isto é, sem promover a autonomia, a liberdade e a emancipação, e dissemina "para todas as esferas da vida material e cultural, o modo de produção industrial, proporcionadas pela apropriação privada da ciência e tecnologia" (Sass, 2019, p. 10).

Referências

ADORNO, T. W. Capitalismo tardio ou sociedade industrial? *In*: COHN, G. (org.). *Theodor W. Adorno*. São Paulo: Ática, 1994. p. 62-75. (Col. Grandes cientistas sociais)

ADORNO, T. W. *Educação e emancipação*. Rio de Janeiro: Paz e Terra, 1995.

ADORNO, T. W. Sobre técnica y humanismo. *In*: ADORNO, T. W. *Miscelânea I*. Madrid: Akal, 2010. p. 311-319. (Obra completa, 20/1)

BONFIM, V. G. *Distribuição da força de trabalho no brasil*: uma análise através da definição marxista de trabalho produtivo. 2018. Monografia de Final de Curso (Graduação). Curitiba, UFPR, 2018.

BRASIL. [Constituição (1988)]. *Constituição da República Federativa do Brasil*. Disponível em: http://www.planalto.gov.br/ccivil_03/constituicao/constituicao. htm. Acesso: 8 ago. 2019.

---

the impact of technological rationality; rather the opposite is the case. The growth and impact of technological rationality is methodically restricted, restrained, and subordinated to the interests of profitability and power".

BRASIL. *Lei de Diretrizes e Bases da Educação Nacional*, de 20 de dezembro de 1996. Estabelece as diretrizes e bases da educação nacional. Disponível em: http://www. planalto.gov.br/ccivil_03/leis/l9394.htm. Acesso: 8 ago. 2019.

BRASIL. Decreto n. 2.306, de 19 de agosto de 1997. Regulamenta, para o sistema federal de ensino, as disposições contidas no art. 10 da medida provisória 1477-39, de 08/08/1997, e nos arts. 16, 19, 20, 45, 46 e § 1o, 52, parágrafo único, 54 e 88 da lei 9.394, de 20/12/1996, e dá outras providências. Disponível em: https://legislacao.presidencia.gov.br/atos/?tipo=DEC&numero=2306&ano=1997&ato=28bk3Z610MJpWT45e. Acesso em: 18 ago. 2021.

BRASIL. Câmara dos Deputados. Consultoria de Orçamento e Fiscalização Financeira. Informativo técnico nº 6/2019 (CONOF-CD) – Ministério da educação: despesas primárias pagas 2014-2018 e impacto da EC nº 95/2016 (teto de gastos), 14 de fevereiro de 2019. Disponível em: https://download.uol.com.br/files/2019/05/2761014292_educacao.pdf. Acesso: 12 jan. 2022.

BRASIL. Ministério da Ciência, Tecnologia e Inovações. Portarias MCTIC nº 1.122/2020 e MCTIC nº 1.329/2020), de 19 e 27 de março de 2020. Disponível em: https://www.in.gov.br/en/web/dou/-/portaria-n-1.122-de-19-de-marco-de-2020-249437397 e https://www.in. gov.br/en/web/dou/-/portaria-n-1.329-de-27-de-marco-de-2020-250263672. Acesso: 12 jan. 2022.

HORKHEIMER, M. Teoria tradicional e teoria crítica. *In*: HORKHEIMER, M.; ADORNO, T. W. *Textos escolhidos.* São Paulo: Nova Cultura, 1991. p. 31-68. (Col. Os pensadores)

HORKHEIMER, M. Meios e fins. *In*: HORKHEIMER, M. *Eclipse da razão.* São Paulo: Centauro, 2000. p. 13-64.

MARCUSE, Herbert. *A ideologia da sociedade industrial*: o homem unidimensional. Tradução: Giasone Rebuá. Rio de Janeiro: Zahar Editores, 1982.

MARCUSE, Herbert. Lecture on Higher Education and Politics, Berkeley, 1975. *Marcuse's challenge to education* Douglas Kellner et al. (org.). Maryland: Rowman & Littlefield Publishers, Inc. 2009.

MARCUSE, Herbert. Algumas implicações sociais da tecnologia moderna. *In*: MARCUSE, Herbert. *Tecnologia, guerra e fascismo.* São Paulo: Ed. UNESP, 1999, p. 71-104.

MARCUSE, Herbert. Herbert Marcuse's *Second Presentation*. *In*: JANSEN, P-E.; REITZ, C. (ed.). *Paris Lectures at Vincennes University – Global Capitalism and Radical Opposition.* Philadelphia, PA: International Herbert Marcuse Society, 2015.

MINHOTO, M. A. P. *Fins da Universidade Pública e Formação no Brasil: análise baseada na produção científica sobre o tema*. Projeto de Pós-Doutorado desenvolvido no Programa de estudos pós-graduados em Educação: História, Política, Sociedade da PUCSP, 2019.

SASS, Odair. *Formação e educação, tecnologia e profissionalização, na sociedade industrial do capitalismo tardio* [Versão preliminar]. Programa de estudos pós-graduados em Educação: História, Política, Sociedade da PUCSP, 2019.

TUMENAS, F. Financiamento das universidades líderes nos rankings internacionais, um caminho para as universidades públicas brasileiras? *Avaliação*, Campinas/Sorocaba, v. 26, n. 1, p. 270-287, mar. 2021.

DA FORMAÇÃO DO INDIVÍDUO AUTÔNOMO À PRODUÇÃO DE CAPITAL HUMANO: A UNIVERSIDADE EM QUESTÃO

Maria Angélica Pedra Minhoto
Cristiane Fairbanks

Introdução

Reconhecer e analisar os traços que marcam hoje a formação presente na universidade brasileira, o objetivo deste capítulo, ganha sentido mais preciso com um exercício de dupla comparação: confrontar o conjunto de princípios e práticas, muitas vezes contraditórios, que engendram o tempo presente e aqueles adotados em momentos passados, ao longo do século XX e início do século XXI no país; mas também comparar princípios e práticas com aqueles disseminados por modelos teóricos de universidade moderna, consagrados internacionalmente, e que circularam fortemente pelo mundo entre os séculos XIX e XX (e continuam a circular) — os modelos alemão, francês, anglo-saxão e anglo-americano —, que influenciaram a própria história da formação que se consagrou na universidade brasileira.

Por uma questão de organização metodológica, este texto expõe na seção inicial uma breve revisão da literatura que explora os conceitos e os modelos consagrados de universidade moderna e os traços que caracterizaram a formação por eles defendida. Em seguida, expõe as características que marcaram os modelos e projetos de universidade no Brasil, baseada igualmente em estudos realizados por pesquisadores da área, e finaliza com considerações a respeito da formação contemporânea, atrelada tendencialmente à noção de capital humano (Schultz, 1973).

A formação superior nos modelos de Universidade consagrados internacionalmente

A constituição de distintos modelos de universidade moderna, a partir da virada do século XVIII para o XIX, em várias regiões da Europa, é um fenômeno relacionado à reorganização geopolítica do continente, ao movimento cultural, intelectual e filosófico do Iluminismo, mas também às tradições culturais das diferentes regiões. Os dois modelos que apresentam características mais distintas — o alemão e o francês — se estabeleceram quase que coetaneamente.

O modelo alemão, muito influente até os dias atuais, foi inaugurado com a fundação da Universidade de Berlim, em 1810, por Wilhelm von Humboldt[9]. Além das reflexões de Immanuel Kant (2008), em seu livro *O Conflito das Faculdades*, de 1798, outros motivos, segundo Terra (2019, p. 134-135), levaram à "necessidade da fundação de uma universidade com perfil renovado em Berlim", entre eles a situação de fragilidade na manutenção de algumas universidades existentes à época no território alemão e a crise política alimentada pela ocupação da Prússia, por Napoleão Bonaparte, com a derrota da batalha de Jena e Auerstädt em 1806, uma derrota militar, mas também moral. Na avaliação de José Fernandes Weber (2006, p. 122-123):

> À derrota militar, seguiu-se um sentimento de desalento, superado gradativamente pela intensa valorização da educação, da cultura, como resultado de um projeto de educação. Se é certo que, na Alemanha, tal valorização é bem anterior ao início do século XIX, foi nesse período que se afirmou com toda a intensidade o princípio da educação enquanto 'cultivo de si', Bildung[10].

Após a vitória de Napoleão em Jena e Auerstädt e o colapso resultante da Prússia, Humboldt retornou à Alemanha no outono de 1808, em um ambiente político que visava à unificação da nação, e, como forma de modernizar e responder às necessidades de instrução das elites, o rei Frie-

---

[9] Sorkin (1983, p. 55) informa que Humboldt "durante um mandato de dezesseis meses como chefe da Seção de Religião e Educação do Ministério do Interior (fevereiro de 1809 a junho de 1810), reformulou o sistema educacional da Prússia de acordo com a concepção neo-humanista de *Bildung*".

[10] Peter Burke (2020, p. 117) explica que o termo *Bildung* foi usado por Goethe para expressar a ideia de desenvolvimento, ideia central em sua obra *Wilhelm Meister*, publicada em 1795, mais tarde descrito como um *Bildungsroman* ou romance de formação, em uma narrativa que gira ao redor do desenvolvimento da personalidade da personagem e que explicitaria muito das ideias emergentes àquele tempo na Alemanha, coincidentes às que se vê em Humboldt.

drich Wilhelm III propôs ao seu ministro do interior a fundação de uma universidade em região não ocupada. A organização dessa instituição renovada foi confiada a Wilhelm Humboldt, após consulta a vários intelectuais sobre os princípios que deveriam edificar a universidade.[11]

> [...] no curto período de 1809 a 1810, ele foi capaz de instituir uma reforma radical em todo o sistema educacional prussiano, desde o ensino fundamental e médio até a universidade, baseada no princípio da educação gratuita e universal. Sua ideia de combinar ensino e pesquisa em uma instituição que o orientou no estabelecimento da Universidade de Berlim em 1810 (hoje Universidade Humboldt) e as estruturas que ele criou para esta instituição se tornariam o modelo não apenas em toda a Alemanha, mas também para o mundo moderno na maioria dos países ocidentais. (Stanford Encyclopedia Of Philosophy, s/d., Verbete Wilhelm Humboldt).

O modelo inaugurado com a Universidade de Berlim baseou-se na ideia de cultura nacional como princípio vivo da instituição e marca identitária de um povo culto (Readings, 1999, p. 65). Visava ao mesmo tempo articular a pesquisa acadêmica e as diferentes áreas de conhecimento no interior da universidade e orientar o processo de formação cultural [*Bildung*] dos jovens, pelo desenvolvimento livre e autônomo de sua personalidade e inteligência (formação espiritual) e o cultivo de seu caráter (formação moral). Ambos os pilares, inseparáveis no entendimento de Humboldt e de Schleiermacher, expressavam o compromisso institucional com a pesquisa e o ensino [*Bildung durch Wissenschaft* — educação por meio do conhecimento acadêmico] e deveriam ser amparados por uma pedagogia que concebesse a formação como um processo de desenvolvimento integral e autônomo do indivíduo. Em termos institucionais, "o ensino e a pesquisa

---

[11] Segundo Sorkin (1983, p. 55-56), "a teoria de *Bildung* de Humboldt, dos anos 1809-1810, foi considerada a doutrina que legitimava a aliança da *intelligentsia* e do estado através da universidade". Entre os intelectuais consultados estavam os filósofos Johann Gottlieb Fichte e Friedrich Schleiermacher, sendo a proposta feita pelo último a que mais influenciou na organização da universidade. Terra (2019, p. 139) observa que o "caráter nacional alemão está, pois, fortemente presente desde o início nos planos da fundação de uma universidade renovada na Prússia". O próprio Humboldt "passou mais de uma década em seu próprio *bildung* pessoal" (Burke, 2020, p. 171), estudava e traduzia escritores gregos antigos como uma forma de autodesenvolvimento; conduzia ainda experimentos, sozinho ou com seu irmão Alexander Humboldt. Peter Burke (2020) aponta Humboldt como um polímata — uma pessoa erudita, interessada no conhecimento acadêmico em diferentes áreas — e afirma que além da filosofia, da teoria da educação, ele se dedicou por toda a vida a estudos em outros campos como história, política, literatura, ciências naturais, linguística comparativa, sendo apontado ainda por Burke como poliglota. O próprio Humboldt assegurava: "a maior parte da minha vida se aplica ao estudo" (Burke, 2020, p. 281), o que permite identificar o *Bildung durch Wissenschaft* — educação por meio do conhecimento acadêmico, como firme propósito de desenvolvimento integral e autônomo de si.

foram combinados em universidades que eram entidades corporativas, contrastando com a França, onde o ensino foi dividido entre faculdades e escolas especializadas e a pesquisa era frequentemente conduzida em institutos separados" (Anderson, 2016a, p. 2).

Apesar de ocupar cargo público e de estar respondendo a uma demanda do rei, Humboldt manifestou em várias passagens de seus relatórios oficiais posições contrárias ao entendimento da formação (*Bildung*) como instrumento de estado (cf. Sorkin, 1983). Para ele, o pensamento e a aquisição de conhecimentos deveriam se traduzir em atividade autônoma do indivíduo. Em suas palavras: "com o método de ensino, não se deve preocupar se isso ou aquilo foi aprendido; mas antes se, no aprendizado, a memória foi exercitada, os entendimentos aperfeiçoados, o julgamento retificado e o sentimento moral (*sittliche Gefühl*) refinado" (Humboldt, 1809 *apud* Sorkin, 1983, p. 64).

A concepção de formação subjacente ao modelo humboldtiano diferia tanto de uma posição nacionalista, que entendia a educação como política estratégica destinada à formação do cidadão alemão (posição que se aproximava mais à defendida por Fichte, como finalidade da *Aufklarung*)[12], quanto dos que compreendiam a educação como mera aquisição mecânica de conhecimentos ou o preparo profissional. A ideia de que a formação universitária deveria articular a autonomia individual e a liberdade científica ganha evidência na análise de Sorkin (1983, p. 64) sobre os relatórios de Humboldt:

> [...] pessoas educadas para serem livres serão, em última análise, melhores cidadãos do que homens educados para serem cidadãos, assim como a ciência deixada a seus próprios critérios será mais proveitosa do que a ciência supervisionada pelo Estado.

A organização da Universidade pela articulação entre ensino e pesquisa colocava o professor no centro da instituição. Seu papel, como intelectual e homem da ciência, comprometido com a pesquisa em um ambiente de liberdade acadêmica, era o de produzir conhecimentos e estimular a formação cultural dos estudantes e não um veículo de transmissão de fatos, conceitos,

---

[12] Em seu ensaio *Limits of State Action* (1792-92), Humboldt afirma que "o Estado deve abster-se totalmente de todas as tentativas de operar direta ou indiretamente sobre a moral e o caráter da nação. [...] Tudo o que é calculado para promover tal desígnio, e particularmente toda supervisão especial de educação, religião, leis suntuárias etc., fica totalmente fora os limites de sua atividade legítima" (Humboldt, 1792-92, *apud* Sorkin, 1983, p. 60). Previsivelmente, Humboldt logo enfrentou dificuldades com a aristocracia fundiária estabelecida na Prússia quando insistiu que a Universidade fosse dotada de propriedades fundiárias a fim de assegurar sua independência do estado e das reviravoltas da política. Depois de brigar com seus superiores, ele foi convidado a renunciar ao cargo e em 1810 foi enviado a Viena como embaixador, onde, no entanto, logo se tornou um instrumento para convencer a Áustria a se juntar à Grande Coalizão das potências europeias contra Napoleão (Stanford Encyclopedia Of Philosophy, s/d., Verbete Wilhelm Humboldt).

ideias, ou o disciplinador de comportamentos. O conteúdo do ensino deveria ser o resultado direto de suas pesquisas, deveria incentivar nos universitários o interesse vivo pelo conhecimento, o desenvolvimento da reflexão crítica e do poder de julgamento autônomo, estimulando-os, assim, a cooperarem com as pesquisas (como copesquisadores) e trilharem seus próprios caminhos de aprendizado. Além das palestras, os seminários se consolidaram como estratégia pedagógica, formados por grupos

> [...] de estudantes trabalhando com o professor em tópicos de pesquisa relacionados; nas ciências, seu equivalente era o laboratório ou instituto em que os professores formavam pesquisadores para a próxima geração (Anderson, 2016a, p. 3).

O modelo alemão reivindicou à faculdade de filosofia a "base dessa nova visão acadêmica, o centro nervoso da instituição, por assim dizer, onde a razão não obedecia a nenhum mestre, só a si mesma" (Howard, 2006, p. 131).

O modelo que mais se distinguiu do alemão foi o francês, chamado também de napoleônico, devido à estrita subordinação das instituições superiores ao Estado. As universidades francesas do Antigo Regime foram abolidas em 1793, com a Revolução Francesa e demais guerras que se seguiram, e, com elas, a forma de organização da universidade medieval. Ao chegar ao poder, Napoleão instituiu um sistema educacional centralizado, sob forte controle do estado por meio de uma estrutura administrativa nacional, e criou a Universidade Imperial, que "reunia todo o ensino médio e superior (os *lycées* — escolas secundárias francesas — criados em 1802) sob o controle do Ministro da Educação (*Grand-Maître*) e dos Diretores Regionais das Escolas (*recteurs d'académie*)" (Condette, 2017, p. 2).

Contemporânea à reforma de Humboldt, mas com fundamentos distintos, a Universidade de Napoleão

> [...] instalou um conceito minimalista e estritamente utilitário, que esterilizaria o ensino superior e produziria um sistema nacional centralizado. As quatro faculdades da Universidade Imperial se restringiam a dois estreitos papéis: direito e medicina treinariam estudantes para as respectivas profissões, enquanto as faculdades de letras e ciências deveriam conferir 'graus'. (Musselin, 2005, p. 8).

Nas últimas, a principal função do corpo docente era participar de bancas de seleção do *baccalauréat* e conferir o referido diploma, validado assim pelo estado.

No âmbito dessa estrutura, a regulação e o gerenciamento das carreiras acadêmicas passaram a ser atribuídos, inicialmente, ao *Grand-Maître* e posteriormente ao Conselho de Instrução Pública (*Conseil de l'Instruction Publique*), hierarquia que permitia a cada um de seus membros "administrar o sistema educacional na disciplina que representava, gerenciando carreiras, presidindo júris de agregações e programas de estudo, finanças, a criação de cadeiras etc." (Musselin, 2005, p. 10), em uma organização que permanece similar até hoje (com o *Conseil National des Universités*).

A reestruturação do ensino superior francês, à época de Napoleão, enfatizou, assim, a fragmentação e a padronização da instituição universitária em pequenas unidades — as faculdades — constituídas em torno de áreas especializadas, com a função predominante de formação profissional.

> A França foi dividida em regiões acadêmicas distintas, cada uma com faculdades representando cinco ordens disciplinares possíveis: teologia, medicina, direito, ciências e letras. Teoricamente, todas as faculdades eram idênticas e o mesmo modelo era reproduzido em cada ordem. (Musselin, 2005, p. 8).

A pesquisa e o interesse científicos não eram priorizados nesse ambiente, e não havia autonomia para os estudantes definirem suas trajetórias formativas, como no modelo alemão, visto que o conteúdo dos estudos era controlado e o conhecimento adquirido posteriormente testado pela Universidade. Com isso, a outorga de diplomas e certificados, as credenciais para o exercício de profissões e a ocupação de determinadas funções tornaram-se prerrogativas do estado francês.

Esse conjunto de características contrapunha-se ao modelo universitário humboldtiano, como lugar de agregação de diferentes tipos de conhecimento e autonomia em relação à formação dos indivíduos e aos interesses do estado, apesar de ser por ele igualmente financiado. O modelo francês, por outro lado, deixava florescer os propósitos e lógicas inerentes às diferentes disciplinas, em uma estrutura subordinada à especialização voltada principalmente para a formação profissional, de quadros administrativos de elite e demais burocracias para o estado.

No caso anglo-saxão, apesar de não ser único na tradição, o modelo que mais circulou pelo mundo teve como base a organização das universidades de Oxford e Cambridge, em sua forma moderna, resultante de reformulações legais empreendidas na segunda metade do século XIX. Tais mudanças tinham em vista a constituição de "uma nova elite de classe média que servisse às profissões e ao serviço público" (Anderson, 2016b, p. 2).

Em geral, os jovens educados nas escolas secundárias de elite (*public schools*[13]) ingressavam na universidade como membros de suas várias faculdades (*colleges*), passando ali a residir, a experimentar os ritos próprios dessas comunidades e a conviver cotidianamente com professores e estudantes de suas e de outras faculdades — os campi universitários ainda hoje se confundem com as próprias cidades —, para desenvolver tanto habilidades intelectuais amplas, quanto para o cultivo do caráter (formação moral), o que foi chamado de "educação liberal", que diferia da *Bildung* humboldtiana por centrar-se no desenvolvimento pessoal do universitário e não em exigências disciplinares. As instituições tinham autonomia para definir a estrutura dos cursos, os procedimentos de contratação de docentes e a organização administrativa, distintamente dos modelos anteriores, que em maior ou menor grau estavam subordinados ao estado.

De forma análoga ao modelo alemão, a convivência cotidiana entre os professores e os estudantes colocava os docentes em posição central na universidade, porém a vinculação que estabeleciam com os alunos não precisava ter como base o tópico principal de seus programas de ensino. Além de palestras, a essência do ensino constituía-se pelo sistema tutorial, com reuniões frequentes em pequenos grupos de estudantes e respectivos professores (tutores) para a orientação dos estudos — os clássicos, a filosofia e a matemática, inicialmente, e depois, história, literatura inglesa e ciências naturais, sempre com caráter liberal — e apresentação dos resultados, em forma de ensaios, submetidos a discussões e críticas.

Apesar do caráter aristocrático e de reproduzirem a estrutura social britânica, altamente hierarquizada, Anderson (2016b) entende que essas universidades estimularam em seu interior uma

> [...] competição meritocrática por meio de seu sistema de exames [...] com práticas que marcam a tradição acadêmica britânica até hoje. Os exames de honra (*honors examina-*

---

[13] De acordo com a Enciclopédia Britânica, as *public schools* fazem parte de um grupo seleto de instituições voltado historicamente à educação secundária das classes altas. Essas instituições exerceram grande influência cultural no povo britânico, não tanto pelos valores acadêmicos, mas pelo "código de comportamento, fala e aparência com consciência de classe. Estabeleceram o padrão de conduta na vida do funcionalismo na Grã-Bretanha desde o início do século XIX até meados do século XX". Nunca foram financiadas pelo poder público, mas sobrevivem pela cobrança de taxas (Britannica, 2017). Ainda, de acordo com Anderson (2016b, p. 2), "essas escolas dominaram a entrada de estudantes de Oxbridge [universidades de Oxford e Cambridge mencionadas conjuntamente] e transmitiram muitos de seus valores".

tions[14]), no final do currículo de três anos, baseados em ensaios escritos, levaram à divisão dos candidatos em 'classes' competitivas (Anderson, 2016b, p. 2).

Conjuntamente, o sistema tutorial e de exames enfatizavam a literatura, as habilidades críticas e analíticas visando ao preparo para a vida pública do *gentleman*, por seu desenvolvimento intelectual, moral e de personalidade, distante da profissionalização ou de conhecimentos aplicados. Readings (1999, p. 74) diferencia as bases dos modelos britânico e alemão afirmando que, no primeiro,

> [...] a divisão fundamental é entre ciência e cultura literária. Enquanto os idealistas alemães contornaram o problema kantiano da divisão entre religião e razão, concentrando-se na *Bildung* do estudante como um processo de amadurecimento empírico; pensadores como Newman e Jowett[15] nos deram o indivíduo liberal: o *gentleman*.

Apesar de a pesquisa não ter sido considerada uma tarefa fundamental no modelo britânico na segunda metade do século XIX, as universidades de Oxford e Cambridge a incorporaram a partir do início do século XX, visto que

> [...] a Grã-Bretanha não possuía tradição de academias ou institutos de pesquisa separados [...] e a própria tradição do ensino, com ênfase na busca da verdade por si mesma e nas habilidades analíticas e críticas individuais, facilitou a adoção do conceito 'humboldtiano' de unidade entre ensino e pesquisa. (Anderson, 2016b, p. 3).

No que se refere à constituição de um modelo anglo-americano de universidade, é preciso ressaltar, inicialmente, a dificuldade para se estabelecer traços comuns às instituições norte-americanas devido à existência

---

[14] Rinn (2003, p. 30) relata que esse sistema de graduação, com os exames de honra, em Oxford teve início no começo do século XIX: "Dr. John Eveleigh, reitor da Oriel College de Oxford de 1781 a 1814, tem grande responsabilidade pelo desenvolvimento do sistema competitivo de exames de honra (Brooke, 1922). Em 1800, foi aprovado um estatuto, originalmente elaborado por Eveleigh e vários outros, que exigia que todos os estudantes que estudavam no bacharelado ou no mestrado fizessem um exame final abrangente como forma de obter o diploma".

[15] St. John Henry Newman (nascido em 21/02/1801, Londres, falecido em 11/08/1890, Birmingham), influente clérigo e homem das Letras, liderou o movimento da Igreja Anglicana *(Church of England)* em Oxford. Depois de seguir sua educação em um lar evangélico e no Trinity College, Oxford, tornou-se membro do Oriel College, Oxford, em 1822, vice-diretor do Alban Hall em 1825 e vigário de St. Mary's, Oxford, em 1828. Benjamin Jowett (nascido em 15/04/1817, Londres, falecido em 01/10/1893, Headley Park), estudioso clássico britânico, considerado um dos maiores professores do século XIX. Era conhecido por suas traduções de Platão, excelente tutor de grande influência, tornou-se mestre do Balliol College, Oxford (Britannica, 2017).

de grande e crescente diversidade estrutural e funcional que foi se estabelecendo entre elas, desde a independência dos Estados Unidos da América (1776). Em 1840, já havia no país 80 instituições superiores de ensino e, em 1862, em fase de industrialização crescente e com a promulgação da Lei do *Land-Grant College*, por Abraham Lincoln, houve clara indução para ampliar esse número, com a distribuição de terras federais aos estados em apoio à criação de universidades públicas — dessa política resultou a fundação das Universidades da Califórnia, Minnesota, Illinois, Penn State, Wisconsin, o Instituto de Tecnologia de Massachusetts, entre outras, constituindo escolas de pós-graduação, profissionais e *colleges* (faculdades) acadêmicos exigentes. Porém, os avanços mais substantivos e a criação de novas instituições, até o final do século XIX, estiveram vinculados a doações generosas de grandes empresários do setor privado — como as voltadas a Universidades de Harvard e a fundação das Universidades Johns Hopkins, Stanford e Chicago (cf. Sorber, 2016, p. 3).

Na primeira metade do século XX houve uma crescente expansão nos números de instituições e de matrículas — não apenas em faculdades e universidades tradicionais de elite, mais seletivas devido aos processos de admissão, alto padrão acadêmico e desenvolvimento de pesquisas pelos docentes —, mas também de instituições como os *junior colleges* (faculdades juniores), com cursos de menor duração para estudantes de baixa renda, e universidades locais mais acessíveis, com programas variados de ensino e ofertados em diferentes turnos (Sorber, 2016, p. 4). Tal aumento foi intensificado após a Segunda Guerra Mundial, e, de acordo com Ash (2006, p. 251), a combinação da "educação em artes liberais amplamente acessível e a formação em pós-graduação concentrada em um pequeno número de instituições orientadas para a pesquisa" passa a caracterizar o sistema superior norte-americano. Em outras palavras, os cursos de graduação nos *colleges* vão se caracterizando por oferecer uma formação geral (em artes liberais) e multidisciplinar, de forma análoga ao modelo britânico, ainda que com acesso muito mais abrangente, e os cursos de pós-graduação, que visavam à pesquisa e à formação de elites acadêmicas (doutorado, PHD), mais similares ao modelo de formação alemão. Além disso, no decorrer do século XX,

> [...] o ensino superior americano evoluiria para um sistema diferenciado de seleção (faculdades de artes liberais de elite e universidades de pesquisa públicas e privadas) e acesso aberto (faculdades comunitárias, universidades

municipais, faculdades públicas regionais e faculdades com fins lucrativos). Apesar das práticas discriminatórias de admissão no setor seletivo (Karabel, 2005), uma das mudanças mais pronunciadas da massificação foi a diversidade, pois as mulheres e as minorias raciais e étnicas representavam partes crescentes da população estudantil. (Sorber, 2016, p. 4-5).

Outra característica destacada por Ash (2006), que diferenciou o sistema norte-americano do modelo humboldtiano, foi a existência de departamentos que ofertavam de forma conjunta programas profissionais e pesquisa acadêmica não rigidamente separados, o que teria "minado o ideal elitista da ciência 'pura', sem eliminar a tensão entre a pesquisa básica e a aplicada" (p. 251), quebrando com a "distinção de princípio entre a profissão científica e qualquer outra" (p. 251) e lidando "com os três propósitos da universidade — ensino, pesquisa e formação e certificação profissional" (p. 252). Mesmo entre as instituições universitárias prestigiadas, o modelo norte-americano diferiu do alemão ao receber nitidamente mais influência e incorporar demandas econômicas e sociais, centrando-se na formação de profissionais e especialistas para uma sociedade altamente diferenciada em funções e papéis, respondendo a uma diferenciação exterior que exigia o domínio e a solução de problemas formulados fora dos limites universitários (Waizbort, 2015).

Em análise a essa tendência emergente à especialização, Peter Burke (2020, p. 316-317) chama atenção para o fato de que "novas disciplinas emergem como parte do processo de especialização", oferecendo uma oportunidade criativa aos docentes. Ele explica que a primeira geração de professores das novas "disciplinas" (que constituirão novas áreas) necessariamente se forma em outra área, e cita como exemplos Franz Boas, que migrou da Geografia à Antropologia, e Émile Durkheim e Max Weber, vindos respectivamente da filosofia e pedagogia e do Direito, e chegaram até a Sociologia. Se por um lado,

> [...] à especialização [...] devemos a eficiência e a precisão da ciência moderna. Também lhe devemos uma perda do frescor e do interesse, um enfraquecimento da imaginação científica e um grande prejuízo à ciência como instrumento de educação (Hobhouse *apud* Burke, 2020, p. 325)[16].

---

[16] De acordo com Burke (2020, p. 324-325), "vários polímatas que protagonizaram os capítulos anteriores voltarão a aparecer aqui, vistos dessa vez como participantes de tentativas coletivas de combater a especialização. Thomas De Quincey discutiu o 'conhecimento superficial'; José Ortega y Gasset denunciou o 'ignorante instruído' e alegou que a especialização levaria à barbárie; Lewis Mumford se orgulhava de apresentar-se como

Há que se considerar que o movimento de especialização se faz acompanhar por outro na direção oposta (Burke, 2020, p. 24), da interdisciplinaridade, coexistindo, e alternando a primazia de uma sobre a outra — especialização e interdisciplinaridade —, conforme o modelo educacional adotado, o local e o tempo histórico, pendulando entre ambas até os dias atuais. Comte, que cunhara o substantivo abstrato "especialização" (*apud* Burke, 2020, p. 205), considerava que o preço a pagar "seria a incapacidade de enxergar o que chamava de espírito do todo" (Burke, 2020, p. 198), mas também entendia a especialização como necessária ao progresso e acreditava no surgimento de um grupo que se especializaria em generalidades. Para Burke, Comte estava certo nos três aspectos.

A diferenciação do sistema superior de ensino americano, ao longo de sua história recente, revela o hibridismo que o tem caracterizado, com a incorporação de elementos pertencentes aos três modelos europeus apresentados anteriormente, hibridismo que passou a influenciar a configuração desse nível de ensino em todo o mundo, inclusive o Brasil.

Primórdios da formação superior no Brasil

Os primeiros cursos e instituições de nível superior surgiram, no Brasil, logo após a transferência da família real portuguesa ao país (1807), inicialmente em Salvador, o Curso Médico de Cirurgia, Anatomia e Obstetrícia (em 1808), no que seria a matriz da Universidade Federal da Bahia (UFBA), posteriormente, com a mudança da corte, no Rio de Janeiro, a Escola Anatômica, Cirúrgica e Médica do Hospital Militar do Rio de Janeiro (em 1808) e Academias Militares e a Escola de Belas Artes, em seguida o curso de Direito no Recife (cf. Teixeira, 1989, p. 67), em São Paulo o curso de Direito do Mosteiro de São Bento (1828), e ainda a criação da Escola Politécnica da Escola de Minas (Engenharia) (cf. Cunha, 1980, p. 114). De acordo com Oliven (2002, p. 25), as primeiras faculdades brasileiras "eram independentes umas das outras, localizadas em cidades importantes e possuíam uma orientação profissional bastante elitista. Seguiam o modelo das Grandes Escolas francesas, instituições seculares mais voltadas ao ensino do que à pesquisa"[17].

'generalista'; George Steiner disse que a especialização era 'coisa de idiota'; e Robert Heinlein engenheiro mais conhecido como escritor de ficção científica, afirmou que a 'especialização é coisa para insetos'".

[17] Apesar do estabelecimento dessas instituições em território nacional, parte da elite brasileira continuou a mandar seus filhos para estudarem na Europa.

Anísio Teixeira (1989) afirma que durante o primeiro e segundo Impérios havia demanda pela constituição de uma universidade no país, que enfrentava, contudo, resistência por parte de determinados grupos, como os positivistas. Ele menciona 42 projetos de universidade apresentados à época, sendo, entretanto, sistematicamente recusados pelo governo e pelo parlamento.

No período da Primeira República (1889-1930) foram criadas mais algumas faculdades isoladas e houve iniciativas rudimentares de constituição de universidades no âmbito privado. Foi fundada também a primeira Universidade pública no Rio de Janeiro, em 1920, com a integração administrativa de escolas de cunho profissionalizante já existentes, de forma semelhante ao ocorrido no modelo napoleônico (PAULA, 2002). Essa universidade passou a chamar-se Universidade do Brasil (1937) e, posteriormente, Universidade Federal do Rio de Janeiro (1965), como é conhecida até hoje. Entre as questões recorrentes debatidas no movimento iniciado na década de 1920, estavam a concepção de universidade, as funções que deveria exercer, a autonomia universitária e o modelo a ser adotado no Brasil (Fávero, 2011).

Durante o primeiro governo de Getúlio Vargas (1930-1945), foi aprovado o decreto instituindo o Estatuto das Universidades Brasileiras, classificando-as como públicas (federal, estadual ou municipal) ou livres (privadas) e estabelecendo que deveriam incluir três dos seguintes cursos: Direito, Medicina, Engenharia, Educação, Ciências e Letras (Decreto nº 19.851/1931) — em determinação análoga à do modelo napoleônico, o que vigorou até 1961, quando da promulgação da primeira Lei de Diretrizes e Bases da Educação Brasileira (Lei nº 4.024/1961).

Em 1934, foi fundada a Universidade de São Paulo (1934) por um grupo de intelectuais, entre os quais destacam-se Fernando de Azevedo e Júlio Mesquita, mantida pelo governo do estado, com princípios de unidade entre ensino e pesquisa, ênfase na formação geral e humanista e autonomia relativa diante do estado e poderes políticos, mais próxima, portanto, ao modelo alemão (Paula, 2002). Em 1935, a Universidade do Distrito Federal, mantida pelo município do Rio de Janeiro — capital do país, por iniciativa de Anísio Teixeira, secretário de Educação. Criada no seio da reforma de ensino por ele empreendida, estava "voltada, especialmente, à renovação e ampliação da cultura e aos estudos desinteressados" (Oliven, 2002, p. 28). Logo foi extinta (1939) e seus cursos incorporados à Universidade do Brasil. Segundo Mendonça (2000, p. 140):

EDUCAÇÃO E TECNOLOGIA, NA SOCIEDADE ADMINISTRADA: ESTUDOS CRÍTICOS

> A ideia comum aos projetos da USP e da UDF, de formar na universidade as elites que, com base na autoridade do saber, iriam orientar a nação (colocando-se, de certa forma, acima do Estado), seria, no contexto do Estado Novo, considerada perigosa. Ao governo federal interessava ter o monopólio de formação dessas elites e por isso impunha sua tutela sobre a universidade.

Na década de 1940, as primeiras universidades católicas (privadas) foram fundadas no Rio de Janeiro e em São Paulo, transformadas em pontifícias em 1947 e colocadas em pé de igualdade às instituições similares ao redor do mundo. Outras instituições fundadas nas primeiras décadas do século XX foram federalizadas, entre 1949 e 1950, dando origem posteriormente a algumas Universidades Federais existentes até hoje — nos estados do Paraná, Amazonas, Rio Grande do Sul e Bahia (cf. Saviani, 2010, p. 6-7).

Essa época foi marcada também pelo desenvolvimento da comunidade científica brasileira e pelo surgimento, de um lado, de organizações científicas como a Sociedade Brasileira para o Progresso da Ciência (SBPC, 1948) e o Centro Brasileiro de Pesquisas Físicas (CBPF, 1949) e, de outro, a criação de órgãos públicos para o fomento da ciência nacional, como o Conselho Nacional de Desenvolvimento Científico e Tecnológico (CNPq, 1951) e a Coordenação de Aperfeiçoamento de Pessoal de Nível Superior (CAPES, 1951). Os primeiros, buscavam promover maior articulação política entre os cientistas, enquanto os últimos visavam fomentar o desenvolvimento científico e tecnológico, pela concessão de bolsas de estudo e pesquisa, o financiamento para infraestruturas físicas e para formação de quadros para as universidades, ao mesmo tempo que exerciam controle sobre a produção do conhecimento científico e tecnológico crescente na comunidade científica. Destaca-se que a criação da SBPC viabilizou a reunião de um grupo que, na década seguinte, viria a se articular a Anísio Teixeira e Darcy Ribeiro na criação da Universidade de Brasília (UnB).

De acordo com a historiografia brasileira, até o final da Segunda Guerra Mundial as universidades no Brasil se desenvolveram em maior ou menor grau tendo por base os modelos francês e alemão. Após a Segunda Guerra, com o avanço acelerado do capitalismo industrial, o processo de internacionalização da economia e o incentivo ao crescimento nacional com a política de substituição de importações, intensificou-se no país a pressão por uma universidade mais alinhada ao desenvolvimento econômico, à produção de ciência e tecnologia e à formação de recursos humanos qualificados, tendo em vista a necessidade de

[...] economistas; engenheiros de operação, voltados para as questões práticas e imediatas do setor produtivo e de formação aligeirada; engenheiros plenos, voltados para a criatividade, projetos e pesquisa, de formação sólida e científica; além de quadros intermediários, a exemplo dos tecnólogos. (SILVEIRA; BIANCHETTI, 2016, p. 89).

Nesse período, deu-se o "processo de federalização do ensino superior e de criação de universidades federais, já sob a influência dos padrões americanos de modernização" (Oliveira; Dourado; Mendonça, 2011, p. 117).

Com a criação da UnB, em 1961, ano seguinte ao da transferência da capital nacional para Brasília e ainda durante o chamado período nacional-desenvolvimentista (1946-1964), apresentou-se um novo modelo de instituição superior. Com uma estrutura integrada e flexível, organizada como fundação e em departamentos acadêmicos, que substituíram as antigas cátedras (Oliven, 2002), a nova concepção assentava-se na produção de conhecimentos em todas as áreas, visando ao desenvolvimento socioeconômico e cultural do país e à dotação de uma burocracia qualificada para a nova capital. Os departamentos eram voltados essencialmente à pesquisa e ao ensino realizado por Institutos Centrais, oferecendo formação básica e profissional.

De acordo com Oliveira, Dourado e Mendonça (2011, p.127, grifos no original), a organização da UnB foi similar à de "algumas das universidades públicas americanas, [...] 'reconceptualizando' e produzindo um *novo ideal* e uma *nova concepção de universidade*. Entretanto, nos anos seguintes à sua criação, "a ditadura militar encarregou-se de destruir o que havia de mais brilhante e inovador na experiência da UnB" (Sguissardi, 2011, p. 281), tendo a universidade sofrido intervenções, encarceramentos de docentes e estudantes e demissões e expulsões de vários professores e alunos.

A Reforma Universitária no Brasil (1968) e a influência do modelo norte-americano

Ainda no início da década de 1960, com o intuito de debater e propor uma reforma universitária, o Ministério da Educação e Cultura (MEC) reuniu-se com reitores de universidades, que encaminharam um conjunto de medidas, dentre as quais a criação de uma Comissão Nacional sob a liderança do próprio MEC, a constituição de um Fórum de Reitores e a criação de comissões seccionais de reforma nas diferentes instituições.

Essas sugestões não foram levadas a cabo em razão da promulgação da Lei de Diretrizes e Bases (Lei n. 4024/1961), que criou o Conselho Federal de Educação, órgão que viria a assumir a direção da política nacional para o ensino superior.

Tenso, na primeira metade da década de 1960, o ambiente político-educacional estava atravessado pela reivindicação da iniciativa privada no sentido de controlar a gestão educativa, o que se contrapunha ao ideário nacional-desenvolvimentista, defendido por vários intelectuais, estudantes e políticos, de uma educação pública, gratuita, laica para todos e sob o controle do estado (Dias, 2004). Da mesma forma, diversas instituições públicas mobilizavam-se internamente pela constituição de planos de reformulação estrutural, como a própria Universidade do Brasil (UFRJ, a partir de 1965), cujo corpo docente produziu documento intitulado "Diretrizes para a Reforma da Universidade do Brasil", que fora aprovado posteriormente pelo Conselho Universitário, mas que não se efetivou em razão do golpe militar (Fávero, 1999).

Em 1964, com o golpe, o regime autoritário e centralizado promoveu, no plano econômico, a redução da inflação, o controle de salários, preços de produtos e taxas de câmbio e juros, fomentando um crescimento acelerado, além de diversas medidas de internacionalização. No âmbito do ensino superior, formalizou a pós-graduação e realizou a Reforma Universitária (Lei n. 5.540/68), visando racionalizar o sistema de ensino. Na letra da lei, o modelo de organização universitária foi estabelecido para todo o nível superior, prevendo integração entre ensino e pesquisa, dedicação exclusiva de docentes, substituição de cátedras por departamentos e autonomia da universidade, uma proposta de modernização conservadora que articulou as universidades federais sob a influência do modelo norte-americano, fomentando alguns ramos da pesquisa com apoio ao desenvolvimento científico e tecnológico, por meio da pós-graduação, e vínculos mais estreitos entre as demandas da economia e as atividades universitárias (Fernandes, 1975; Cunha, 2007).

Pinto (1986) considera que a Reforma se constituiu em um dos aspectos da transformação geral da sociedade brasileira, movimento de um mesmo processo histórico, e, como tal, simultânea e harmônica com as demais reformas (agrária, bancária, administrativa, urbana). Além disso, "reforçou a atuação do então Conselho Federal de Educação (CFE), com forte composição privatista, e as facilidades, os incentivos fiscais e tributários para a abertura de instituições privadas foram incessantemente criados e recriados" (Mancebo; Vale; Martins, 2015, p. 36), resultando ao final do período ditatorial maior concentração de matrículas nas instituições particulares.

A expansão do setor privado promoveu a multiplicação de faculdades isoladas, voltadas apenas a atividades de ensino de graduação. Vai se consolidando, assim, uma clara distinção entre os tipos de instituição de ensino e suas formas de financiamento, umas classificadas como universitárias (com prerrogativas de autonomia), financiadas eminentemente por recursos públicos, e outras não universitárias, financiadas em grande parte por recursos privados. De responsabilidade de estados e da União, ficaram as universidades públicas, algumas delas organizadas em torno da indissociabilidade das atividades de ensino, pesquisa e extensão, o que, no entanto, não ocorreu de forma homogênea — nem em diferentes áreas do conhecimento e nem em diferentes instituições.

Mas é também a partir desse período que tendencialmente se coloca em xeque no país a referência aos tradicionais modelos de formação universitária, em vista das exigências postas pela complexidade da vida social, nas palavras de Waizbort (2015, p. 50): "é o processo de diferenciação do mundo exterior, que se torna cada vez mais complexo (a mencionada diferenciação funcional), que exige um outro agente".

Com um discurso de modernização, as universidades foram instadas a responder pela formação de especialistas e profissionais altamente qualificados, atentas às necessidades dos setores produtivos, desenvolvendo tecnologias e pesquisas aplicadas, abrindo-se a uma racionalidade que produziu consequências tanto à sua organização quanto às práticas de produção de conhecimento em seu interior. No que toca à organização do ensino nos cursos de graduação, abriu-se mais espaço ao desenvolvimento científico e profissional do que à formação moral e cultural dos estudantes, distanciando-se, assim, do ideal formativo humboldtiano.

A educação superior, pensada como um fator de produção e elemento imprescindível e a serviço do processo produtivo, incorpora o ideal originado na chamada "Teoria do Capital Humano", elaborada por Theodore Schultz[18], nos Estados Unidos. O economista atribuía a afluência e a riqueza das nações

---

[18] O conceito de "capital humano" foi desenvolvido por Theodore Schultz, economista da escola de Chicago, por meio do estudo da recuperação de países como Alemanha em Japão, em comparação com a recuperação do Reino Unido após a Segunda Guerra Mundial: constatando a rápida recuperação desses primeiros, ele afirmou que a educação torna as pessoas produtivas e que, a boa atenção à saúde aumenta o retorno do investimento em educação. Introduziu assim ideia de "capital educacional" relacionando-o especificamente aos investimentos em

à qualidade de seu "capital humano" — qualidade revelada em termos de competência técnica e conhecimentos —, além da produção em ciência e tecnologia e investimentos em educação. Em sua teoria, as pessoas são uma forma de riqueza que deve participar do cálculo econômico e seus atributos não só produzem valor econômico, como ganham valor de mercado. Schultz (1973) trata a população trabalhadora como um "meio produzido de produção" (p. 34), considerando, assim, ser economicamente conveniente e moralmente bom o investimento no desenvolvimento dos cidadãos.

Na obra, o trabalho e as técnicas são "convertidos" em fonte de capital e, portanto, produtores de renda — e não meras mercadorias —, daí, depreende que "os trabalhadores tornaram-se capitalistas não em consequência da propriedade de ações das empresas, como o folclore colocaria a questão, mas pela aquisição de conhecimentos e capacidades que possuem valor econômico" (Schultz, 1973, p. 35). Como resultado, a formação de capital humano e o investimento em pesquisa na universidade ganham status de alavanca do desenvolvimento socioeconômico das nações.

No Brasil, pelos idos de 1970, o conceito de "capital humano", que se afirmara na literatura econômica nas décadas de 1950 e 1960, é incorporado também no âmbito da educação, a tal ponto de propiciar um campo disciplinar novo, a economia (política) da educação, não, contudo, sem despertar severas críticas. Entre as mais conhecidas, está a de Frigotto (2006) que, em sua análise afirma ser o "capital humano" uma noção de intelectuais da burguesia mundial para justificar o fenômeno da desigualdade entre as nações e entre indivíduos ou grupos sociais, sem, contudo, explicitar os reais fundamentos que produziam tais desigualdades: as bases do capitalismo — a propriedade privada dos meios de produção pela burguesia e a exploração da força de trabalho pelo capital.

Analisando as relações de produção desse mesmo momento histórico, Marcuse (1982) jogou luz nas contradições e consequências dessa nova racionalidade, que se desenvolveu nas sociedades industriais avançadas em benefício da reprodução e perpetuação do capital — e passou a mediar as relações humanas e a constituição das subjetividades:

> [...] as perspectivas da contenção da transformação [do capitalismo], oferecidas pela política da racionalidade tecnológica, dependem das perspectivas do Estado de Bem-Estar. Tal fase

---

educação, ideia que embasou a Teoria do Capital Humano posteriormente desenvolvida por Gary Becker. Cf. *Capital humano,* publicado originalmente em 1969 (Schultz, 1973).

> parece capaz de elevar o padrão da vida *administrada*, uma capacidade inerente a todas as sociedades industriais desenvolvidas nas quais o aparato técnico perfeito — montado como um poder separado e acima do indivíduo — depende para funcionar, do desenvolvimento e da expansão da produtividade intensificados. Sob tais condições, o declínio da liberdade e da oposição não é uma questão de deterioração ou corrupção moral ou intelectual. É, antes, um processo social objetivo na medida em que a produção e a distribuição de uma quantidade crescente de mercadorias e serviços condescendem com uma atitude tecnológica racional. (Marcuse, 1982, p. 62, grifos do autor).

As atividades acadêmicas, atravessadas pelas demandas do sistema econômico, não sairiam ilesas dessa inflexão. Seus agentes incorporaram mudanças radicais em termos de atitudes, comportamentos e práticas para se alinharem aos propósitos da produtividade. Entre outras consequências, a instrumentalização da formação superior feriu fundo o potencial cognitivo e as formas de experiências que não se renderam ao novo esquema de "modernização" institucional.

Formação pós-redemocratização

A profunda crise econômica e a estagnação produtiva dos anos 1980 deram ensejo ao enxugamento de recursos públicos para financiar a universidade, ao mesmo tempo que passou a ser criticada por estimular a "desigual distribuição de renda, de não trabalhar para o desenvolvimento regional e nacional bem como de não promover a autonomia tecnológica do país" (Ferreira, 2009, p. 170).

Em 1985, diante desse sentimento de crise na universidade brasileira, foi constituída a Comissão Nacional para a Reformulação do Ensino Superior (Brasil, 1985) que publicou o documento intitulado "Uma Nova Política para a Educação Superior Brasileira", bem como deu origem ao Grupo Executivo para a Reformulação da Educação Superior (GERES), para convocar a comunidade ao debate e preparar as medidas administrativas e legais de reformas necessárias (Fávero, 2004, p. 211). Tal documento tratava de questões como autonomia e avaliação, a carreira no âmbito da Instituições, a gestão e o financiamento da universidade.

No final da década, foi promulgada a Constituição Federal, que reafirmou a indissociabilidade entre ensino e pesquisa para as universidades

e positivou a autonomia universitária como princípio constitucional, via-
bilizando às instituições um anteparo frente a intervenção do estado em
seus assuntos e em decisões de caráter interno (Fávero, 2004, p. 203-204).
Entretanto, foi igualmente no âmbito desse regramento que uma nova onda
de expansão do ensino superior privado teve início, em vista da pressão
pelo aumento de vagas e maior diversificação do sistema. No governo
Collor (1990-1992), tomou vulto a proposta de uma Nova Política para o
Ensino Superior — prevalecia o entendimento privatista de que esse nível
de ensino representava um gasto do qual o estado deveria ser ressarcido, daí
que diversas formas de privatização das universidades públicas aparecem
como possíveis soluções. Por mais de uma ocasião — na 43ª reunião e na
VI Conferência Brasileira de Educação (CBE) —, a SBPC rechaçou essa
ideia (Fávero, 2004, p. 212).

Com a Reforma Administrativa do Estado Brasileiro, realizada durante
o primeiro governo de Fernando Henrique Cardoso (1995-1998), e no
mesmo compasso verificado em algumas nações ao redor do mundo, o
crescimento das instituições privadas foi impulsionado pelo poder público
na forma de isenções fiscais e financiamento estudantil, em programas
como o Fundo de Financiamento Estudantil (Fies) e, posteriormente, do
Programa Universidade para Todos (Prouni). Cunha (2003) relata que a
privatização do ensino superior foi acelerada no "octênio FHC": "o número
de instituições privadas aumentou consideravelmente, em especial na
categoria universidades e na dos centros universitários, o que resultou
na ampliação do alunado abrangido pelo setor". Para ele, "tal crescimento
fez-se com a complacência governamental diante da qualidade insuficiente
do ensino ministrado nas instituições privadas e até mesmo com o benefício do credenciamento acadêmico e do crédito financeiro oferecido pelos
programas de financiamento (Cunha, 2003, p. 58).

As reformas educativas instituídas na década de 1990 intensificaram
mais os laços entre as atividades acadêmicas e as demandas sociais e econômicas, em nome da adequação das instituições às demandas de uma nova
ordem mundial, da sociedade do conhecimento, da revolução tecnológica e
comunicacional, da flexibilização produtiva, entre outros bordões, requen-
tando argumentos presentes na teoria do capital humano. Como mencionado
anteriormente, a alta diferenciação funcional do capitalismo tardio que
demandou inicialmente às universidades a formação de especialistas teve o
rumo alterado. Em geral, ao mercado de trabalho global vem interessando

menos a contratação de especialistas altamente qualificados e com baixa capacidade adaptativa às instabilidades das constantes transformações. Em larga escala, são necessários sujeitos passíveis de modelação na própria atuação profissional, formados em termos de competências e habilidades cognitivas e socioemocionais, o que dispensa a pesquisa e a reflexão crítica sobre os problemas complexos da atualidade. Para esse propósito, a qualificação rápida e básica em nível superior é suficiente (Laval, 2004).

Somando-se a isso, ao sofrerem reiterados cortes em seus orçamentos, as universidades públicas são impelidas a desenvolver sistematicamente mais atividades de prestação de serviços, "oferecendo cursos, assessorias e consultorias remuneradas e assim passam a enfrentar dois polos de controle: o estatal e o do mercado" (Amaral, 2009, p. 134), confrontando o princípio constitucional de autonomia. O crescimento, aliado ao subfinanciamento, induz paulatinamente à perda de qualidade das atividades de ensino (de graduação e pós-graduação), à diminuição da produção científica, à insatisfação em relação à pesquisa e à piora das condições gerais de trabalho, prejudicando ainda mais a já combalida formação de especialistas. Constantemente pressionadas por variada gama de demandas externas, as universidades veem dissipar os poucos espaços de produção livre de conhecimentos independentes, que não respondam a demandas mais imediatas e utilitárias.

O crescimento significativo das universidades públicas, em fins dos anos 2000 — ainda que bem menor em termos numéricos se comparado à expansão do setor privado — com o Programa de Apoio a Planos de Reestruturação e Expansão das Universidades Federais (Reuni), visou a metas produtivistas de elevação de taxas de conclusão nos cursos presenciais de graduação, racionalização de recursos já existentes (Brasil, 2007, art.1º, §1º), redução das taxas de evasão, aumento da relação do número de estudantes por docente, incentivo à ocupação de vagas ociosas, reorganização de matrizes curriculares e metodologias de ensino-aprendizagem e diversificação das modalidades de graduação (Brasil, 2007, art. 2º).

No que diz respeito ao sistema de pós-graduação, houve uma indução mais forte e definida para a produção de tecnologia e inovação, desde o V PNPG (2005-2010), estreitando novamente as relações entre universidade e mundo econômico, o que ganhou maior relevância com a Lei de Inovação Tecnológica (Lei n. 10.973/2004 e Decreto n. 6.260/2007) (Mancebo; Vale; Martins, 2015, p. 45).

A organização do ensino pós-graduado, em particular, e a ampliação e diferenciação do ensino superior, em geral, constituem mais uma etapa na transição dos padrões seletivos desse nível de ensino. Se antes a distinção se constituía entre concluintes do ensino médio que acessavam ou não o ensino superior; agora, faz-se pelo tipo de ensino acessado, em cursos de curta ou longa duração, em carreiras mais ou menos valorizadas, outorgando graus diferentes (bacharelado, licenciatura ou tecnológico). Aos que se formam, há opções de curso de pós-graduação lato ou stricto sensu, com mestrados ou doutorados acadêmicos — voltados à pesquisa (em geral aplicada) e à docência — ou profissionais — voltados à capacitação profissional. Parafraseando Cunha (1974), os sujeitos que saem do ensino médio e pretendem continuar estudando parecem submetidos a um processo análogo ao da filtragem única, que separa fisicamente uma determinada substância das impurezas ao seu redor, substituído na sequência por processos de múltipla filtragem de onde a substância sai com diversos graus de pureza, conforme o número de filtros atravessados.

Algumas considerações

Levando-se em conta as transformações históricas da Universidade e da formação que oferece, coloca-se em questão a pertinência de continuar a analisá-la à luz do conceito de *Bildung*.

O antigo conceito de formação cultural e humanística, voltado à constituição de personalidades autônomas, perdeu substância diante do que é majoritariamente oferecido nas Universidades, atualmente: a adaptação, sem mais, ao existente. Não estando isoladas da realidade mundial, essas instituições pouco conseguem escapar à ideologia da racionalidade tecnológica, muito embora seja possível reconhecer, em uma ou outra atividade, algum esforço voltado ao esclarecimento em sua comunidade. Segundo as ponderações de Adorno (2010, p. 434),

> [...] no mundo administrado, no qual as virtudes da personalidade não são mais honradas — o juízo independente, o desenvolvimento de todas e de cada uma das capacidades, a resistência a tudo o que é imposto de fora e a reflexão paciente —, tais virtudes são areia na maquinaria. O sistema de funções da sociedade adquiriu frente ao indivíduo um poder tão avassalador, que seria pueril e ideológico fingir educar qualquer um em sua personalidade.

Diante disso, esse mesmo autor pondera que uma formação universitária bem-sucedida seria aquela capaz de "incutir um pouco daquele espírito que não se contenta com a adaptação. A educação na democracia dentro das faculdades não consistiria, com isso, senão em reforço da autoconsciência crítica" (Adorno, 2010, p. 448).

Entretanto, o argumento reiterado por autoridades e especialistas em educação, presente nas políticas públicas e as mudanças nas práticas e relações sociais no âmbito acadêmico concretizam o deslocamento ideológico da função "político-cultural" reservada à universidade, desde o início século XX no Brasil, como instituição portadora e transmissora da cultura, dos valores e dos conhecimentos socialmente relevantes para o exercício da cidadania e da democracia. Sem dúvida, uma situação que concorre para obliterar as possibilidades de oposição ao poderio do capital ou à sua expansão. Afinal, para que continuem válidas "as perspectivas de contenção da transformação", já identificadas por Marcuse, os sujeitos precisam seguir aceitando com "naturalidade" a realidade, porém em um momento histórico bem diverso, que entrega cada vez menos o "padrão elevado de vida" que caracterizou o estado de bem-estar social.

Referências

ADORNO, T. W. *Miscelánea I*. Tradução de Joaquín Chamorro Mielk. Madrid: Akal, 2010.

AMARAL, N. C. Expansão-avaliação-financiamento: tensões e desafios da vinculação na educação superior brasileira. *In*: MANCEBO, D.; SILVA JÚNIOR, J. dos R. da; OLIVEIRA, J. F. de; CATANI, A. M. (org.). *Reformas da educação superior*: cenários passados e contradições do presente. São Paulo: Xamã, 2009. v. 1, p. 113-146.

ANDERSON, R. D. The German (Humboldtian) University Tradition. *In*: SHIN, J. C.; TEIXEIRA, P. (ed.). *Encyclopedia of International Higher Education Systems and Institutions*, 2016a. Dordrecht: Springer. Disponível em: https://link.springer.com/content/pdf/10.1007%2F978-94-017-9553-1_4-1.pdf. Acesso em: 19 jun. 2020.

ANDERSON, R. D. British University Traditions. *In*: SHIN, J. C.; TEIXEIRA, P. (ed.). *Encyclopedia of International Higher Education Systems and Institutions*, Dordrecht, Springer, 2016b. Disponível em: https://link.springer.com/content/pdf/10.1007%2F978-94-017-9553-1_4-1.pdf. Acesso em: 19 jun. 2020.

ASH, M. G. Bachelor of What, Master of Whom? The Humboldt Myth and Historical Transformations of Higher Education in German-Speaking Europe and the US. *European Journal of Education*, v. 41, n. 2, maio 2006. Disponível em: https://onlinelibrary. wiley.com/doi/abs/10.1111/j.1465-3435.2006.00258.x. Acesso em: 19 jul. 2020.

BRASIL. Decreto nº 19.851, de 11 de abril de 1931. Disponível em: https://www2. camara.leg.br/legin/fed/decret/1930-1939/decreto-19851-11-abril-1931-505837-publicacaooriginal-1-pe.html. Acesso em: 12 dez. 2021.

BRASIL. Lei nº 4.024, de 20 de dezembro de 1961 - Lei de Diretrizes e Bases da Educação nacional. Disponível em: www2.camara.leg.br/legin/fed/lei/1960-1969/lei-4024-20-dezembro-1961-353722-publicacaooriginal-1-pl.html. Acesso em: 12 dez. 2021.

BRASIL. Lei nº 5.540, de 28 de novembro de 1968. Fixa normas de organização e funcionamento do ensino superior e sua articulação com a escola média, e dá outras providências. Disponível em: www2.camara.leg.br/legin/fed/lei/1960-1969/lei-5540-28-novembro-1968-359201-publicacaooriginal-1-pl.html. Acesso em: 12 dez. 2021.

BRASIL. Decreto no. 91.177, de 29 de março de 1985. Cria a Comissão Nacional para Reformulação da Educação Superior. Disponível em: www2.camara.leg.br/legin/fed/decret/1980-1987/decreto-91177-29-marco-1985-441184-publicacaooriginal-1-pe.html. Acesso em: 12 dez. 2021.

BRASIL. Lei n. 10.973 de 2 de dezembro de 2004. Dispõe sobre incentivos à inovação e à pesquisa científica e tecnológica no ambiente produtivo e dá outras providências. Disponível em: http://www.planalto.gov.br/ccivil_03/_ato2004-2006/2004/lei/l10.973.htm. Acesso em: 12 dez. 2021.

BRASIL. Decreto nº 6.096, de 24 de abril de 2007. Institui o Programa de Apoio a Planos de Reestruturação e Expansão das Universidades Federais - REUNI. Disponível em: http://www.planalto.gov.br/ccivil_03/_Ato2007-2010/2007/Decreto/D6096.htm. Acesso em: 12 dez. 2021.

BRITANNICA, T. Editors of Encyclopaedia. *Public school*. Encyclopedia Britannica. Disponível em: https://www.britannica.com/topic/public-school. Acesso em: 10 fev. 2017.

BURKE, P. *O Polímata*: uma história cultural de Leonardo da Vinci a Susan Sontag. Tradução de Renato Prelorentzou. São Paulo: Unesp, 2020.

CONDETTE, J-F. French University Traditions, Napoleonic to Contemporary Transformation. *In*: SHIN, J. C.; TEIXEIRA, P. (ed.). *Encyclopedia of International*

Higher Education Systems and Institutions. 2017. Dordrecht: Springer. Disponível em: http://springer.iq-technikum.de/content/pdf/10.1007%2F978-94-017-9553-1_2-2. pdf. Acesso em: 19 jun. 2020.

CUNHA, L. A. "A pós-graduação no Brasil: função técnica e função social". *Revista de Administração de Empresas*, Rio de Janeiro, v. 14, n. 5, set./out. 1974. Disponível em: http://www.luizantoniocunha.pro.br/uploads/livros/PG-funcoes.pdf. Acesso em: 23 dez. 2021.

CUNHA, L. A. *A universidade temporã*. 2. ed. Rio de Janeiro: Editora Civilização Brasileira, 1980.

CUNHA, L. A. O Ensino Superior no Octênio FHC. *Educ. Soc.*, Campinas, v. 24, n. 82, p. 37-61, abr. 2003. Disponível em: https://doi.org/10.1590/S0101-73302003000100003. Acesso em: 22 dez. 2021.

CUNHA. L. A. *A Universidade reformada*: o golpe de 1964 e a modernização do ensino superior. São Paulo: Unesp, 2007.

DIAS, S. S. Fundamentos da Teoria Educacional em Vieira Pinto. *Revista HISTE-DBR On-line*, Campinas, v. 4, n. 15, p. 1-8, 2004. Disponível on-line em: https://www.fe.unicamp.br/pf-fe/publicacao/4777/art16_15.pdf. Acesso em: 18 dez. 2021.

FÁVERO, M. L. A. A Universidade do Brasil: um itinerário marcado de lutas. *Revista Brasileira de Educação*, Rio de Janeiro, n. 10, p. 16-32, 1999.

FÁVERO, M. L. A. Autonomia e poder na universidade: impasses e desafios. *Perspectiva* (Florianópolis), Editora da UFSC: NUP/CED, v. 22, n.1, p. 197-225, 2004.

FÁVERO, M. L. A. UDF: Construção criadora e extinção autoritária. *In*: MOROSINI, M. (org.). *A universidade no Brasil*: concepções e modelos. Brasília: Inep, 2011.

FERNANDES, F. *Universidade brasileira*: reforma ou revolução? São Paulo: Alfa-Omega, 1975.

FERREIRA, S. *A universidade do século XXI*: concepções, finalidades e contradições. 2009. 305 f. Tese (Doutorado em Educação) — Universidade Federal de Goiás, Faculdade de Educação, 2009.

FRIGOTTO, G. *A Produtividade da Escola Improdutiva*. 7. ed. São Paulo: Editora Cortez, 2006.

HOWARD, A. H. *Protestant Theology and the Making of the Modern German University*. New York: Oxford University Press. 2006.

KANT, I. *O conflito das faculdades.* [1798]. Tradução de Artur Mourão. Covilhã: Universidade da Beira Inferior, 2008.

LAVAL, C. *A Escola Não é Uma Empresa.* Londrina: Editora Planta, 2004.

MANCEBO, D.; VALE, A. A.; MARTINS, T. B. Políticas de expansão da educação superior no Brasil: 1995-2010. *Revista Brasileira de Educação,* v. 20, n. 60, p. 31-50, jan./mar. 2015. Disponível em: http://www.scielo.br/pdf/rbedu/v20n60/1413-2478-rbedu-20-60-0031.pdf. Acesso em: 20 maio 2019.

MARCUSE, H. *A ideologia da sociedade industrial:* o homem unidimensional. Tradução de Giasone Rebuá. Rio de Janeiro: Zahar Editores, 1982.

MENDONÇA, A. W. P. C. A universidade no Brasil. *Revista Brasileira de Educação,* n. 14, p. 131-150, ago. 2000. Disponível em: https://www.scielo.br/pdf/rbedu/n14/n14a08.pdf. Acesso em: 20 maio 2019.

MUSSELIN, C. *The Long March of French Universities.* New York: Taylor & Francis e-Library, 2005.

OLIVEIRA, J. F de; DOURADO, L.; MENDONÇA, E. F. UNB: da universidade idealizada à "universidade modernizada". *In:* MOROSINI, M. (org.). *A universidade no Brasil:* concepções e modelos. Brasília: Inep, 2011.

OLIVEN, A. C. 2002. Histórico da Educação Superior no Brasil. *In:* SOARES, M. S. A. (coord.). *A educação superior no Brasil.* Brasília: Capes, 2002. p. 24-38. Disponível em: http://flacso.redelivre.org.br/files/2013/03/1109.pdf. Acesso em: 28 jul. 2020.

PAULA, M. F. USP e UFRJ. A influência das concepções alemã e francesa em suas fundações. *Tempo Social,* São Paulo, v. 14, n. 2, p. 147-161, out. 2002. Disponível em: http://www.revistas.usp.br/ts/article/view/12387. Acesso em: 18 jul. 2019.

PINTO, A. V. *A questão da universidade.* São Paulo: Cortez/Autores Associados, 1986.

READINGS, B. *The university in ruins.* Cambridge: Harvard University Press, 1999.

RINN, A. Rhodes Scholarships, Frank Aydelotte, and Collegiate Honors Education. *Journal of the National Collegiate Honors Council.* v. 127, spring. 2003. Disponível em: https://digitalcommons.unl.edu/nchcjournal/127. Acesso em: 18 jul. 2020.

SAVIANI, D. A expansão do Ensino Superior no Brasil: mudanças e continuidades. *Poíesis Pedagógica,* v. 8, n. 2, p. 4-17, ago./dez. 2010. Disponível em: https://periodicos.ufcat.edu.br/poiesis/article/view/14035/8876. Acesso em: 15 dez. 2021.

SCHULTZ, T. *Capital Humano*. Rio de Janeiro: Zahar, 1973.

SGUISSARDI, V. A universidade no Brasil: dos modelos clássicos aos modelos de ocasião. *In*: MOROSINI, M. (org.). *A universidade no Brasil*: concepção e modelos. Brasília: INEP, 2011.

SILVEIRA, Z. S.; BIANCHETTI, L. Universidade moderna: dos interesses do Estado-nação às conveniências do mercado. *Revista Brasileira de Educação*, v. 21, n. 64, jan./mar. 2016. Disponível em: http://www.scielo.br/pdf/rbedu/v21n64/1413-2478-rbedu-21-64-0079.pdf. Acesso em: 12 jun. 2019.

SORBER, N. M. The University Tradition in the United States. *In*: SHIN, J. C.; TEIXEIRA, P. (ed.). *Encyclopedia of International Higher Education Systems and Institutions*. Springer, Dordrecht, 2020. Disponível em: 10.1007/978-94-017-9553-1_7-1. Acesso em: 22 jan. 2022.

SORKIN, D. Wilhelm Von Humboldt: The Theory and Practice of Self-Formation (Bildung), 1791-1810. *Journal of the History of Ideas*, v. 44, n. 1, p. 55-73, jan./mar. 1983.

STANFORD ENCYCLOPEDIA OF PHILOSOPHY. *Verbete Wilhelm Humboldt*. Disponível em: https://plato.stanford.edu/entries/wilhelm-humboldt/. Acesso em: 14 dez. 2021.

TEIXEIRA, A. *Ensino Superior no Brasil*: Análise e interpretação de sua evolução até 1969. Rio de Janeiro: Editora da Fundação Getúlio Vargas, 1989. Disponível em: http://www.bvanisioteixeira.ufba.br/livros/. Acesso em: 28 jul. 2020.

TEIXEIRA, A. *Educação no Brasil*. 5. ed. Rio de Janeiro: Editora da UFRJ, 1994.

TERRA, R. Humboldt e a formação do modelo de universidade e pesquisa alemã. *Cadernos de Filosofia Alemã*: Crítica e Modernidade, v. 24, n.1, p. 133-150, 27 jun. 2019. Disponível em: https://doi.org/10.11606/issn.2318-9800.v24i1p133-150. Acesso em: 1 jul. 2020.

WAIZBORT, L. Formação, especialização, diplomação: da universidade à instituição de ensino superior. *Tempo Social*, São Paulo, v. 27, n. 2, p. 45-74, dez. 2015. Disponível em: http://www.scielo.br/scielo.php?script=sci_arttext&pid=S0103-20702015000200045&lng=en&nrm=iso. Acesso em: 8 abr. 2019.

WEBER, J. F. Bildung & Educação. *Educação & Realidade*, v. 31, n. 2, p. 117-134, jul./dez. 2006. Disponível em: https://seer.ufrgs.br/educacaoerealidade/article/view/6848. Acesso em: 19 jun. 2020.

4

A COMPETÊNCIA COMO FERRAMENTA DE PSEUDOFORMAÇÃO NA SOCIEDADE DO CAPITALISMO TARDIO

Luiz Alberto Neves Filho
Elisangela Lizardo

Analisa-se, sob o olhar das contribuições da teoria crítica da sociedade, a formação inicial e continuada de professores no Brasil a partir das novas diretrizes curriculares nacionais para formação de professores, que são sustentadas no processo de desenvolvimento de competências e habilidades básicas, em detrimento de um processo formativo sustentado, formação teórica consistente e necessária para o desenvolvimento de uma formação crítica e geração de autonomia intelectual. Também, discute-se, nesse sentido, a função social da universidade e a sua possível (ou não) redução de atuação ao mero fomento das necessidades da indústria do capitalismo tardio.

A sociedade do capitalismo tardio e as competências (de) formativas

A sociedade sustentada no capitalismo tardio, que busca a planificação e o ajustamento de todas as instâncias sociais às diretrizes determinadas pelo sistema econômico, é responsável pelo desenvolvimento de mecanismos de conversão de todas as práticas sociais a formas de produção de uma lógica unidimensional, ou seja, sem oposição e sem crítica. A área de educação não está alienada desse processo, tendo em vista que ela também é alvo de múltiplas inserções da sociedade do capitalismo tardio, que se molda ao objetivo de desenvolvimento de uma proposta de formação indiferenciada, que tem como foco o ajustamento à sociedade. Destaca-se que todas as instâncias de desenvolvimento educacional, desde a educação infantil até a pós-graduação, são alvos do modelo imposto pelo capitalismo tardio.

Destarte, a formação, ora compreendida como essencial para a libertação e emancipação do pensamento, foi convertida ao ajustamento das chamadas competências e habilidades. No ensino superior brasileiro tal vertente formativa, baseada em competências e habilidades, intensificou-se no início do século XXI, podendo ser observada com frequência no desenvolvimento de Projetos de Cursos Superiores das áreas como as de Ciências Exatas, Informática, Gestão e Administração. Observando os cursos de formação inicial e de formação continuada de professores (cursos de Licenciaturas, Cursos de Extensão e Cursos de Pós-graduação Stricto-Sensu) podemos afirmar que esses também passaram a ser alvo desse modelo formativo, especialmente a partir do ano de 2019 com a instituição da Base Nacional de Formação de Professores: (BNC-Formação).

Ao olhar para a educação básica, identificamos que no recente contexto brasileiro, a Base Nacional Comum Curricular (BNCC) reorganizou a estrutura curricular da educação básica em conhecimentos essenciais que devem ser ofertados por meio de roteiros de aprendizagem que valorizam sobremaneira as competências gerais e específicas, habilidades e atitudes dos educandos. A reforma imposta pela BNCC instigou, por consequência, a proposição de novas Diretrizes Curriculares de Formação de Professores que objetiva capacitar os novos licenciados para atender às demandas da estrutura educacional vigente.

Uma análise mais aprofundada apresenta dados interessantes sobre a abrangência deste fenômeno: a formação por competências e habilidades não é uma realidade apenas brasileira, ela também faz parte da formação de profissionais da área educacional nos países integrantes da Comunidade Europeia e, ao mesmo tempo, é alvo de elaboração de documentos da UNESCO que visam criar parâmetros de formação de profissionais da educação a partir das competências e habilidades.

Para discutir as contradições presentes na concepção de formação de professores por meio de competências e habilidades, o presente texto recorrerá a fontes oficiais que determinam as diretrizes para a formação de professores em três contextos: 1) brasileiro — Diretrizes Curriculares Nacionais para a Formação Inicial de Professores para a Educação Básica (Resolução CNE/CP 02/2019) e as Diretrizes Curriculares Nacionais para a Formação Continuada de Professores da Educação Básica (Resolução CNE/CP 01/2020); 2) contexto europeu — Quadro Europeu de Competências Digitais para os Educadores editado no ano de 2018; e 3) contexto global — será analisado o

ICT Competency Framework for Teachers (Competências de Tecnologia da Informação e Comunicação na formação de Professores) editado pela Organização das Nações Unidas para a Educação, a Ciência e a Cultura (UNESCO) no ano de 2018. Destaca-se que a análise de tais documentos terá como ponto focal a identificação de similaridades e diferenças presentes nas propostas de formação de professores que objetivam tais documentos.

Faz-se necessário recuperar, para o debate aqui estabelecido, a ideia de competência. Na sociedade da produtividade, o conceito refere-se à ideia de desempenho, de saber fazer, de saber se comunicar, transmitir uma lista de tarefas determinadas por outrem, refere-se a um saber superior que habilita o indivíduo a realizar atividades específicas e que o legitima para julgar ou decidir sobre um fato. Na sociedade administrada a formação docente por competência ignora o processo de elaboração do conhecimento, minimiza a avaliação contínua e a reflexão teórica e crítica sobre os processos educativos. Competência, especialmente na formação escolar, aproxima-se desse modo, da ideia de reprodução. A partir deste entendimento é importante destacar que para alcançar um dos objetivos desta investigação recorreremos em um primeiro momento a identificação, análise e compreensão das definições apresentadas pelos documentos citados para o conceito de competência.

No cenário brasileiro, as Diretrizes Curriculares Nacionais para a Formação Inicial de Professores para a Educação Básica estão diretamente relacionadas e submetidas à Base Nacional Comum Curricular (BNCC), sendo que, de maneira expressa, o documento das diretrizes curriculares apresenta a definição do conceito de competência ancorada na definição, desse mesmo conceito, apresentada na BNCC, que define competência da seguinte forma:

> [...] competência é definida como a mobilização de conhecimentos (conceitos e procedimentos), habilidades (práticas, cognitivas e socioemocionais), atitudes e valores para resolver demandas complexas da vida cotidiana, do pleno exercício da cidadania e do mundo do trabalho. (Brasil, 2018, p. 8).

O Quadro Europeu de Competência Digital para Professores, por sua vez, apresenta a definição para a competência digital da seguinte forma:

> A competência digital pode ser genericamente definida como a utilização segura, crítica e criativa das tecnologias digitais para alcançar objetivos relacionados com trabalho, empregabilidade, aprendizagem, lazer, inclusão e/ou participação na sociedade. (Lucas; Moreira, 2018, p. 91).

A UNESCO, no documento ICT Competency Framework for Teachers, apresenta a seguinte definição para o conceito competência: "[...] são as habilidades, conhecimentos e compreensão necessários para fazer algo com sucesso para um padrão profissional" (UNESCO, 2018, p. 63).

Como pode ser observado nas três definições destacadas, a competência tem como foco o saber fazer e fazer para o mundo do trabalho, limitando a sua definição como uma forma de capacitação para o labor. Enquanto as diretrizes brasileiras indicam a importância de serem acionados conhecimentos, conceitos, atitudes e valores para resolver demandas do pleno exercício da cidadania e do mundo do trabalho, observa-se que no caso europeu a centralidade é explícita, sem qualquer tentativa de dispersão do foco central: "fazer algo com sucesso para um padrão profissional". Os três documentos referem-se à formação docente, ou ainda a quais competências um professor ou professora deveria apresentar para exercer com maestria sua profissão, mas o que se destaca nas definições analisadas é a alarmante ausência de processos que indiquem entre tais competências, o estímulo ao pensamento crítico, científico, criativo e livre. As expressões utilizadas ainda apontam que a única incidência do termo "crítica" se refere "a utilização segura, crítica e criativa das tecnologias digitais para alcançar objetivos". A breve análise do conceito de competência nas diretrizes norteadoras da formação docente já oferece indícios de uma operacionalização, de uma cisão completa entre teoria e prática, entre o conhecer, refletir, analisar e o fazer, capacitar, resolver. Nesses últimos casos, sempre com foco na preparação para o trabalho.

Em uma primeira vista, um fato chama atenção: todos os documentos analisados estão sustentados em propostas de geração de competências e habilidades. Tais competências estão diretamente alinhadas a um conjunto de habilidades e atitudes, que devem ser desenvolvidas no processo formativo e aplicadas no desenvolvimento profissional, ou seja, assume-se que os elementos essencialmente práticos, e que possam ser implementados de maneira imediata na atuação profissional dos futuros professores, constituem o alicerce central do processo formativo, contrapondo-se a uma formação sustentada em uma sólida base teórica. Observa-se também que a base teórica, e os elementos filosóficos — essencialmente críticos — não compõe a estrutura formativa almejada por tais diretrizes (a base teórica que deveria sustentar a formação dos professores não é apresentada em nenhum dos documentos avaliados).

A partir do panorama apresentado sobre a centralidade da competência na formação docente, é necessário refletir sobre alguns elementos:

1. A formação teórica e crítica passou a ser alvo de ataques no modelo formativo adotado pela sociedade do capitalismo tardio.

2. A formação operacional (simples operacionalização da técnica) passou a ser o centro do processo formativo sustentado em competências e habilidades.

3. A submissão da teoria à prática operacionalizada reduziu o campo de possibilidades de formação humana e reduziu o potencial crítico do processo formativo.

A discussão sobre a concepção hegemônica de formação presente na sociedade de capitalismo tardio remonta a reflexões sobre as contradições impostas por esse sistema entre ação e reflexão, entre teoria e prática, entre sujeito e objeto. A sociedade da razão instrumental cerceia sem qualquer pudor, a possibilidade de pensamento livre capaz de questionar o estado de coisas. A educação, por meio de suas instituições, é alvo desse projeto de dominação e padronização dos sujeitos. Nesse sentido, vale recuperar a elaboração de Adorno (2018) sobre a relação entre teoria e prática ao afirmar que a teoria havia sido colocada sob uma pré-censura da prática, tendo em vista que, no caso dos documentos avaliados, os elementos essencialmente operacionais e práticos definidos a priori tendem a submeter a base teórica a ser utilizada a uma pré-censura, ou seja, convertida e constrangida a uma posição de mecanismo de validação das propostas preestabelecidas.

A percepção da existência de uma alta dose de ideologia na utilização de indicativos de competência e habilidade como fonte de aferição de qualidade e adequação dos professores ao perfil formativo idealizado é de fundamental importância para a compreensão dos aparatos utilizados pela sociedade do capitalismo tardio no processo de preparação dos futuros docentes. Conforme apresentado por Marilena Chaui (2014), na sociedade industrial, os detentores da competência são aqueles que possuem conhecimentos técnicos e científicos necessários para a realização das tarefas da sua profissão, sendo que os indivíduos que não possuem tais conhecimentos são considerados pejorativamente incompetentes, despreparados. Em uma perspectiva pragmática, a formação por competências e habilidades proposta pelas diretrizes curriculares deveria, em tese, ofertar uma formação científica, teórica e que proporcionasse a possibilidade de realização das tarefas demandas à profissão (dos professores no nosso caso).

Aqui surge uma pergunta interessante: preparar um indivíduo para executar uma determinada tarefa sem que seja ofertada a ele uma formação científica, crítica e autônoma poderia fazer tal indivíduo ser considerado detentor da competência de sua profissão? A resposta para tal questionamento repousa na compreensão do processo de operacionalização da aquisição das chamadas competências docentes apresentadas pelas diretrizes de formação docentes do Brasil, da Comunidade Europeia e da UNESCO, o que tentaremos fazer a seguir.

A operacionalização da técnica como instrumento de qualificação profissional é marca da natureza econômica da sociedade do capitalismo tardio, conforme observado nas elaborações de Walter Benjamin (2019), a operacionalização faz parte da ordem social e consequentemente está inserida no sistema educacional da sociedade burguesa. Theodor Adorno (1986), ao discutir o papel da técnica na sociedade capitalista afirma que essa, em si, não é um problema, tendo em vista que a técnica possibilitou que os indivíduos desenvolvessem formas eficientes para acabar com os problemas geradores de trabalhos árduos e desgastantes, entretanto, a mera operacionalização padronizada dela reduziu o campo de reflexão sobre a prática e de percepção sobre os efeitos gerados pela redução do processo formativo à sua mera operacionalização, fato que submete a técnica, ainda nos dias atuais, aos elementos que comandam as relações sociais.

Tal submissão possibilitou o enraizamento de uma lógica funesta sustentada no desenvolvimento de uma racionalidade técnica, que, por sua vez, também submeteu as relações de produção aos interesses das forças produtivas (Adorno, 1986). Nesse sentido, o processo formativo, principalmente o de qualificação dos futuros professores, que deveria propiciar uma práxis social transformadora, foi reduzido a uma preparação para operacionalização de técnicas e de tecnologias, mostrando-se, de maneira bem objetiva, como vertente poderosa do processo de padronização da formação no ensino superior.

A tendência de padronização de uma formação voltada para o operacionalismo pode ser percebida na análise das diretrizes gerais para formação inicial de professores no Brasil, no quadro de competências docentes básicas da União Europeia e no quadro de competências digitais para formação de professores da UNESCO. Em todos os casos, as competências são apresentadas em formato de práticas que devem ser desempenhadas pelos docentes, que, por sua vez, são direcionadas por verbos de ação tais como criar, utilizar, usar e aplicar (característicos da taxonomia de Bloom).

No contexto brasileiro, a BNC-Formação apresenta 27 competências gerais e específicas que devem ser incorporadas pelos docentes no seu processo formativo, sendo que as ações direcionadas pelo verbo utilizar aparecem sete vezes, criar aparecem cinco vezes, aplicar aparecem três vezes e usar aparecem duas vezes. No documento que determina as competências docentes a serem adquiridas na formação docente nos países que fazem parte da Comunidade Europeia, observa-se o indicativo de 22 competências, e nesse caso o operacionalismo se apresenta de maneira ainda mais uniforme, tendo em vista que as ações relacionadas ao verbo usar se repetem 12 vezes nas 22 competências descritas. A UNESCO, em seu documento relacionado à formação de competências digitais docentes, apresenta um total de 18 competências digitais que devem ser incorporadas pelos docentes no seu processo formativo, sendo que a ação exclusiva de utilizar os recursos tecnológicos existentes repete-se por três vezes.

Uma breve comparação dos dados extraídos das esperadas competências docentes no Brasil, nos países da comunidade europeia e do documento elaborado pela UNESCO, apresenta uma forte tendência na área de formação de professores. Destaca-se que no caso brasileiro, 12 competências apresentam caráter essencialmente operacional (sustentadas na preparação para utilização, uso e aplicação de técnicas e tecnologias), sendo que das competências digitais apresentadas no Quadro Europeu, 12 apresentam caráter operacional relacionadas exclusivamente ao uso de determinada técnica ou tecnologia. Por fim, três competências digitais docentes apontadas como essenciais pela UNESCO são relacionadas exclusivamente ao uso de técnicas ou tecnologias aplicadas ao ambiente educacional.

Quadro 1 – Comparativo de competências docentes apresentadas nos documentos avaliados

Brasil	Comunidade Europeia	UNESCO
Usar as tecnologias apropriadas nas práticas de ensino.	Usar tecnologias digitais para colaborar com outros educadores, partilhar e trocar conhecimento e experiência, bem como para inovar práticas pedagógicas de forma colaborativa.	Utilizar as TIC para apoiar o seu próprio desenvolvimento profissional.
Conhecer, entender e dar valor positivo às diferentes identidades e necessidades dos estudantes, bem como ser capaz de utilizar os recursos tecnológicos como recurso pedagógico para garantir a inclusão, o desenvolvimento das competências da BNCC e as aprendizagens dos objetos de conhecimento para todos os estudantes.	Incorporar atividades, tarefas e avaliações de aprendizagem que requeiram que os aprendentes identifiquem e resolvam problemas técnicos ou transfiram criativamente conhecimento tecnológico para novas situações.	Integrar as TIC nos conteúdos das disciplinas, processos de ensino e avaliação, e níveis de classificação, e criar um ambiente de aprendizagem propício às TIC, onde os estudantes, apoiados pelas TIC, demonstram domínio das normas curriculares.
Realizar a curadoria educacional, utilizar as tecnologias digitais, os conteúdos virtuais e outros recursos tecnológicos e incorporá-los à prática pedagógica, para potencializar e transformar as experiências de aprendizagem dos estudantes e estimular uma atitude investigativa.	Usar tecnologias digitais para promover e melhorar a colaboração do aprendente. Permitir que os aprendentes usem tecnologias digitais enquanto parte de tarefas colaborativas, como meio de melhorar a comunicação, a colaboração e a criação colaborativa de conhecimento.	Utilizar ferramentas digitais de forma flexível para facilitar a aprendizagem colaborativa, gerir estudantes e outros parceiros de aprendizagem, e administrar o processo de aprendizagem.
Comprometer-se com o próprio desenvolvimento profissional	Usar tecnologias digitais para melhorar a comunicação institucional com os aprendentes, encarregados de educação e terceiros.	Utilizar a tecnologia para interagir com redes profissionais para apoiar o seu próprio desenvolvimento profissional.

EDUCAÇÃO E TECNOLOGIA, NA SOCIEDADE ADMINISTRADA: ESTUDOS CRÍTICOS

Brasil	Comunidade Europeia	UNESCO
Compreender, utilizar e criar tecnologias digitais de informação e comunicação de forma crítica, significativa, reflexiva e ética nas diversas práticas docentes, como recurso pedagógico e como ferramenta de formação, para comunicar, acessar e disseminar informações, produzir conhecimentos, resolver problemas e potencializar as aprendizagens.	Usar tecnologias digitais para apoiar a aprendizagem autorregulada dos aprendentes, permitir que planejem, monitorizem e reflitam sobre a sua própria aprendizagem, forneçam evidências de progresso, partilhem ideias e encontrem soluções criativas.	Misturar ferramentas e recursos digitais variados para criar um ambiente de aprendizagem digital integrado para apoiar o pensamento de ordem superior e a capacidade de resolução de problemas.

Fonte: Elaborado com base nos documentos oficiais analisados.

Podemos perceber que as ações relacionadas a usar, aplicar e utilizar recursos tecnológicos e/ou técnicas constituem estrutura central no processo de formação por competências, almejada tanto pelas diretrizes curriculares dos cursos de formação de professores no Brasil, como no quadro de competências docentes da Comunidade Europeia e no desenvolvimento de competências digitais docentes determinadas pela UNESCO. Entre as principais competências esperadas nos três casos estão a preparação para utilização de ferramentas tecnológicas "na prática de ensino, na relação com colaboradores e no próprio desenvolvimento profissional". Em todos os casos as tecnologias de informação e comunicação (TIC) deixam de ser um instrumento auxiliar e tornam-se protagonistas no processo educativo, superando o papel do próprio professor. Saber usar as ferramentas tecnológicas e ensinar o uso de tais ferramentas estão entre as prioridades da formação de um docente competente. A ferramenta, ou a técnica toma o lugar do conhecimento científico e humano que são relegados ao último plano. A operacionalização do processo formativo evidenciada nos documentos analisados nos permite recuperar a constatação de Marcuse (1999) sobre a tendência de padronização na formação como elemento essencial para a fixação da dominação por meio da racionalidade tecnológica. Fica cada vez mais evidente em tais diretrizes a clara intenção de redução do campo de possibilidades de desenvolvimento de um processo formativo que tenha como objetivo o pensamento crítico, a autonomia e a independência.

103

O uso da tecnologia, que deveria ser compreendida como aplicação da ciência ofertada e compartilhada em todo processo formativo, tornou-se o objetivo central, o fim mesmo da experiência formativa. Pensar, refletir e compreender os fenômenos não interessa mais a essa pseudoformação que tem como foco o saber fazer, o se conectar e o comunicar-se. Segundo Marcuse (2015), o operacionalismo presente na perspectiva de formação por competências e habilidades é um elemento importante do raciocínio tecnológico e da racionalidade tecnológica dessa sociedade. É o elemento que impulsiona o processo formativo sustentado na junção de teoria e prática de contenção, ou seja, na redução do potencial formativo da teoria (eliminado a teoria ou a submetendo à prática operacionalizada), gerando o acesso a uma teoria cindida, impactando diretamente na apropriação subjetiva da teoria, reduzindo a elementos isolados e fragmentados dos conteúdos teóricos.

Um dos pilares da formação educacional proposta pela sociedade do capitalismo tardio é a eliminação da teoria e dos desdobramentos reflexivos presentes na prática. Sobre o papel do operacionalismo, que tem se apropriado do processo de formação, Marcuse (2015, p. 53) destaca que

> O operacionalismo se torna, na teoria e na prática, a teoria e a prática da contenção. Por trás de sua dinâmica óbvia, essa sociedade é um sistema de vida inteiramente estático: automotriz em sua produtividade opressiva e em sua coordenação benéfica. A contenção do progresso técnico caminha de mãos dadas com o seu crescimento na direção estabelecida. (Marcuse, 2015, p. 53).

Tal tendência de formação sustentada exclusivamente na geração de competências e habilidades é um indicativo importante do processo de conversão da formação de docentes em uma espécie de treinamento para operacionalizar técnicas e tecnologias capazes de satisfazerem os desafios enfrentados pela educação contemporânea. Essa percepção se apresenta de maneira verdadeira e falsa ao mesmo tempo. Ela é verdadeira, pois a discussão sobre a ressignificação do processo de formação de professores é de grande importância para a consolidação de uma sociedade justa, igualitária e democrática, mas ela também é falsa pelo mesmo motivo, tendo em vista que uma ressignificação sustentada exclusivamente na operacionalização de técnicas e de tecnologias reduz o potencial de formação humana, crítica e autônoma, que é elemento essencial para a consolidação dos valores dessa mesma sociedade justa, igualitária e democrática.

Outro fato importante da análise das Diretrizes Curriculares Nacionais para a Formação Continuada de Professores da Educação Básica, do Quadro Europeu de Competências Digitais para os Educadores e do ICT Competency Framework for Teachers da UNESCO é a tendência de padronização que se apresenta. A padronização e a fixação de uma tendência dominante são características típicas de sociedades autoritárias, que buscam planificar as formas de controle social, manipulação, pensamento e adesão dos indivíduos ao aparato de controle dessa sociedade. Enquanto em todos os documentos as competências relacionadas à ação e à operacionalização ganham notoriedade, valores e processos como inclusão, reflexão, crítica e ética aparecem timidamente nos textos, quase como uma recompensa por toda uniformização proposta. Neste sentido, Marcuse (1999, p. 90) já apontava que

> A especialização fixa o esquema dominante da padronização. Quase todos se tornaram membros potenciais da multidão, e as massas fazem parte dos instrumentos cotidianos do processo social. Como tais, podem ser facilmente manipuladas, pois os pensamentos, sentimentos e interesses de seus membros foram assimilados ao padrão do aparato. (Marcuse, 1999, p. 90).

A tendência dominante no processo formativo dos professores (exclusiva preparação para operacionalização de técnicas e tecnologias) pode ser compreendida a partir da perspectiva apontada por Marcuse (1999), que apresenta o caráter autoritário da sociedade industrial na tentativa de fixação do "esquema dominante da padronização". A preparação dos professores para a exclusiva operacionalização das tecnologias e técnicas no Brasil e na Europa com o apoio de instituições multilaterais — como é o caso da UNESCO — já representaria a existência de tal tendência, entretanto a padronização das ações meramente operacionais também é um marco importante desse processo.

A tendência apresentada pelas propostas de formação de professores, de preparação desses por meio do alcance de competências e habilidades definidas de maneira prévia, também pode ser entendida como uma manifestação da racionalidade tecnológica e do raciocínio tecnológico, que, conforme apresentado por Marcuse (2015), tende a apresentar e identificar as tecnologias e técnicas exclusivas pela sua utilização, que, por sua vez, é determinada pelo controle implementado pelas relações sociais existentes na sociedade do capitalismo tardio.

A razão, instrumentalizada pelo capital, cumpriu papel oposto ao de libertação e emancipação. Sob os domínios da sociedade administrada, a cultura de massas danifica a experiência formativa, reduz o pensamento individual em padronizado, coisifica os indivíduos. Sob essas condições estruturais e subjetivas, o saber foi limitado à aparência e à reprodução da sociedade transformando sujeitos em assujeitados que, cada vez mais impedidos de exercerem suas autorreflexões, se veem controlados pela ideologia da racionalidade tecnológica. Ideologia que não se refere mais ao que é falso, ao que está encoberto por um véu, mas, sim, à própria sociedade, é mentira manifesta.

A racionalidade prometida pelo esclarecimento burguês foi convertida em racionalidade da dominação, que em sua essência reduziu o campo de possibilidades para o desenvolvimento e a efetivação de suas promessas essenciais: liberdade, igualdade e dignidade humana. Assim, também é possível verificar que a racionalidade da dominação está presente na educação superior, inclusive no desenvolvimento de diretrizes de formação de professores por meio do "ensino" de competências, habilidades e atitudes, desprovidas de base teórica e de crítica. A racionalidade tecnológica, responsável pela conversão do processo formativo em um processo de treinamento, é a expressão máxima de um processo político hostil, controlador e dominador que submeteu o processo educacional em um processo de padronização, visando reduzir as tensões e a resistência, e almejando a adequação e o ajustamento dos indivíduos aos interesses da classe burguesa. É possível inferir que a racionalidade tecnológica (que está por trás da redução da formação ao treinamento de competências, habilidades e atitudes) é a própria racionalidade política da sociedade do capitalismo tardio. Assim, Marcuse (1973) afirma que:

> [...] No ambiente tecnológico, a cultura, a política e a economia se fundem num sistema onipresente que engolfa ou rejeita todas as alternativas. O potencial de produtividade e crescimento desse sistema estabiliza a sociedade e contém o progresso técnico dentro da estrutura de dominação. A racionalidade tecnológica ter-se-á tornado racionalidade política. (Marcuse, 1973, p.19).

Um dos elementos que tendem a favorecer a compreensão desse fenômeno é a compreensão do papel do ensino superior (e consequentemente da universidade na sociedade do capitalismo tardio). É compreensível que a sociedade burguesa, de certa forma, busque "moldar" o sistema de ensino que sustenta a educação superior, visando favorecer os seus interesses mais imediatos, e seria estranho se não fosse dessa forma.

Entretanto, a reflexão acerca do papel libertador que a educação superior pode proporcionar também é de grande relevância, caso contrário não estaria sendo ventilada a possibilidade de resistência que ainda pode ser percebida no sistema educacional (alimentada pelas contradições do modelo burguês de sociedade). Assim, faz-se necessário conceber o ensino superior como um espaço gerador de desenvolvimento científico, que deveria ser capaz de proporcionar um ambiente favorável à integração do processo formativo articulado pela formação teórica e pelo desenvolvimento das suas consequências práticas. As formulações de Adorno (2008) auxiliam a compreensão de que, contraditoriamente, a universidade (estendendo tal análise para o ensino superior atual) ainda não foi convertida em um mero apêndice do sistema fabril burguês na sua totalidade, mas também não conseguiu manter completamente sua imunidade aos ataques da sociedade burguesa, que visa convertê-la em um apêndice do sistema fabril. Em outras palavras, Adorno (2008, p. 156) afirma que

> Como ocorre com frequência em movimentos de insatisfação generalizada, existe insatisfação, tanto porque a universidade não é suficientemente *streamlined*, tanto porque ela não funciona a contento como fábrica, quanto porque ela é uma fábrica de maneira excessiva. (Adorno, 2008, p. 156).

A discussão sobre os rumos da formação docente, adequada à satisfação da razão instrumentalizada da sociedade capitalista, remete à ideia de que a busca pela razão, consolidada na sociedade moderna com o movimento do Iluminismo também vive uma disputa de rumos. Contraditoriamente, o pensamento racional e científico perde espaço para ideias que em defesa do racionalismo transformam pensamento lógico em instrumental. Se ao longo do século XIX refletia-se sobre a transformação da ciência — desenvolvida pelo capitalismo tardio — em mito, nas primeiras décadas do século XXI, observa-se um "retorno às trevas", ao obscurantismo que nega a ciência como instrumento de desenvolvimento de uma sociedade. É nesse cenário que se almeja formar professores competentes para a nova demanda da "sociedade do conhecimento".

Disputam-se, assim, os rumos da escola e das universidades, instituições até então consagradas como espaço de promoção de esclarecimento, de conhecimento científico, de formação cidadã e que tentam constituir suas identidades mesmo diante aos desmandos tecnicistas que insistem em um cenário de mera capacitação e preparação profissional para um mercado de trabalho que não comporta a todos. O indivíduo segue cindido nessa miríade de contradições que ao fim possuem objetivos explícitos: alienação e padronização.

Referências Bibliográficas

ADORNO, Theodor W. *O Capitalismo Tardio Ou Sociedade Industrial. In*: COHN, G. (org.). São Paulo: Ática,1986.

ADORNO, Theodor W. *Introdução à Sociologia*. Tradução de Wolfgang Leo Maar. São Paulo: Editora Unesp, 2008.

ADORNO, Theodor W. A filosofia muda o mundo ao manter-se como teoria. *In*: COHN, S.; PIMENTA, H. (org.). *Maio de 68*. Rio de Janeiro: Beco do Azougue, 2018.

BENJAMIN, Walter. *O anjo da história*. Org. e tradução de João Barrento. 2. ed. 3. reimp. Belo Horizonte: Autêntica Editora, 2019.

BRASIL. *Base Nacional Comum Curricular (BNCC)*. Brasília: MEC, 2018. Disponível em: http://basenacionalcomum.mec.gov.br/images/BNCC_EI_EF_110518_versaofinal_site.pdf. Acesso em: 20 dez. 2020.

BRASIL. Resolução CNE/CP nº 2 de 20 de dezembro de 2019, que define as Diretrizes Curriculares Nacionais para a Formação Inicial de Professores para a Educação Básica e institui a Base Nacional Comum para a Formação Inicial de Professores da Educação Básica (BNC-Formação). Brasília: MEC, 2019. Disponível em: http://portal.mec.gov.br/docman/dezembro-2019-pdf/135951-rcp002-19/file. Acesso em: 20 dez. 2020.

BRASIL. Resolução CNE/CP nº 1, de 27 de outubro de 2020, que define as Diretrizes Curriculares Nacionais para a Formação Continuada de Professores da Educação Básica e institui a Base Nacional Comum para a Formação Continuada de Professores da Educação Básica (BNC-Formação Continuada). Brasília: MEC. 2020. Disponível em: http://portal.mec.gov.br/docman/outubro-2020-pdf/164841-rcp001-20/file. Acesso em: 20 dez. 2020.

CHAUI, M. *A ideologia da competência*. São Paulo: Fundação Perseu Abramo: Autêntica, 2014.

LUCAS, M.; MOREIRA, A. *DigCompEdu*: quadro europeu de competência digital para educadores. Aveiro: UA, 2018.

MARCUSE, H. *A ideologia da sociedade industrial*: O homem unidimensional. 4. ed. Rio de Janeiro: Zahar Editores, 1973.

MARCUSE, H. *Tecnologia, guerra e fascismo. In*: KELLNER, D. (ed.). Tradução de Maria Cristina Vidal Borba; Revisão de tradução de Isabel Maria Loureiro. São Paulo: Editora UNESP, 1999.

MARCUSE, H. *O homem unidimensional*: estudos da ideologia da sociedade industrial avançada. Tradução de Robespierre de Oliveira, Deborah Christina Antunes e Rafael Cordeiro Silva. São Paulo: EDIPRO, 2015.

UNESCO. ICT Competency Framework for Teachers. *United Nations Educational, Scientific and Cultural Organization*, 7, place de Fontenoy, 75352 Paris 07 SP, France, 2018. Disponível em: https://unesdoc.unesco.org/ark:/48223/pf0000265721. Acesso em: 20 dez. 2021.

A FORMAÇÃO CONTINUADA DE PROFESSORES DA EDUCAÇÃO BÁSICA E AS POLÍTICAS PARA A MELHORIA DA QUALIDADE DA EDUCAÇÃO PÚBLICA EM SÃO PAULO

Juarez Bernardino de Oliveira

Introdução

Este trabalho foi desenvolvido como contribuição ao projeto temático *Formação e educação, tecnologia e profissionalização na sociedade industrial do capitalismo tardio* elaborado pelo professor doutor Odair Sass da Pontifícia Universidade Católica de São Paulo, no âmbito dos estudos realizados pelos grupos de pesquisa Teoria Crítica, Formação e Cultura (PUC-SP) e Avaliação de Políticas Educacionais (UNIFESP), e coordenado pelos professores doutores Carlos Antônio Giovinazzo Júnior, Maria Angélica Pedra Minhoto e Odair Sass.

Investiga-se, aqui, a *concepção de formação continuada de professores* dos ensinos fundamental e médio da rede pública estadual paulista, no período de 2009 a 2019, contida nas *ações formativas* da *Escola de Formação e Aperfeiçoamento dos Profissionais da Educação* (EFAPE) da Secretaria de Estado da Educação de São Paulo (SEDUC/SP) e analisa-se o impacto das *ações formativas* no desempenho dos ensinos fundamental (anos finais) e médio da rede escolar pública paulista, em especial, no Índice de Desenvolvimento da Educação do Estado de São Paulo (IDESP).

Deve-se esclarecer que a premissa da relação direta entre *formação de professores* e *melhoria de desempenho* da rede pública de ensino estava contida na justificativa oficial da SEDUC/SP para a criação, em 2009, da Escola de Formação e Aperfeiçoamento dos Profissionais da Educação. Após uma década de utilização do *fundo público* para implantar e manter essa *política de formação*, é fundamental reconstruí-la em seu movimento concreto e avaliar os resultados obtidos. Assim, o presente estudo pretende contribuir para a avaliação da política de melhoria da qualidade da educação pública básica e, em especial, para a análise da política de *formação continuada de professores.*

A formação continuada é entendida, neste trabalho, como categoria histórico- concreta, ou seja, adota-se a premissa de que, "[...] quando situada na história [...] a formação adquire especificidades concretas, estruturais e circunstanciais, da ordem social e do momento histórico particulares" (Sass, 2019, p. 6). Nesses termos, buscou-se na análise dos dados, retomando uma expressão do velho Marx (2011, p. 54), a *reprodução ideal do movimento real do objeto.*

Os *Relatórios Anuais* da EFAPE (de 2011 a 2019) e as *ementas das ações formativas* e os *resultados do IDESP* foram as principais fontes consultadas. Os dados coletados esclareceram os sentidos atribuídos à categoria *formação continuada* na rede pública estadual paulista e forneceram elementos para a análise da relação entre *formação continuada* e *melhoria da qualidade da educação* pública na educação básica.

Na análise do material e na busca da saturação das determinações histórico-concretas contidas na categoria *formação continuada,* buscou-se extrair do objeto a elaboração do método, pois, como alertou Adorno (2013, p. 133), "[...] é importante que se não coloque o método absolutamente face ao seu objecto, antes o método da sociologia tem de estar em viva relação com esse objecto, tem, tanto quanto possível, de ser desenvolvido a partir do objecto".

Ao adotar a *teoria crítica da sociedade,* nos termos apresentados por Horkheimer (1991), este estudo incorporou o entendimento de que

> [...] o reconhecimento crítico das categorias dominantes na vida social contém ao mesmo tempo a sua condenação [...] A razão não pode tornar-se, ela mesma, transparente enquanto os homens agem como membros de um organismo irracional [...]. Um comportamento que esteja orientado para essa emancipação, que tenha por meta a transformação do todo, pode servir-se sem dúvida do trabalho teórico, tal como ocorre dentro da ordem desta realidade existente. Contudo ele dispensa o caráter pragmático que advém do pensamento tradicional como um trabalho profissional socialmente útil. (Horkheimer, 1991, p. 45).

Trabalha-se, aqui, com a hipótese de que a centralidade assumida pela *formação continuada* de professores, nos termos propostos SEDUC/SP, sob o pretexto de assegurar a melhoria da qualidade do ensino público, instrumentalizou a técnica e a converteu em tecnologia a serviço da ordem. Trata-se, nesses termos, de uma formação que se limitou a conformar e atuou, quando obteve êxito, contra qualquer projeto de superação do existente.

Para apresentação do estudo, o capítulo foi dividido em cinco seções. A primeira analisou os dados sobre a formação inicial de professores da Educação Básica no ano de criação da EFAPE. A segunda apresentou o avanço do tema formação continuada de professores na produção acadêmica e na legislação nacional. As três seções seguintes trataram especificamente da criação da Escola de Formação e das ações formativas promovidas no período 2009-2019 pela EPAFE.

1. O problema da formação de professores no Brasil

Em 2009, distante de realidades de estados como Bahia, que tinha 41,37% dos 66.579 professores do ensino fundamental (anos finais) com formação no ensino superior, Maranhão, com 44,77% dos 38.878 professores com a formação mínima obrigatória, e Pará, com 50,85% dos 31.166 docentes com curso de graduação, o estado de São Paulo, no final da primeira década do século XXI, ano da criação da Escola de Formação e Aperfeiçoamento dos Profissionais da Educação, estava próximo de resolver formalmente o problema da formação inicial de professores: enquanto a média nacional era de 78,49%, o estado de São Paulo tinha 97,54% dos 135.855 professores dos anos finais do ensino fundamental com formação no ensino superior, o melhor percentual entre as unidades da federação (Tabela 1).

No ensino médio, a situação do estado de São Paulo não era diferente, pois, enquanto a média nacional de formação superior era, em 2009, de 91,32% para docentes do ensino médio, em São Paulo, 98,03% dos 102.812 professores desse segmento possuíam, no mínimo, a graduação; a maior porcentagem de docentes com formação superior atuando no ensino médio, conforme consta na Tabela 2.

O Brasil, no final da primeira década do século XXI, contava com mais de 3 mil professores em exercício que tinham concluído apenas o ensino fundamental e com 409.792 docentes com alguma formação de nível médio atuando nos ensinos fundamental e médio (Tabelas 1 e 2).

Tabela 1 - Número de Professores no Ensino Fundamental - Anos Finais por Escolaridade, segundo a Unidade da Federação, em 2009

Unidade da Federação	Professores no Ensino Fundamental - Anos Finais						
		Escolaridade					
	Total	Ensino Fundamental	Ensino Médio			Superior	% com ensino superior
			Médio Total	Normal/ Magistério	Ensino Médio		
Brasil	783.194	3.306	165.193	116.811	48.382	614.695	78,49
São Paulo	135.855	46	3.297	1.375	1.922	132.512	97,54
Paraná	40.578	12	1.904	611	1.293	38.662	95,28
Distrito Federal	7.643	1	435	120	315	7.207	94,30
Rio de Janeiro	54.367	46	4.096	3.192	904	50.225	92,38
M. G. do Sul	10.562	19	909	293	616	9.634	91,21
R. G. do Sul	50.900	78	6.008	3.774	2.234	44.814	88,04
Minas Gerais	87.019	120	10.649	5.045	5.604	76.250	87,62
Santa Catarina	23.188	41	3.005	653	2.352	20.142	86,86
Goiás	24.267	79	3.232	1.196	2.036	20.956	86,36
Espírito Santo	13.540	8	1.846	739	1.107	11.686	86,31
Rondônia	6.693	58	1.257	975	282	5.378	80,35
Mato Grosso	13.851	245	2.716	969	1.747	10.890	78,62
Sergipe	9.754	46	2.202	1.414	788	7.506	76,95
Tocantins	7.937	111	1.784	1.084	700	6.042	76,12

Unidade da Federação	Professores no Ensino Fundamental - Anos Finais						
	Total	Escolaridade					
		Ensino Fundamental	Ensino Médio			Superior	% com ensino superior
			Médio Total	Normal/ Magistério	Ensino Médio		
Ceará	33.034	77	8.084	3.825	4.259	24.873	75,30
Pernambuco	36.263	151	8.955	6.519	2.436	27.157	74,89
Amapá	3.296	8	851	700	151	2.437	73,94
R. G. do Norte	12.599	49	3.486	1.681	1.805	9.064	71,94
Paraíba	18.924	90	5.467	3.617	1.850	13.367	70,64
Amazonas	16.884	218	5.077	3.485	1.592	11.589	68,64
Piauí	20.331	580	6.899	5.199	1.700	12.852	63,21
Alagoas	12.256	49	4.715	3.536	1.179	7.492	61,13
Roraima	2.354	55	1.102	872	230	1.197	50,85
Pará	31.166	297	15.020	11.887	3.133	15.849	50,85
Maranhão	38.878	287	21.186	18.898	2.288	17.405	44,77
Acre	4.476	184	2.328	1.800	528	1.964	43,88
Bahia	66.579	351	38.683	33.352	5.331	27.545	41,37

Fonte: MEC/Inep/Deed.

Além da maior média de formação inicial do quadro de professores, São Paulo apresentava, em 2009, o melhor desempenho (ao lado de Santa Catarina) no Índice de Desenvolvimento da Educação Básica nos anos finais do ensino fundamental (Tabela 3).

Não obstante o melhor desempenho comparativo das escolas paulistas, ao analisar a evolução do IDEB, no período de 2005 a 2009, os resultados não eram muito promissores, pois São Paulo apresentou aumento de 0,3 nos anos finais do ensino fundamental, enquanto outros estados tiveram melhoria de desempenho muito superior: Mato Grosso (1,2), Ceará (0,8), Amazonas (0,8), Paraná (0,7), Mato Grosso do Sul (0,7), Piauí (0,7) e Pernambuco (0,7)[19].

---

[19] No caso do ensino médio, as escolas do estado de São Paulo apresentaram, em 2009, o terceiro melhor desempenho no IDEB, a saber: Paraná (4,2), Santa Catarina (4,1), São Paulo (3,9), Minas Gerais (3,9) e Rio Grande do Sul (3,9).

Tabela 2 - Número de professores no Ensino Médio por escolaridade, segundo a unidade da federação, em 2009

Unidade da Federação	Total	Professores no Ensino Médio					% com Ensino Superior
		Escolaridade					
		Ensino Fundamental	Ensino Médio			Superior	
			Médio Total	Normal/Magistério	Ensino Médio		
Brasil	461.542	361	39.703	17.807	21.896	421.478	91,32
São Paulo	102.812	23	2.002	546	1.456	100.787	98,03
Paraná	31.761	1	980	91	889	30.780	96,91
Rio de Janeiro	40.113	7	1.309	749	560	38.797	96,72
Tocantins	3.818	1	172	60	112	3.645	95,47
M. G. do Sul	6.548	1	312	42	270	6.235	95,22
Amapá	1.713	-	105	65	40	1.608	93,87
Rondônia	3.355	1	210	122	88	3.144	93,71
Distrito Federal	4.434	-	286	11	275	4.148	93,55
Pará	11.767	11	770	176	594	10.986	93,36
R. G. do Sul	27.224	15	1.837	579	1.258	25.372	93,20
Minas Gerais	53.279	11	3.824	873	2.951	49.444	92,80

Professores no Ensino Médio

Unidade da Federação	Total	Escolaridade					% com Ensino Superior
		Ensino Fundamental	Ensino Médio			Superior	
			Médio Total	Normal/Magistério	Ensino Médio		
Pernambuco	22.296	34	1.613	717	896	20.649	92,61
Espírito Santo	7.449	3	588	59	529	6.858	92,07
Santa Catarina	14.477	8	1.335	158	1.177	13.134	90,72
Amazonas	6.514	10	640	325	315	5.864	90,02
Goiás	15.446	48	1.575	291	1.284	13.823	89,49
Sergipe	4.584	2	491	160	331	4.091	89,25
Ceará	15.406	11	1.819	295	1.524	13.576	88,12
Mato Grosso	8.978	16	1.055	341	714	7.907	88,07
Acre	1.518	1	202	133	69	1.315	86,63
Piauí	10.565	56	1.497	785	712	9.012	85,30
Paraíba	8.764	10	1.517	579	938	7.237	82,58
Alagoas	4.937	5	882	364	518	4.050	82,03
Maranhão	16.178	6	3.080	2.497	583	13.092	80,92

Unidade da Federação	Total	Professores no Ensino Médio					
		Escolaridade					
		Ensino Fundamental	Ensino Médio			Superior	% com Ensino Superior
			Médio Total	Normal/Magistério	Ensino Médio		
R. G. do Norte	6.433	8	1.282	380	902	5.143	79,95
Roraima	1.190	3	326	243	83	861	72,35
Bahia	29.983	69	9.994	7.166	2.828	19.920	66,44

Fonte: MEC/Inep/Deed.

Nota: (-) Dado igual a zero.

O maior poderio econômico, o grande número de instituições de ensino superior e o melhor percentual de formação inicial dos professores de ensino fundamental e médio não resultaram em progressiva melhoria de desempenho das escolas de São Paulo na métrica oficial de aferição de qualidade[20].

Neste país de paradoxos, o tema *formação continuada de professores* adquiriu centralidade, como será apresentado na sequência, quando a *formação inicial* ainda era um desafio longe de ser superado e onde a *formação inicial* estava quase equacionada não houve, ao menos sob a métrica oficial, incidência significativa na melhoria do desempenho das escolas, como sugerem as informações da Tabela 3.

Tabela 3 - Índice de Desenvolvimento da Educação Básica do 9º ano do ensino fundamental por unidade da federação – 2005 a 2009

Estado	2005	2007	2009	2005-2009*
São Paulo	4,2	4,3	4,5	0,3
Santa Catarina	4,3	4,3	4,5	0,2
Distrito Federal	3,8	4,0	4,4	0,6
Paraná	3,6	4,2	4,3	0,7
Minas Gerais	3,8	4,0	4,3	0,5
Mato Grosso	3,1	3,8	4,3	1,2
Espírito Santo	3,8	4,0	4,1	0,3
Acre	3,5	3,8	4,1	0,6
Mato Grosso Do Sul	3,4	3,9	4,1	0,7
Rio Grande Do Sul	3,8	3,9	4,1	0,3
Goiás	3,5	3,8	4,0	0,5
Ceará	3,1	3,5	3,9	0,8
Tocantins	3,4	3,7	3,9	0,5

---

[20] Em 2009, havia 2.854.950 crianças cursando os anos finais do ensino fundamental (regular) em São Paulo, sendo que 2.439.336 delas (85,44%) estavam em escolas públicas (1.841.926 na rede estadual de ensino). Nesse ano, havia 1.749.806 alunos no ensino médio (regular), dos quais 1.507.633 (86,16%) em escolas públicas (MEC/Inep/Deed. Sistema de Consulta a Matrícula do Censo Escolar. Disponível em: http://matricula.educacenso.inep.gov.br/).

EDUCAÇÃO E TECNOLOGIA, NA SOCIEDADE ADMINISTRADA: ESTUDOS CRÍTICOS

Estado	2005	2007	2009	2005-2009*
Piauí	3,1	3,5	3,8	0,7
Rio De Janeiro	3,6	3,8	3,8	0,2
Roraima	3,4	3,7	3,7	0,3
Maranhão	3,0	3,3	3,6	0,6
Amapá	3,5	3,5	3,6	0,1
Rondônia	3,4	3,4	3,5	0,1
Amazonas	2,7	3,3	3,5	0,8
Pernambuco	2,7	2,9	3,4	0,7
Pará	3,3	3,3	3,4	0,1
Rio Grande Do Norte	2,8	3,1	3,3	0,5
Paraíba	2,7	3,0	3,2	0,5
Sergipe	3,0	3,1	3,2	0,2
Bahia	2,8	3,0	3,1	0,3
Alagoas	2,4	2,7	2,9	0,5

Fonte: Instituto Nacional de Estudos e Pesquisas Educacionais Anísio Teixeira – INEP. Disponível em: http://ideb.inep.gov.br/resultado/resultado/resultado.seam?cid=3906561. Acesso em: 8 dez. 2020.

Notas:

1. O Índice de Desenvolvimento da Educação Básica é aferido em uma escala de 0 a 10.

2. Resultados médio das unidades da federação.

3. (*) Variação do IDEB de 2005 a 2009 por unidade da federação.

Diante dos dados que mostravam a necessidade de se garantir, em 2009, a formação inicial para mais de 400 mil professores e sugeriam que essa formação, ainda que indispensável, não seria suficiente para assegurar a melhoria da qualidade da educação, pois o crescimento no desempenho das escolas do estado de São Paulo era semelhante ao de unidades da federação em condições de formação inicial muito mais adversas, como Bahia e Roraima, por exemplo, veremos o significativo aumento do interesse do poder público e da produção científica em discutir a formação continuada de professores.

2. A formação continuada de professores no Brasil

O tema *formação continuada de professores*, até os últimos anos do século XX, ocupou posição marginal no debate educacional brasileiro. Nos anos de 1990, apenas 7% da produção da área de pós-graduação em Educação no Brasil tratava da formação de professores, sendo que ¾ dessas pesquisas discutiam a *formação inicial* (André, 2013, p. 36). Foi no final desse período que o tema *formação continuada* começou a aparecer com maior frequência nas publicações das revistas especializadas da área de Educação (André *et al.*, 1999, p. 304).

Durante grande parte do século XX o tema *formação continuada de professores*, semelhante ao ocorrido no campo da produção acadêmica, esteve ausente nos instrumentos de normatização do estado brasileiro. A Lei Federal nº 4.024/1961, que tinha um capítulo nomeado *Da formação do magistério para o ensino primário e médio*, fazia rápida menção, no artigo 55, à oferta de cursos de aperfeiçoamento sem indicar maiores preocupações com o tema. A Lei Federal nº 5.692/1971 dedicou o capítulo V para tratar de professores e especialistas, e determinou, no artigo 38, como função das redes de ensino *estimular* o "aperfeiçoamento e atualização constantes dos seus professores e especialistas". Não obstante a sensível alteração entre as duas normas, a temática permaneceu na condição de preocupação marginal até meados dos anos de 1990.

Com a promulgação da Lei Federal nº 9.394, de 20 de dezembro de 1996, e, em especial, com suas alterações, o tema *formação continuada* adquiriu grande centralidade. O artigo 61, em sua redação original, estabelecia que a formação de profissionais da educação básica deveria associar teoria e prática incluindo a "capacitação em serviço". O parágrafo primeiro do artigo 62, com redação estabelecida pela Lei nº 12.056/2009, determinou que os entes federativos *devem*, em regime de colaboração, "promover a formação inicial, a continuada e a capacitação dos profissionais de magistério". Já o artigo 67 estabeleceu que as redes de ensino *devem assegurar*, dentre outras coisas, o "aperfeiçoamento profissional continuado, inclusive com licenciamento periódico remunerado para esse fim".

Enquanto a Lei nº 5.692/1971 estabelecia como função do poder público *estimular* o aperfeiçoamento e a atualização constantes dos seus professores e especialistas, a Lei nº 9.394/1996 estabeleceu como *dever* das redes de ensino *promover* a *capacitação em serviço*, a *formação continuada* e o *aperfeiçoamento profissional continuado*.

A alteração verbal não deixa margem a dúvidas sobre a função central (além de obrigação legal) que a *formação continuada* adquiriu no final do século XX e início do século XXI.

É interessante notar que a formação continuada se tornou tema central na rede estadual paulista contemporaneamente ao avanço na implementação das eufemisticamente identificadas políticas de *avaliação de sistema*.[21]

Se o desempenho da educação paulista, quando colocado em escala nacional, não era destaque, ao estabelecer instrumentos próprios de classificação, o Índice de Desenvolvimento da Educação do Estado de São Paulo, foram constatados resultados ainda mais escandalosos. No período de 2007 a 2009, o ensino fundamental apresentou crescimento de 0,34 e o ensino médio de 0,57 (Tabela 4). Os sofisticados instrumentos elaborados pela administração para monitorar a qualidade da Educação mostravam o que os profissionais do chão da escola já conheciam bem, a degradada escola paulista, que já fora chamada alhures de templos de civilização, fenecia diante das políticas implementadas.

Com o objetivo de combater os péssimos resultados das escolas públicas paulistas, foi lançado o *Programa + Qualidade na Escola*.

Tabela 4 - Índice de Desenvolvimento da Educação do Estado de São Paulo – IDESP

Etapa da educação básica / Ano	2007	2008	2009
Ensino Fundamental – anos finais	2,54	2,60	2,84
Ensino Médio	1,41	1,95	1,98

Fonte: Boletim da escola[22]

Nota:

1. O IDESP é aferido em uma escala de 0 a 10.

2. A nota é calculada com base no desempenho dos alunos nas provas de Língua Portuguesa e Matemática, e na taxa anual de aprovação de alunos por segmento de ensino.

---

[21] O Índice de Desenvolvimento da Educação Básica (IDEB) e o Índice de Desenvolvimento da Educação do Estado de São Paulo (IDESP) foram criados em 2007. Na versão oficial, esses índices têm a função de atestar numericamente a melhoria da qualidade da Educação. A implantação de instrumentos padronizados de monitoramento e de conformação da rede teve início, no caso do estado de São Paulo, em 1996, com a criação do Sistema de Avaliação do Rendimento Escolar do Estado de São Paulo (SARESP) e se consolidou em 2007, com a implantação do Índice de Desenvolvimento da Educação do Estado de São Paulo (IDESP), que utiliza as notas dos alunos nos testes de Língua Portuguesa e de Matemática, e a taxa média de aprovação dos alunos para atribuir uma nota de desempenho (classifica) às escolas da rede (Disponível em: https://dados.educacao.sp.gov.br/sites/default/files/Nota%20tecnica_2019.pdf).

[22] Disponível em: http://idesp.edunet.sp.gov.br. Acesso em: 10 dez. 2020.

3. O Programa + Qualidade na Escola

Em anúncio solene, em 5 de maio de 2009 o governo paulista lançou o *Programa + Qualidade na Escola* "com medidas para melhorar a qualidade da educação no Estado" (SÃO PAULO, 2009a). O Programa continha as seguintes ações: contratação de 10 mil professores, criação de mais 50 mil cargos de professores, implantação de duas novas jornadas de trabalho, com 10h e 40h, realização de prova eliminatória para a contratação de professores temporários, realização de curso preparatório para os ingressantes no Quadro do Magistério e criação da *Escola de Formação de Professores do Estado de São Paulo*.[23]

As medidas para a melhoria da qualidade da educação tinham, em síntese, nos professores o alvo privilegiado do Programa: reduzir o número de professores temporários, aumentar as exigências para o ingresso na carreira e garantir a oferta de formação continuada aos profissionais já contratados.

A rede pública de ensino que tinha, em 2009, superado o problema da formação inicial de grande parte do seu quadro de funcionários — 210 mil professores, sendo 80 mil temporários, para atender a 5 milhões de alunos distribuídos em 5.300 escolas (SÃO PAULO, 2009a) — atribuía à falta de formação de seus profissionais os péssimos resultados educacionais. Era a justificativa para a criar a Escola de Formação de Professores do Estado de São Paulo.

Com a criação da *Escola de Formação*, conforme anunciado,

> [...] os professores vão receber uma forte injeção de aperfeiçoamento e complementaridade aos seus conhecimentos. Esta medida vai ter um impacto a médio e longo prazo muito importante para o Estado de São Paulo [...]. (São Paulo, 2009a).

A baixa correlação causal entre formação de professores e melhoria de desempenho escolar (variáveis contidas na asserção oficial para justificar a política educacional) já foi tema da literatura especializada, como se pode ler nos excertos a seguir:

---

[23] Criada, em 2009, com o nome de *Escola de Formação e Aperfeiçoamento dos Professores do Estado de São Paulo*, conforme consta no Decreto Estadual nº 54.297, de 5 de maio de 2009, em 2011, passou a ser nomeada *Escola de Formação e Aperfeiçoamento dos Professores do Estado de São Paulo "Paulo Renato Costa Souza"* (Decreto nº 57.088, de 30 de junho de 2011). Em 2019, a sigla EFAP foi substituída por EFAPE para indicar a Escola de Formação (Resolução SE 18, de 02/5/2019).

> Um projeto de melhoria da qualidade do ensino não pode sustentar-se basicamente em políticas de formação continuada de professores. Essa é uma estratégia equivocada, que restringe e simplifica a compreensão do trabalho escolar. Não desconsiderar nem subestimar a importância das condições concretas de trabalho sob as quais os professores realizam sua prática docente, em escolas concretas, portanto com condições variadas, são aspectos lembrados por vários autores [...] A baixa qualidade da educação escolar não é um problema técnico nem se trata de encontrar novas teorias ou novas técnicas de ensino e de as transmitirmos aos professores [...]. (Souza, 2006, p. 489).

Em sentido semelhante, alertaram as pesquisadoras:

> A melhoria da formação continuada é um fator importante no desenvolvimento profissional docente, mas não é o único. Fatores como salário, carreira, estruturas de poder e de decisão, assim como clima de trabalho na escola são igualmente importantes. Não se pode aceitar a explicação simplista de que basta melhorar a formação docente para que se consiga melhorar a qualidade da educação. (Gatti; Barretto; André, 2011, p. 196).

Diante das críticas, os defensores do *Programa + Qualidade na Escola* poderiam lembrar a criação, nesse mesmo período, de 80 mil novos cargos docentes pela Assembleia Legislativa de São Paulo, medida que reduziria o percentual de professores temporários com vínculos precários de trabalho. Cabe esclarecer, no entanto, que, segundo o balanço publicado pela Secretaria de Estado da Educação, em 28 de abril de 2018, no Diário Oficial do Estado de São Paulo (Executivo I, página 16), ainda havia, no ano de 2018, um total de 114.277 cargos vagos de professor na rede estadual (situação que exigiria a contratação de professores temporários em quantidade superior àquela de 2009, quando a rede contava com 80 mil temporários).

Em termos objetivos, houve, no período de 2009 a 2018, um aumento no número de temporários. Assim, após uma década do lançamento do Programa + Qualidade na Escola, quase 50% dos 248.233 cargos de professor eram ocupados por profissionais temporários.[24]

---

[24] No período abrangido por este estudo, os profissionais do Quadro do Magistério público paulista foram autorizados a acumular uma jornada de até 65h semanais (325h mensais) e passaram a ministrar até 17 aulas diariamente. Diante da estagnação dos salários (R$ 4.136,00 o salário-base por 64h semanais, segundo dados do DIEESE disponíveis no site do Sindicado dos Professores (APEOESP) ano base/2018), parte importante do Quadro tem se submetido a jornadas de trabalho do século XIX em pleno século XXI. Nesse ritmo, em poucos

Para além do elemento simplificador contido na política de melhoria da qualidade da educação proposta pelos governos do estado de São Paulo no período analisado, os dados indicam que uma década de *formação continuada* ofertada pela Escola de Formação foi realizada para um quadro rotativo de profissionais. As chances de êxito de uma política de *formação continuada*, nesse contexto, são muito remotas, para dizer o mínimo.

Indicados alguns dos elementos constituintes da determinação do objeto em análise, passa-se ao estudo da constituição da coisa em si.

4. A Escola de Formação e as ações formativas: os dados e o método

A Escola de Formação, no período 2009-2019, promoveu 87 *ações formativas* (cursos de formação continuada com diversas cargas horárias) voltadas principalmente aos professores que, somadas às videoconferências, aos seminários, às rodas de conversa e às orientações técnicas para os servidores do Quadro do Magistério, do Quadro de Apoio Escolar e do Quadro da Secretaria da Educação alcançaram, anualmente, mais de 100 mil profissionais, como mostra a Tabela 5.

Tabela 5 – Estimativa de inscrições realizadas para as formações

2011	2012	2013	2014	2015	2016	2017	2018	2019
100.000	130.000	102.167	119.361	125.000	125.000	100.000	125.000	687.000*

Fonte: Dados extraídos dos Relatórios Anuais da Escola de Formação e Aperfeiçoamento dos Profissionais da Educação do Estado de São Paulo de 2011 a 2019. Disponível em: http://www.escoladeformacao.sp.gov.br/portais/Default.aspx?tabid=8904.

Notas:

1. Não foram localizados Relatórios Anuais de 2009 e 2010.

2. (*) A partir de 2019, a EFAPE passou a oferecer ações de formação também servidores das redes municipais de educação do estado de São Paulo (Relatório Anual, 2019, p. 23).

As chamadas *ações formativas* são constituídas de modo muito diverso entre si. Elas podem ser compostas por cursos de 4h a 360h. Esses cursos podem ser oferecidos em muitas edições e em módulos diversos. Assim, sob

---

anos se esgota a força criativa de parte importante desses profissionais. As condições impostas à carne deixam marcas indeléveis na alma daqueles que permanecem por longos anos no chão da escola pública paulista.

a nomenclatura *ação formativa* há grande diversidade de ações promovidas pela Escola de Formação.

Não obstante a diversidade na forma, as *ações formativas* são organizadas, segunda a EFAPE, com base em três grandes eixos orientadores, a saber: currículo e prática de ensino, gestão educacional e grandes temas da educação. O Quadro 2 mostra alguns dos temas privilegiados pela Escola de Formação em cada eixo.

Quadro 2 – Classificação da EFAPE para as ações formativas

Eixos	Temas
I – Currículo e prática de ensino	Matemática Linguagens Ciências Humanas Ciências da Natureza
II – Gestão Educacional	Gestão democrática Gestão de pessoas Gestão de resultados
III – Grandes temas da educação	Liderança Avaliação educacional Temas transversais

Fonte: Dados extraídos do Relatório Anual da Escola de Formação (2019, p. 24)

Os temas elencados em cada eixo indicam que as ações formativas são elaboradas como parte de um projeto articulado que se propõe a abordar situações prementes no debate educacional e, em especial, na escola paulista. Tal constatação, ainda que relevante, pouco esclarece sobre as prioridades estabelecidas pela EFAPE no período e pode induzir o leitor à conclusão imprecisa de que a Escola de Formação atuou de forma homogênea nos eixos de currículo e prática de ensino, gestão educacional e grandes temas da educação.

Ao submeter ao escrutínio do empírico, as *ações formativas* priorizadas pela EFAPE, procedimento alinhado com base a premissa de que "é na prática que homem tem que demonstrar a verdade, isto é, a realidade e a força, o carácter terreno do seu pensamento" (Marx, s/d, p. 208), a percepção de *diversidade* contida *na formação continuada* elaborada na articulação dos três eixos se esvai.

Ao examinar o material e reconstruir concretamente, para além do declarado, a *formação continuada* oferecida pela EFAPE, constata-se uma concepção menos diversificada de formação e se identifica as prioridades adotadas no período 2009-2019, como passamos a esclarecer.

Para a identificação das ações formativas priorizadas pela EFAPE foram adotados os seguintes procedimentos:

1. Leitura das 87 ações formativas registradas no sítio oficial da instituição;

2. Exclusão das ações formativas que não tratavam diretamente da formação continuada de professores;

3. Identificação de 55 ações formativas sobre formação continuada de professores;

4. Identificação da frequência (reedições) de oferta das 55 ações no período estudado;

5. Análise dos temas e dos objetivos das ações oferecidas com maior frequência.

Deve-se esclarecer que as ações formativas de pouco ou nenhum interesse direto para o processo de ensino-aprendizagem (por exemplo, Aprendiz Comgás, Programa de Formação de Tutores), as ações voltadas ao atendimento de demandas específicas (Atendimento Escolar a Adolescentes em Cumprimento de Medidas Socioeducativas, Atendimento escolar a jovens e adultos em situação de privação de liberdade) e as ações do curso para professor e diretor ingressantes foram excluídas da análise.

Em seguida, passou-se à verificação de frequência das 55 ações formativas e suas reedições. Como mostra a Tabela 6, ao considerar cada reedição ou novo módulo como uma unidade, chega-se ao total de 270 ações (média de 24,5 ao ano), com concentração de reedições nos anos de 2012 a 2018.

Tabela 6 - Distribuição de frequência da oferta de ações formativas – 2009-2019

	Total	2009	2010	2011	2012	2013	2014	2015	2016	2017	2018	2019
Ação Formativa	270	1	1	2	23	34	54	36	39	54	19	6

Fonte: http://escoladeformacao.sp.gov.br/portais/Default.aspx?tabid=8908. Acesso em: 12 nov. 2020

Nota: Cada edição das 55 ações formativas selecionadas foi somada na Tabela de frequência.

O cotejamento dos dados sobre o público atingido nas formações (média de 179.280 profissionais ao ano) e o número de ações promovidas (média de 24 ao ano) indicam grande concentração das ações formativas, em especial, daquelas que tratam da formação continuada de professores (nos anos de 2009, 2010, 2011 e 2019), mas ainda é cedo para conclusões.

Da análise das 55 *ações formativas* selecionadas emergiram duas questões paradoxais, a saber: a divisão das ações formativas em três eixos apenas, como propõe a EFAPE, mostrou-se insuficiente para indicar a diversidade temática das ações; a diversidade temática contida nas 55 ações selecionadas, quando examinada de modo mais detalhado, é eliminada na definição das prioridades de oferta de cursos da EFAPE. Tais questões serão tratadas na sequência do texto.

4.1. O tratamento dos dados

Ao classificar as 55 *ações formativas* com base nos objetos temáticos, identificamos seis grupos, a saber:

1. Ensino do currículo prescrito;

2. Uso de ferramentas digitais de informação e de comunicação no processo de ensino;

3. Atendimento de alunos público-alvo da Educação Especial;

4. Diversidade e participação;

5. Liderança e gestão;

6. Avaliação e elaboração de instrumentos de verificação da aprendizagem.

Os seis grupos extraídos dos próprios objetos expressam de modo mais exato a abrangência das 55 ações formativas e indicam que os assuntos tratados incidem sobre temáticas candentes no cotidiano escolar e que poderiam, portanto, contribuir para a melhoria do processo de ensino-aprendizagem.

Ao observar, no entanto, a distribuição de frequência dessas ações formativas, constata-se que a aparente diversidade representada nos seis grupos desaparece, porque apenas sete das 55 ações formativas, como mostra a Tabela 7, concentram 159 (59%) das reedições promovidas pela EFAPE no período estudado.

Tabela 7 – Frequência de oferta das principais ações formativas – 2009-2019

Ord.	Título da Ação Formativa	Freq.
1	Parceiros da Educação	52
2	Ensino Integral	35
3	Foco Aprendizagem	23
4	Programa ProInfo Integrado	15
5	Melhor Gestão, Melhor Ensino	13
6	Mecanismos de Apoio ao Processo de Recuperação da Aprendizagem	12
7	Educação Matemática nos Anos Iniciais (EMAI)	9
Total		159

Fonte: http://escoladeformacao.sp.gov.br/portais/Default.aspx?tabid=8908. Acesso em: 12 nov. 2020

A ação formativa *Parceiros da Educação* (que representa 52 das 270 edições das ações) é um curso de atualização constituído por uma miríade de temas divididos em módulos não sequenciais com carga horária entre 30h e 42h. Nessa ação prevalece a preocupação com a apresentação de práticas pedagógicas para o ensino dos conteúdos do currículo prescrito de matemática e de língua portuguesa, como mostra o Quadro 3, que contém excertos extraídos da ementa do curso.

A ação formativa *Educação Matemática nos Anos Iniciais,* assim como a *Parceiros da Educação*, privilegia a apresentação de sequências didáticas orientadoras da prática docente com módulos que tratam do ensino e da aprendizagem dos Números Naturais, do Sistema de Numeração Decimal, dentre outros temas que devem ser ensinados em sala de aula.

Se nas ações 1 (Parceiros da Educação) e 7 (Educação Matemática) a forma (o como ensinar) e o conteúdo (o que ensinar) são desenvolvidos em unidade, nas ações 2 (Ensino Integral) e 5 (Melhor Gestão, Melhor Ensino) a forma é o conteúdo da ação formativa: a busca de protocolos orientadores e conformadores do trabalho docente são os objetivos da própria ação formativa.

As ações 3, 4 e 6 (Tabela 7) podem ser analisadas em bloco, pois a associação do Programa Nacional de Formação Continuada em Tecnologia Educacional (ProInfo Integrado), programa do Ministério da Educação voltado para o uso didático-pedagógico das Tecnologias da Informação e Comunicação (TIC) na escola, com as ações 3 (Foco Aprendizagem) e 6 (Mecanismos de Apoio ao Processo de Recuperação da Aprendizagem) apresentam o instrumental para o monitoramento dos resultados educacionais, sob a métrica oficial, e indicam os itinerários a serem incorporados pelos professores para a melhoria dos resultados da rede de ensino[25].

Quadro 3 – Conteúdo das ações formativas

Ord.	Ação formativa	Temas e/ou objetivos
1	Parceiros da Educação	• A importância do Ensino das operações no Ensino Fundamental I
		• O Ensino e a Aprendizagem da Matemática no Ensino Fundamental II e no Ensino Médico: Álgebra, Números e Operações e Tratamento da Informação
		• Desenvolvimento de habilidades da competência da Leitura e da Escrita com foco nas modalidades da linguagem oral e escrita do Ensino Fundamental
		• Estratégias para o desenvolvimento de habilidades da competência de leitura e de escrita por meio do ensino de gêneros textuais
2	Ensino Integral	• A compreensão de que o Acolhimento é a forma que se inicia a construção do Projeto de Vida (PV) dos alunos, em que seus sonhos, desejos e anseios são o foco de toda e qualquer ação pedagógica desenvolvida na escola.
		• Subsídios para a realização da ação do Acolhimento nas UE do Programa Ensino Integral do Estado de São Paulo.
		• Orientar na organização e elaboração de procedimentos para a utilização do laboratório.
		• Permitir aos profissionais a utilização do laboratório como ferramenta de apoio à aprendizagem.
		• Aprimorar a prática do ensino por investigação como central no desenvolvimento do letramento científico.

---

[25] Como foi observado por uma ex-tutora do ProInfo Integrado, esse programa discutia *o como ensinar* velhos conteúdos utilizando as ferramentas digitais. Optou-se, aqui, por incluir o ProInfo no grupo de monitoramento por considerar que o programa assegurou aos docentes o domínio básico de ferramentas digitais, condição necessária para a utilização na sequência das ferramentas elaboradas pela SEDUC/SP.

Ord.	Ação formativa	Temas e/ou objetivos
3		• Por meio de atividades investigativas, contribuir para fortalecer, em seus alunos, o desenvolvimento de competências e habilidades previstas no Currículo do Estado de São Paulo, como formular hipóteses, elaborar procedimentos, conduzir investigações, formular explicações, apresentar e defender argumentos científicos.
	Foco Aprendizagem	• Propósito apoiar os professores e os profissionais dos Órgãos Centrais e das Diretorias de Ensino (DE) a planejar e desenvolver ações para melhorar a aprendizagem dos alunos a partir de ferramentas e dos materiais que têm disponíveis.
4	Programa ProInfo Integrado	• Introdução à Educação Digital. • Tecnologias na Educação: ensinando e aprendendo com as TICs.
5	Melhor Gestão, Melhor Ensino	• Possibilitar a reflexão e a discussão sobre práticas metodológicas desenvolvidas em sala de aula, relacionando competências e habilidades da prática docente com os conhecimentos científicos e técnicos básicos para o professor. • Promover o fortalecimento da gestão escolar e da prática docente, articulando os conteúdos das diferentes áreas, além do aprimoramento das competências leitora e escritora dos alunos do EF Anos Finais. • Propiciar a reflexão e a socialização de práticas que possam fortalecer a equipe escolar, de modo a promover a melhoria da qualidade da educação.
6	Mecanismos de Apoio ao Processo de Recuperação da Aprendizagem	• Subsidiar as escolas da rede pública do Estado de São Paulo na recuperação das defasagens na aprendizagem dos alunos.
7	Educação Matemática nos Anos Iniciais (EMAI)	• Módulo 1 – Estudos sobre o ensino e a aprendizagem dos Números Naturais; • Módulo 2 – Estudos sobre o ensino e a aprendizagem do Sistema de Numeração Decimal; • Módulo 3 – Estudos sobre o ensino e a aprendizagem do Campo Aditivo; • Módulo 4 – Estudos sobre o ensino e a aprendizagem do Campo Multiplicativo.

Fontes: http://escoladeformacao.sp.gov.br/portais/Default.aspx?tabid=8908. Acesso em: 12 nov. 2020

A Plataforma Foco Aprendizagem compila os resultados de desempenho dos alunos na avaliação diagnóstica de entrada (teste padronizado geralmente aplicado no início do ano letivo), na avaliação da aprendizagem em processo (teste padronizado aplicado ao final de cada bimestre) e no IDESP. Os alunos que não apresentam desempenho satisfatório nos testes podem, com os dados da Plataforma Foco Aprendizagem, ser identificados e encaminhados para as programações de recuperação da aprendizagem sugeridas nas formações realizadas sob medida.

A utilização das ferramentas digitais e a recuperação da aprendizagem estão, portanto, integradas em uma mesma concepção do processo de ensino-aprendizagem que instrumentaliza a prática docente. Nesse processo, o aluno é tomado como um objeto a ser mapeado, um "portador de lacunas" na aquisição de habilidades cognitivas. A superação das dificuldades de aprendizagem, na versão oficial, ocorrerá com o auxílio e manuseio adequado da Plataforma Foco Aprendizagem que identificará o que não foi aprendido e indicará os roteiros aos moldes fornecidos pelo *Parceiros da Educação* ou pela *Educação Matemática*, com os protocolos indicados no *Melhor Gestão, Melhor Ensino*.

As ações formativas, portanto, forneceram todos os roteiros e asseguraram que os docentes aprendessem *o que ensinar, como ensinar, como avaliar, como identificar baixo rendimento* e *como recuperar aprendizagens insuficientes.* Diante dessa meticulosa política de formação, transcorrido o tempo de implementação, é preciso verificar os resultados alcançados que devem falar algo sobre o caminho percorrido e as escolhas estabelecidas pela administração do estado.

5. Os resultados

Após a anunciada década de "injeção de aperfeiçoamento" que traria "impacto a médio e longo prazo", o ensino fundamental apresentou, no intervalo 2009-2019, oscilação positiva, em uma escala de 0 a 10, de 0,67 e o ensino médio, de 0,46: resultados insuficientes para justificar a insistência nas escolhas até aqui estabelecida. A Tabela 8 confirma o pífio desempenho da rede pública estadual. Os ensinos fundamental e médio apresentaram, entre o ano de criação da EFAPE e 2014, queda de desempenho. Tal fato deveria, no mínimo, produzir questionamentos sobre a asserção das escolhas adotadas.

Tabela 8 – Índice de Desenvolvimento da Educação Básica do Estado de São Paulo – 2009-2019

Ano	2009	2010	2011	2012	2013	2014	2015	2016	2017	2018	2019
Ensino Fundamental – Anos Finais	2,84	2,52	2,57	2,50	2,50	2,62	3,06	2,93	3,21	3,38	3,51
Ensino Médio	1,98	1,81	1,78	1,91	1,83	1,93	2,25	2,30	2,36	2,51	2,44

Fonte: Disponível em: https://www.saopaulo.sp.gov.br/spnoticias/idesp-2019-mostra-evolucao-dos-alunos-do-ensino-fundamental-da--rede-estadual-de-sp/. Acesso em: 10 nov. 2020

6. Considerações finais

A percepção inicial de que a *formação continuada* tratava predominantemente de diversidade cultural no currículo, do atendimento de alunos público-alvo da Educação Especial, de democracia e liderança logo se dissipou. Ao identificar os instrumentos de conformação e de instrumentalização das práticas educativas impostos por mecanismos cada vez mais totalizantes de dominação, constatamos que prevaleceu na EFAPE uma concepção pouco complexa da *formação continuada* na qual a realidade educacional foi tomada e representada de modo unidimensional.

Na concepção unidimensional, o docente não é aquele que mobiliza a ciência e a técnica para a compreensão da insustentabilidade do existente; ao contrário, ele é aquele que incorpora o "caminho do sucesso escolar" planejado por outrem e o apresenta aos alunos. Assim, o professor é tomado como meio e reduzido à condição de mero intermediário no processo de ensino e o aluno assume a posição de objeto a ser mapeado, preenchido e testado (não estamos, portanto, diante do novo. Trata-se de uma roupa nova a uma velha política educacional).

Nessa concepção, a ação do docente não tem contexto e é elaborada como mera ação instrumental: o professor aplica o instrumento de verificação (prova padronizada), digita os resultados do teste na Plataforma Foco Aprendizagem que indicará o que o aluno não sabe. Na sequência, a Plataforma indicará o roteiro a ser executado para resolver o problema de aprendizagem identificado.

Na representação unidimensional do campo educacional, alunos e professores perdem a condição de sujeitos com histórias concretas; roteiros, plataformas e manuais assumem o comando impessoal do processo.

A perpetuação de tal projeto educacional exigiu uma *formação continuada sob medida*, uma formação de que a Universidade não iria oferecer. O sucesso da empreitada recomendava, portanto, a fundação de uma Escola de Formação.

As antípodas da formação, esse projeto educacional que se colocou como força de colaboração na perpetuação da ordem (a ordem do capital) pode, paradoxalmente, num contexto de progressiva precarização do trabalho, encontrar apoio em parte dos profissionais que, instrumentalizados, apenas aplicam aquilo que foi pensado por outrem.

Ao expor os paradoxos da chamada *formação continuada*, espera-se, alinhado com o afirmado alhures, que o nosso estudo "não seja meramente uma expressão da situação histórica concreta, mas também um fator que estimula e que transforma" (Horkheimer, 1991, p. 50).

Referências bibliográficas

ADORNO, T W. *Lições de sociologia.* Lisboa: Edições 70, 2013.

ANDRÉ, M. E. D. A. *et al.* Estado da arte da formação de professores no Brasil. *Educação & Sociedade*, Campinas, v. 20, n. 68, p. 301-309, dez. 1999.

ANDRE, M. Políticas de apoio aos docentes em estados e municípios brasileiros: dilemas na formação de professores. *Educ. rev.*, Curitiba, n. 50, p. 35-49, dez. 2013. Disponível em: http://www.scielo.br/scielo.php?script=sci_arttext&pid=S0104-40602013000400004&lng=pt&nrm=iso. Acesso em: 12 dez. 2019.

GATTI, B. A.; BARRETTO, E. S. de S.; ANDRÉ, M. *Políticas docentes no Brasil:* um estado da arte. Brasília: UNESCO, 2011.

HORKHEIMER, M. Teoria tradicional e teoria crítica. *In:* HORKHEIMER, Max; ADORNO, T. W. *Textos escolhidos.* 5. ed. São Paulo: Nova Cultural, 1991.

MARX, K. Teses sobre Feuerbach. [1888]. *In:* MARX, Karl; ENGELS, Friedrich. *Obras escolhidas.* São Paulo: Alfa-Ômega. s.d. v. 3.

MARX, K. *Grundrisse:* manuscritos econômicos de 1857-1858 – esboços da crítica da economia política. São Paulo: Boitempo, 2011.

SASS, O. *Formação e educação, tecnologia e profissionalização na sociedade industrial do capitalismo tardio.* [Projeto Temático - versão preliminar]. São Paulo, 2019.

SÃO PAULO (estado). *Governo apresenta Programa + Qualidade na Escola:* objetivo é melhorar preparação dos professores e ampliar o quadro de docentes e as jornadas semanais. Ter, 5 maio 2009a. Do Portal do Governo. São Paulo. Disponível em: https://www.saopaulo.sp.gov.br/ultimas-noticias/governo-apresenta-programa-qualidade-na-escola/. Acesso em: 10 nov. 2020.

SÃO PAULO (Estado). Secretaria de Estado da Educação. *Programa de Qualidade da Escola:* Nota técnica. Março, 2013.

SOUZA, D. T. R. de. Formação continuada de professores e fracasso escolar: problematizando o argumento da incompetência. *Educação e Pesquisa*, São Paulo, v. 32, n. 3, p. 477-492, set./dez. 2006.

6

JUVENTUDE, DEMOCRACIA E FASCISMO: A FORMAÇÃO DO JOVEM E O ENSINO MÉDIO NO BRASIL CONTEMPORÂNEO

Carlos Antônio Giovinazzo Jr.

Tendências sociais contemporâneas

Antes de adentrar no tema da escolarização da juventude, considera-se imprescindível fazer alguns apontamentos sobre a situação vivida pelos brasileiros nos últimos anos. Desde o início do XXI vivemos uma condição histórica em que tendências e grupos sociais, no Brasil e no mundo, têm se fortalecido e sistematicamente colocado em risco os valores e princípios democráticos — ainda que, como apontou Adorno (1995, p. 141), estamos distantes do momento em que a democracia opere "conforme seu conceito". As análises das razões que explicam tamanha regressão sempre correm o risco de simplificar um fenômeno extremamente complexo; ainda assim, objetiva-se aqui lançar alguma luz sobre o que torna possível alguns eventos que constituem as manifestações objetivas de tais tendências e dos grupos que as sustentam.

Não se pode deixar de mencionar seus efeitos na educação, nas instituições e na vida social em geral: está em curso um projeto de intervenção nas escolas, nas relações de trabalho, na economia, nos órgãos estatais que cuidam do meio ambiente, da cultura, dos direitos humanos e da cidadania. Tal intervenção é capitaneada por segmentos sociais antidemocráticos, autoritários e com tendências fascistas, avessos à diversidade de ideias, ao debate de propostas e ao confronto de posições divergentes, enfim, contrários àquilo que enriquece a experiência humana.

Tal situação histórica decorre, entre outros aspectos, do predomínio da razão instrumental, noção formulada por Max Horkheimer (2000), que intenta reduzir todas as ações dos âmbitos político, econômico, cultural e científico aos objetivos da dominação e da consumação do poder sobre coisas, pessoas, instituições sociais e natureza, de par com determinados elementos regressivos que compõem o estado psicológico das massas, o que, em consequência, promove o ódio pelo não idêntico (transformado em inimigo) e o preconceito como modelo de socialização. No entanto, considera-se necessário o destaque de algumas características da sociedade brasileira que concorrem para a situação em que sobrevivem e se fortalecem certas formas de violência, que se sobrepõem à ação política no enfrentamento dos problemas sociais. Faz-se referência ao modo como a sociedade brasileira se constituiu e continua se desenvolvendo: escravização (exploração da força de trabalho pelos detentores do poder econômico), extermínio de parcelas da população "indesejáveis" (negros, indígenas, favelados, camponeses, jovens pobres, mulheres, pessoas LGBTQI+) e opressão estrutural (violência institucionalizada contra aqueles que resistem e lutam contra a opressão).

Além do claro propósito de manter inalteradas e perpetuar a todo custo as relações de poder e a desigualdade social e econômica que caracterizam a sociedade brasileira, inclusive com o uso deliberado e planejado da violência, o cenário descrito de modo excessivamente simplificado revela também, ainda que de modo latente, a aversão à diversidade de parte significativa da população do país. Aqueles que, por sua simples existência, expõem a riqueza da diversidade cultural e humana são percebidos e tratados como inimigos a serem eliminados, justamente porque nos últimos 30 ou 40 anos conquistaram posições de destaque na sociedade brasileira, evidenciando, ao mesmo tempo, a persistência da desigualdade e da violência estrutural e os esforços empreendidos para superar a situação histórica que deu origem e alimenta cotidianamente o racismo, o machismo, a injustiça e a desigualdade social.

Assim, observa-se o ressentimento dos que não podem mais impunimente (sem despertar reações e resistência) agredir e violentar mulheres, negros, indígenas, homossexuais, pessoas trans e outros grupos historicamente oprimidos, inclusive por meio da ação do Estado. A reação ao "politicamente correto" (que se refere aos direitos humanos, à cidadania e à necessidade de respeito e garantia de tais direitos), ensejada e reforçada pelo fortalecimento dos grupos políticos reacionários com tendências autoritárias, nos últimos 20 anos, expressa o incômodo que causa o destaque alcançado por determinadas pessoas e grupos, que representam as chamadas minorias políticas, naqueles que se sentem ameaçados em suas posições de poder (na vida pública e privada).

Considerando que para cada elemento psicológico corresponde um sociológico e histórico, então, temos a intersecção, na sociedade brasileira, das condições subjetivas (diversos tipos humanos e com determinados traços de personalidade) com as condições objetivas (passado patriarcal e escravocrata, em confluência com o desenvolvimento urbano e industrial, aliado ao atual estágio do capitalismo tardio no Brasil — modelo econômico predador e administrado monopolisticamente, incluindo a posição subalterna ocupada pelo país na divisão internacional do trabalho). Nesse sentido, para entender como se forma o caráter ou a personalidade dos brasileiros (na sua diversidade) é necessário não perder de vista os elementos que evidenciam a estrutura econômica e social brasileira, o que certamente condiciona as relações entre indivíduos, grupos e classes.

De par com essa situação, pode-se recorrer as formulações de autores como Max Horkheimer, Theodor W. Adorno e Herbert Marcuse para analisar a sobrevivência e a emergência de tendências fascistas no seio das sociedades democráticas. Considerando a realidade imposta pelo capitalismo avançado e monopolista, especialmente após o término da Segunda Guerra Mundial, eles analisaram em que medida o desenvolvimento da economia política baseada na troca de equivalentes e a ascendência do fetiche da mercadoria sobre as relações sociais de produção proporcionou aos indivíduos uma formação que os leva a deformação psicológica e dos sentidos, pois que, sob a falsa aparência da democratização e ampliação do acesso às massas da educação e de cultura, viceja o que Adorno (1979) denominou de pseudoformação, porque alicerçada na pseudocultura.

Não cabe, aqui, explorar o conceito elaborado pelo autor; unicamente destaca-se as possíveis consequências para os indivíduos. Se a cultura é o lugar onde se realiza a identificação de cada um com a sociedade que o produziu; se a cultura pode se constituir em um porto seguro, já que é nela que os indivíduos encontram referências para seu desenvolvimento; se é condição para a realização da cultura a possibilidade de os indivíduos se identificarem nela e, ao mesmo tempo, a ultrapassarem, considerando que nela está contida uma estática, mas principalmente uma dinâmica; e se tudo isso não se confirma porque a própria cultura foi convertida em meio para reiterar a ordem social existente — que se alimenta da dominação política e da exploração econômica e da integração conformista dos indivíduos a essa ordem —, então, seu funcionamento impede que a formação proporcione a individuação e a autonomia. Horkheimer e

Adorno (1985) expuseram de modo contundente, no ensaio *A indústria cultural: o esclarecimento como mistificação das massas*, escrito em 1944, como tal sistema opera.

Educação e juventude

Inicia-se esta seção com algumas ponderações sobre o processo de formação do indivíduo considerado como uma categoria social moderna, consolidada, em especial, pela sociedade centrada nas relações sociais capitalistas. A formação enfatizada é aquela que tem lugar na educação, compreendida nas suas dimensões social, política, cultural e psicológica — o que constitui uma totalidade —, em especial a que acontece na instituição escolar. Justifica-se tal delimitação pela necessidade de examinar a formação das novas gerações objetivamente efetivada, notadamente os jovens, tendo em vista que estas estão sujeitas, na escola, às determinações sociais na medida em que essa instituição é meio científico, técnico e tecnológico de conformação dos indivíduos à ordem da sociedade industrial e à racionalidade tecnológica, seja submetendo os estudantes à organização da escola e às práticas pedagógicas, seja ampliando e reforçando o controle social sobre crianças, adolescentes e jovens, seja concorrendo para a produção de indivíduos adaptados aos ditames e exigências da sociedade administrada do capitalismo tardio.

A referência adotada é a teoria crítica da sociedade, principalmente as formulações elaboradas pelos autores da primeira geração da Escola de Frankfurt acerca da racionalidade tecnológica e instrumental, Herbert Marcuse (1969; 1999) e Max Horkheimer (2000), da formação e da educação, Theodor W. Adorno (1979; 1995), da família e da autoridade, Herbert Marcuse (1972), Max Horkheimer (2008) e Max Horkheimer e Theodor W. Adorno (1973) e da situação da juventude ante a vida escolar, Herbert Marcuse (1999a) e Walter Benjamin (1993). Mais uma consideração sobre o emprego da teoria crítica como referencial para o estudo do ensino médio: a realização de estudos e pesquisas que mantenham indissociáveis os elementos que formam a totalidade que configura a formação hodierna: civilização, cultura, sociedade, indivíduo, ciência, técnica, tecnologia, profissão, trabalho.

Nesse sentido, a etapa final da educação básica, o ensino médio (profissionalizante ou não) constitui campo empírico privilegiado. Podem ser problematizados aspectos decorrentes da natureza e das peculiaridades dessa etapa da educação básica, tais como a função da escola, a formação para o trabalho, o preparo para a continuidade dos estudos, a experiência de jovens e adolescentes com e na escola, a formação moral, política e da cidadania, além do envolvimento da instituição escolar com problemas sociais tornados demandas educacionais — violência em geral e contra grupos específicos, conflitos geracionais e de classe, relações étnico-raciais e de gênero, inovações tecnológicas e ingresso no mercado de trabalho, entre outros.

A decisão de tomar a teoria crítica da Escola de Frankfurt como referência teórica para o estudo do ensino médio se deve, ainda, ao fato de ela se constituir em teoria social que toma a sociedade, a ciência e a cultura como objetos, com a finalidade de apontar as possibilidades históricas de construção de uma sociedade livre e justa e, principalmente, aquilo que se constitui em impedimento e obstáculo à realização do que Horkheimer denomina de "estado racional" (sociedade baseada no livre desenvolvimento das faculdades e capacidades humanas). Nesse sentido, a teoria crítica é negativa (analisa criticamente o existente tendo em vista as possibilidades históricas futuras): ao negar e fazer a crítica da sociedade burguesa capitalista, afirma; "isso não tem que ser necessariamente assim, os homens podem mudar o ser e as circunstâncias já existem" (Horkheimer, 1991, p. 58). Nesses termos, a produção de conhecimento que não tenha como fim a transformação social contribui para a perpetuação da ordem existente, marcada pela dominação social e a exploração econômica dos mais fortes sobre os mais fracos.

De outra parte, Adorno (1995) chama atenção para a necessidade de combate às condições objetivas e subjetivas que continuam produzindo a barbárie no seio da sociedade e da cultura que, da perspectiva material, se encontram em um estágio bastante avançado de desenvolvimento. Sendo assim, é fundamental dirigir todos os esforços no sentido de que a educação possa formar e fortalecer os indivíduos, tendo em vista a resistência às tendências sociais predominantes que estimulam a agressividade e a violência. O fato de os educadores não levarem essa necessidade a sério faz com que a escola, quando valoriza e promove a competição, a seleção e classificação de seus alunos, conforme o desempenho, quando não é discutida a legitimidade da autoridade estabelecida, quando eleva a princípio educativo a severidade desmedida e opressora, quando oculta as razões que levam os professores a agirem de determinada forma, enfim, quando não se promove a renovação da cultura (Benjamin, 1993), tudo isso faz com que a escola contribua para a reprodução da violência e da barbárie, uma vez que não acontece em seu interior e em suas práticas a contraposição a elas. Investigar a complexidade dessa situação pode se constituir em um passo importante na direção de alternativas à escola que parece desagradar tanto professores como alunos.

Adorno (1995), sem a pretensão de formular um projeto educacional, apresenta algumas ponderações sobre a possibilidade de a educação se voltar contra as condições e as tendências sociais que levam ao horror e ao sofrimento. Não se trata de, pela via da escola, transformar a sociedade, ignorando ingenuamente as determinações do sistema econômico capitalista, responsáveis pela injustiça e pela desigualdade, mas fortalecer os indivíduos de maneira que possam minimamente resistir. Para que isso seja possível, é fundamental a promoção de um clima em que os motivos que conduzem ao medo, à violência e ao horror se tornem conscientes (Adorno, 1995). Assim, "[...] mesmo que o esclarecimento racional não dissolva os mecanismos inconscientes, [...] ele ao menos fortalece na pré-consciência determinadas instâncias de resistência" (Adorno, 1995, p. 136). Aliás, é essa capacidade de resistir que pode fazer com que o indivíduo se contraponha "ao poder cego de todos os coletivos" (Adorno, 1995, p. 127). Além disso, a escola não deveria renunciar a educação política, de modo que sejam colocados em xeque não somente o jogo de forças e de interesses presentes no aparato estatal, industrial e tecnológico, mas igualmente as bases sociais e econômicas que sustentam a dominação social.

O autor considera imprescindível que a crítica à sociedade administrada do capitalismo tardio e às condições objetivas, que levam ao controle totalitário sobre os indivíduos, ao domínio dos homens sobre a natureza que coloca em risco ambos, enfim, ao processo social que culmina com a "coisificação da consciência" (Adorno, 1995, p. 130), tenha na educação um lugar prioritário e privilegiado para se desenvolver.

É dessa perspectiva que o ensino médio é aqui considerado. Sendo a educação escolar uma prática social que envolve a formação intelectual, da personalidade, política e moral das novas gerações, torna-se relevante o exame daquilo que acontece nesse nível da educação básica, seja nas modalidades propedêutica, técnica, profissionalizante, de tempo integral etc. Portanto, considerar todas as dimensões da vida escolar (pedagógica, cultural, social e política) é um posicionamento que aponta para a necessidade de conceber o ensino médio como mais do que preparação (para o ensino superior ou para o trabalho), pois envolve um conjunto de experiências decisivas para a formação ou deformação dos adolescentes e dos jovens.

A despeito do crescente reconhecimento de que a educação escolar não deve ficar restrita à transmissão de conhecimentos curriculares historicamente consagrados nas várias disciplinas escolares, devendo incorporar outros conteúdos e temas, considerados essenciais no momento presente, como o trato com a diversidade cultural, a discussão de temas que afetam diretamente os alunos e a consideração pelas manifestações culturais e artísticas típicas da juventude, observa-se a predominância de duas tendências principais: a ênfase na formação intelectual — ou naquilo no qual ela foi transformada: desenvolvimento de habilidades e competências (Brasil, PCN, 2000) —, mesmo quando o objetivo é capacitar tecnicamente os alunos, como no caso da educação profissional, e a tentativa de converter em conteúdo escolar a vida e as relações sociais características do público que frequenta os bancos escolares, manifesta, por exemplo, nas fórmulas "protagonismo juvenil", "projetos de vida" e "itinerários formativos" (Brasil, BNCC, 2018).

No primeiro caso, há a associação, grosseira e tosca, das habilidades necessárias para o ingresso no mercado de trabalho com certas estruturas cognitivas. A sinergia entre ambas, supostamente, proporcionaria o desenvolvimento intelectual dos educandos. Essa tendência opera como ideologia, uma vez a assimilação de tais habilidades produzem unicamente a adaptação e o ajustamento à ordem social e econômica, porque são desprezados os aspectos que poderiam direcionar à educação para a consciência, o fortalecimento do sujeito e a resistência (Adorno, 1995). Portanto, ocorre exatamente o contrário do que se anuncia. No âmbito dessa "pedagogia das competências" (Duarte, 2010), desconsidera-se os ensinamentos da Psicologia sobre a complexidade e a dimensão social e cultural do desenvolvimento intelectual, ao mesmo tempo que é supervalorizada a vertente da ciência psicológica que separa o cognitivo, o social, o ambiental e o afetivo em compartimentos estanques da psicologia humana.

Já no segundo caso, busca-se diminuir a distância real, avaliada negativamente, entre a escola e seus estudantes, no que se refere ao currículo, à didática e às práticas pedagógicas, ante o "contexto contemporâneo" de massificação do ensino médio (Tomazetti; Schlickmann, 2016, p. 331). Essa é uma maneira, entre outras, de interpretar o fato de os estudantes terem dificuldade de atribuírem sentido à escolarização para além da necessidade dela para alcançar uma profissão bem-remunerada ou para o ingresso no ensino superior. Dessa perspectiva, a educação não estaria dando conta dos reais interesses de seu público, considerando as variantes local de moradia, origem e condições sociais, por exemplo. Daí a proposta de incluir no currículo do ensino médio conteúdos que, em tese, promoveriam o "protagonismo juvenil", proporcionariam condições para a elaboração de bons "projetos de vida" e auxiliariam os estudantes em seus "itinerários formativos". Como se trata de fórmulas abstratas, pois não se considera as condições em que tudo isso aconteceria, tais soluções para os problemas educacionais determinam, autoritariamente e de modo conciso, os termos e as regras das operações que servem para resolver todos os casos particulares, os problemas semelhantes e as situações análogas, substituindo por jargões conceitos e noções que poderiam ensejar o debate político e educacional aprofundado.

Essa sintética caracterização do debate em torno do ensino médio, apresentada aqui, parece se configurar em decorrência da preocupação excessiva com as finalidades da educação relativamente às necessidades sociais e com a preparação para a fase seguinte da escolarização básica — inserção no mercado de trabalho ou preparação para a vida profissional. Considera-se que as indefinições, as ambiguidades, as incertezas — e todos os outros termos empregados para definir o ensino médio — não serão dirimidas enquanto políticos, estudiosos, pesquisadores, especialistas, gestores e educadores vislumbrarem mais o que deve acontecer após a conclusão da etapa final da educação básica do que aquilo que pode acontecer ou acontece nela, ou seja, a formação das novas gerações objetivamente efetivada nas escolas.

Walter Benjamin (1993) chama atenção para a necessidade de não se estabelecer uma relação estreita e sem mediações entre ciência e profissão, entre educação e trabalho, justamente porque a escola poderia se constituir em um espaço para a formação, já que, ainda que submetida à sociedade, permite relações sociais e com a cultura não totalmente determinadas de maneira imediata. Em outros termos, embora condicionada socialmente, a instituição escolar conseguiria manter certo distanciamento e alguma autonomia em relação à ordem social.

Assim, o autor postula que a atenção especial deve ser dada à vida do estudante na escola (sua referência é a universidade, mas é possível extrapolar tais ponderações para as escolas de ensino médio). Haveria uma série de experiências fundamentais de natureza intelectual, política, social e cultural que poderiam proporcionar o desenvolvimento da consciência e da sensibilidade, corporal e cognitivo, moral e da personalidade. Em geral, há certa unanimidade entre os estudiosos (ver a Seção Temática: Ensino Médio e Juventudes, com apresentação de Paulo Carrano, publicada na revista Educação & Realidade, em 2016, composta de 13 artigos: reconhecem que tais experiências não são promovidas nas escolas, especialmente porque prevalece uma relação tensa entre professores e estudantes, por variadas razões — os educadores não conseguem enfrentar os desafios contemporâneos impostos pelo avanço da tecnologia ou pelas mudanças ocorridos na economia capitalista; os professores não estão preparados para lidar com os jovens e com o modo como se expressam e vice-versa; os alunos oriundos dos meios populares têm severas dificuldades de alcançar êxito educacional; os estudantes do ensino médio enfrentam enormes obstáculos e não possuem os recursos adequados para elaborarem seus projetos de vida. Tais experiências que poderiam proporcionar situações favoráveis à formação são oferecidas, quando muito e na maior parte das vezes, somente em projetos e ações pontuais e de caráter extracurricular (semanas da cultura, feiras de ciência, semanas da consciência negra, saraus literários etc.).

Muito se tem dito a respeito da necessidade de a instituição escolar adequar-se às novas condições socioculturais e econômicas do mundo contemporâneo para, assim, recuperar o espaço perdido em relação ao papel desempenhado na formação dos indivíduos, especialmente no que tange à preparação para a vida social e o trabalho. Tal afirmação supõe uma inadequação que ocorre porque, segundo a interpretação que defende a defasagem da escola em relação à sociedade e à cultura, a educação levada adiante pela instituição escolar não acompanha o rápido desenvolvimento provocado, principalmente pelos avanços tecnológicos e científicos, que impõem novas formas de organização social.

Ao invés de reafirmar a especificidade da instituição escolar, demarcando-a como um espaço no qual os indivíduos estariam menos expostos às pressões sociais e, portanto, gozando de alguma liberdade para desenvolver-se plenamente, boa parte daqueles que atuam no campo da Educação busca, constantemente, sua integração aos padrões e às normas produzidas no âmbito econômico.

A afirmação de que existe uma crise que atinge a instituição escolar é reforçada pela própria produção acadêmica da área. Após o levantamento dos problemas da escola, encaminham-se propostas visando sua solução. A tese de que há defasagem da escola em relação à sociedade, à cultura e aos avanços tecnológicos é uma constante histórica entre os estudiosos da educação.

De outra parte, nos últimos anos vem crescendo a tendência de focalizar a atenção nos fenômenos específicos da experiência escolar. Assim, é comum os estudiosos da educação centrarem seu foco de interesse no que os próprios sujeitos envolvidos no processo educativo projetam, planejam e praticam. E uma das possibilidades de se ter acesso às ações praticadas é levantar o que pensam e dizem esses sujeitos quanto às situações que experimentam, e isso por meio das mais variadas técnicas de investigação aplicadas à pesquisa social empírica. Essa preocupação está vinculada à tendência das ciências humanas de conhecer os fenômenos singulares ou o modo como os indivíduos, em grupos ou isolados, vivem as determinações sociais. Dessa perspectiva, é fundamental refletir sobre o que manifestam e ir além, isto é, analisar o que condicionou o que dizem e sentem acerca da escola e da experiência que vivem nela.

Articular as manifestações particulares com os seus condicionamentos e verificar de que forma acontecem as mediações entre os indivíduos e as condições sociais nas quais estão imersos deve ser preocupação sistemática. Somente assim é possível apontar empiricamente a relação entre o que a escola oferece, o que os alunos aspiram da educação escolar e o que as instituições sociais (família, comunidade, mídia etc.) esperam e deles cobram. Caso contrário, e sem a reflexão sobre a forma como são definidas as atribuições e objetivos da educação, resta adaptar a escola ao perfil de seu público sem a análise crítica das condições em que vivem os alunos. Enfim, da superação dessa perspectiva estreita depende o conhecimento do entrelaçamento entre as desigualdades e contradições sociais e a experiência escolar.

O foco na experiência escolar, especialmente tendo como referência os estudantes, permite lançar luz ao que os indivíduos estão submetidos. Conforme postula Adorno (1979), formação é a apropriação subjetiva da cultura. Nos termos delineados por esse autor, é possível afirmar que a formação poderia ter como fim a promoção da autonomia dos indivíduos, isto é, de eles se apoderarem de maneira livre daquilo que a cultura pode oferecer — e essa não é das tarefas da escola insistentemente repetida? Seguindo na mesma ideia, a formação somente se realizaria quando a cada indivíduo fosse permitido, não apenas e unicamente a identificação com a tradição e com a cultura, o que, sem dúvida, é fundamental, mas também a possibilidade de as negar (Adorno, 1979). É desse posicionamento que decorreria a relação crítica dos indivíduos com a cultura e a realidade social.

No entanto, a formação não é possibilitada porque predomina a tendência social que impede a individuação; exige-se de cada indivíduo a integração à ordem social, a adesão cega ao coletivo e a adaptação aos padrões sociais (Adorno, 1995; Horkheimer; Adorno, 1985). Aliás, a própria negação e o questionamento da cultura são partes do processo de seu desenvolvimento, pois uma determinada situação social só pode ser transformada se houver consciência de que ela não condiz com as reais necessidades dos homens e mulheres que a compõem. Seja como for, ainda nos termos de Adorno (1979), é preciso que haja diferenciação em relação ao mundo exterior para que a subjetividade possa se constituir, "[...] pois formação cultural e estar diferençado são propriamente a mesma coisa [...]" (Adorno, 1979, p. 188). Resumindo o argumento: quer-se enfatizar a relação fundamental entre formação, individuação (autonomia) e transformação (emancipação) social e essa é a premissa básica com base na qual a educação escolar deve ser examinada e investigada.

A discussão em torno da crise da escola está baseada, em grande parte, como já mencionado, na suposta necessidade de a instituição escolar superar a defasagem em relação à realidade sociocultural e econômica. Fica nítido, dessa maneira, que as propostas pedagógicas incidem predominantemente sobre o aspecto adaptativo da educação. Se tomarmos como exemplo a reforma do ensino médio, implementada em 2016, pelo governo federal, após o golpe de Estado de 12 de maio do mesmo ano, pode-se verificar o quanto essas propostas têm como base a ideia da adaptação da escola às condições sociais e, por conseguinte, dos próprios alunos a essas condições; tudo com o argumento falso da democratização das oportunidades. Algumas características da reforma são: flexibilização e minimalismo do currículo (aprender o mínimo necessário), distribuição dos estudantes por itinerários de formação (o que produz discriminação negativa e classificação conforme os percursos educacionais mais valorizados socialmente), estreitamento do campo de possibilidades futuras aos estudantes e de suas oportunidades educacionais (uma vez "escolhido" o itinerário, o estudante segue na trajetória preestabelecida), entre outras (Brasil, 2017).

Sem menosprezar o autoritarismo com que a reforma foi realizada, destaque-se que o foco está na preparação profissional ou na continuidade dos estudos no ensino superior. As propostas de inovação educacional, via de regra, contemplam predominantemente tal perspectiva. Sem dúvida é importante adaptar as novas gerações à vida em sociedade, aliás, esse é um dos objetivos de toda ação pedagógica; porém, quando tal adaptação exige, predominantemente, a adesão à realidade estabelecida, a formação propriamente dita é comprometida. Salienta-se que reformas como a mencionada apenas perpetuam a falta de perspectivas sociais e a pobreza cultural que a escola, essencialmente, não consegue superar.

Apesar disso, e reconhecendo a contradição que caracteriza a educação escolar, é fundamental examinar como e por que as novas gerações se adaptam ao estabelecido e quais os obstáculos que as impedem de vislumbrar a transcendência das condições sociais vigentes e as alternativas à sua própria condição. A preocupação maior recai, então, sobre o papel que a escola exerce no processo de "paralisia da crítica", para usar uma expressão de Herbert Marcuse (1969), que indica o fato de a sociedade impedir aos indivíduos o desenvolvimento de sua subjetividade, quando exige deles apenas a identificação cega e a integração absoluta com a totalidade social. E a não adesão ao aparato econômico, social e político implica risco real: ser excluído, marginalizado ou exterminado, caso não haja a adaptação necessária aos padrões de conduta, de comportamento e de pensamento predominantes. Assim, "[...] toda contradição parece irracional e toda ação contrária parece impossível" (Marcuse, 1969, p. 30). A própria subjetividade é afetada, pois os processos psíquicos parecem sofrer alterações significativas.

As reformas pedagógicas propostas nos últimos tempos, ao invés de reafirmarem a especificidade do fenômeno educativo, visam fazer com que as escolas busquem a adaptação aos modelos de entretenimento, de transmissão de informação e divulgação cultural — muitos profissionais da mídia audiovisual e muitos estudiosos da educação sugerem serem novas formas de educação e formação. Essa adaptação acaba por estabelecer a concorrência entre meios de comunicação e a escola. Ainda que seja reafirmado que a instituição escolar é o lugar privilegiado para a formação das novas gerações, isso é feito em oposição, pois a avaliação de que ela é anacrônica e deve ser "modernizada", e com base na noção de que é preciso complementar ou aprofundar o que a indústria cultural faz.

Assim, no lugar de se propor um ensino médio que propicie o contato crítico das novas gerações com a tradição, com as diversas formas de existência das sociedades humanas e com aquilo que foi produzido pela humanidade, em outras palavras, uma educação que volte a dar importância para a experiência acumulada, a proposta é que os últimos anos de escolarização, os quais nem todos conseguem atingir, sejam de preparação para o mundo do trabalho ou a continuidade dos estudos.

Quer isso dizer que a prioridade passa a ser o desenvolvimento de habilidades, principalmente a flexibilidade — travestida de aprender a aprender — que os torne aptos a enfrentar as constantes mudanças nas ocupações profissionais e nas relações sociais, sem a devida reflexão sobre o significado desse fenômeno. Se vivemos um processo que enseja a formação predominantemente como adaptação, isto é, se essa forma de socialização impede aos indivíduos desenvolverem a autodeterminação e a autonomia (Adorno, 1979), se a principal ação exercida pela indústria cultural é a manipulação das necessidades, uma escola que realmente fosse o lugar da formação talvez devesse se contrapor frontalmente à simples adaptação. Do contrário, assim como a instituição escolar se conforma à sociedade de base tecnológica, os alunos se adaptam e aceitam uma educação que pouco oferece ou, ainda, que impede o florescimento de necessidades que levariam os jovens à luta pela transcendência de sua própria condição.

As contradições sociais que, de muitas maneiras, invadem a educação produzem práticas pedagógicas carregadas de tensões, situação que pode ser investigada com base no reconhecimento de que a adaptação e a resistência à ordem social se fazem presentes na escola, pois a variedade de estudantes (com seus igualmente variados interesses e condições) persiste na aversão à homogeneização e ao enquadramento que parecem predominar na educação das novas gerações ou, em outros termos, seguem se opondo à autoridade irracional. Desse modo, a noção de experiência escolar é referência importante quando se objetiva revelar a trama social que envolve professores, estudantes e demais agentes envolvidos.

Referências

ADORNO, Theodor W. Teoría de la seudocultura. *In*: HORKHEIMER, Max; ADORNO, Theodor W. *Sociologica*. Madrid: Taurus Ediciones, 1979. p. 175-199.

ADORNO, Theodor W. *Educação e emancipação*. Rio de Janeiro: Paz e Terra, 1995.

BENJAMIN, Walter. *La metafísica de la juventud*. Barcelona: Paidós/I.C.E.-U.A.B., 1993.

BRASIL. Ministério da Educação – Secretaria de Educação Média e Tecnológica. *Parâmetros curriculares nacionais: Ensino Médio*. Brasília: MEC, 2000.

BRASIL. Lei n. 13.415/17. Dispõe sobre a reforma do Ensino Médio. Brasília, 2017.

BRASIL. Ministério da Educação. Base Nacional Comum Curricular (BNCC). Brasília: MEC, 2018. Disponível em: http://basenacionalcomum.mec.gov.br/abase/. Acesso em: 25 out. 2021.

CARRANO, Paulo. (coord.). Seção Temática: Ensino Médio e Juventudes. Educação & Realidade, Porto Alegre, v. 41, n. 1, jan./mar. 2016.

DUARTE, Newton. Limites e contradições da cidadania na sociedade capitalista. *Pro-Posições* [on-line], Campinas, v. 21, n. 1, p.75-87, 2010.

HORKHEIMER, Max. Teoria tradicional e teoria crítica. *In*: HORKHEIMER, Max; ADORNO, Theodor W. *Textos escolhidos*. São Paulo: Nova Cultural, 1991. p. 31-68. (Col. Os pensadores).

HORKHEIMER, Max. *Eclipse da razão*. São Paulo: Centauro, 2000.

HORKHEIMER, Max. *Teoria crítica I*. São Paulo: Perspectiva, 2008.

HORKHEIMER, Max; ADORNO, Theodor W. *Dialética do esclarecimento*. Rio de Janeiro: Jorge Zahar Editor, 1985.

HORKHEIMER, Max; ADORNO, Theodor W. *Temas básicos da sociologia*. São Paulo: Cultrix: EDUSP, 1973.

MARCUSE, Herbert. *A ideologia da sociedade industrial*. Rio de Janeiro: Zahar, 1969.

MARCUSE, Herbert. *Ideias sobre uma teoria crítica da sociedade*. Rio de Janeiro: Zahar, 1972.

MARCUSE, Herbert. Algumas implicações sociais da tecnologia moderna. *In*: MARCUSE, Herbert. *Tecnologia, guerra e fascismo*. São Paulo: Editora UNESP, 1999.

MARCUSE, Herbert. *A grande recuse hoje*. Petrópolis: Vozes, 1999a.

TOMAZETTI, Elisete M.; SCHLICKMANN, Vitor. Escola, ensino médio e juventude: a massificação de um sistema e a busca de sentido. *Educação e pesquisa*, São Paulo, v. 42, n. 2, p. 331-342, abr./jun. 2016.

7

POLÍTICA EDUCACIONAL CONTEMPORÂNEA: ANÁLISE DA ATIVIDADE DO FUNDO NACIONAL DE DESENVOLVIMENTO DA EDUCAÇÃO (2000 A 2019)

Deise Lopes de Souza

Introdução

O Fundo Nacional do Desenvolvimento da Educação (FNDE) é uma autarquia federal que atua como principal responsável pela execução orçamentária de políticas educacionais do Ministério da Educação (MEC). Instituído em 1968, assumiu como principal competência

> [...] captar recursos financeiros e canalizá-los para o financiamento de projetos de ensino e pesquisa, inclusive alimentação escolar e bolsas de estudo, observadas as diretrizes do planejamento nacional da educação (Brasil, 1968).

Ao longo dos anos teve suas responsabilidades, competências e finalidades ampliadas para atender às demandas da política educacional do governo federal, atualmente exerce papel central no gerenciamento e realização de programas e projetos voltados para a organização e desenvolvimento da oferta educacional em diferentes etapas e níveis de ensino (Cruz, 2011).

Com a função bem-marcada de "prover recursos, gerenciar programas; e executar ações para o desenvolvimento da educação, visando garantir ensino de qualidade a todos os brasileiros" (FNDE, 2009), a autarquia tem atuado diretamente na implementação, financiamento e direcionamento de políticas públicas educacionais "dependendo do contexto, em questões de fundo programático ou de caráter mais operacional, embora se verifique situações em que a própria autarquia é proponente de políticas" (Cruz, 2009, p. 213). Além disso, desempenha importante papel na "função supletiva e redistributiva definida constitucionalmente para a União, voltada à minimização das desigualdades educacionais no país" (Cruz, 2011, p. 85) ao realizar a prestação de assistência técnica e financeira aos Estados, Distrito Federal e Municípios como uma de suas competências (Cf. FNDE, 2013).

Buscando discutir a presença da lógica de gestão empresarial na execução orçamentária das políticas de educação no período de 2000 a 2019, e apurar a racionalidade organizacional da educação pelo estado, verificando como as ações da política educacional favorecem, ou não, a aproximação entre educação e economia, realizou-se uma pesquisa documental analítica das atividades do FNDE, compreendendo que sua ampla atuação na execução orçamentária e implementação de políticas e programas educacionais desvela o "padrão geral adotado pelo governo federal em relação à educação" (Cruz, 2011, p. 85).

A hipótese norteadora da pesquisa admite que a organização política da educação realizada pelo estado, para além de coordenar os processos educativos em suas diferentes instâncias, constitui uma racionalidade organizacional, baseada em modelos econômicos, que estende à educação a lógica de mercado. Considera, também, que há um processo de economicização da educação que direciona todos os processos educativos de acordo com as demandas da sociedade, sobretudo as de ordem econômica, o que tem transformado o ensino em formação para ampliar a esfera da produção e do consumo de bens e serviços. Nesse caso, compreende que os programas, prioridades, técnicas e procedimentos estabelecidos ou gerenciados pelo FNDE no uso dos recursos para execução e gerenciamento das políticas educacionais expressam uma lapidada tecnologia administrativa, pautada em princípios da gestão empresarial, que tende a estabelecer uma relação mais direta entre educação e economia.

Tendo os autores da primeira geração da Escola de Frankfurt, especialmente aqueles que tratam da ideologia da racionalidade tecnológica, como chave teórica da interpretação de procedimentos, métodos investigativos, análises e discussões realizadas, a pesquisa buscou compreender as raízes dos fenômenos estudados, assim como seus desdobramentos históricos, além de defender a necessidade de se pensar criticamente sobre o desenvolvimento da sociedade. A Teoria Crítica da Sociedade, assentada no campo da produção de conhecimento e orientada por juízos de valores que direcionam o esforço intelectual, pauta-se pelo entendimento de que a vida humana é digna de ser vivida e pelo estudo das possibilidades e meios para melhorá-la.

Segundo Marcuse (1973), para identificar e definir os meios de um ótimo desenvolvimento social é preciso distanciar-se dos fatos dados (convertidos em verdades inquestionáveis na sociedade industrial), e analisá-los à luz de suas possibilidades e alternativas históricas. Desse modo, converte-se em crítica uma investigação científica que não se restringe apenas em "descrever e examinar as instituições e os processos sociais" (Horkheimer; Adorno, 1978, p. 32), mas que, sobretudo, busca confrontar a essência dos fenômenos estudados, enxergando-os para além daquilo que aparentam. Desse modo, o estudo optará pelo distanciamento da análise dos efeitos causados pela política educacional compreendidos como meta das ações políticas, buscando realizar uma análise da organização política da educação centrada na identificação de tendências como processo, "com tudo que ele tem de problemático e mesmo contraditório, mais do que o ponto terminal para o qual ele aponta" (Cohn, 2008, p. 67).

Sob orientação da Teoria Crítica, entende-se que a aproximação entre os valores econômicos e os educacionais é uma decorrência histórica da sociedade administrada e organizada sob princípios do modelo econômico capitalista. Não se trata, portanto, de verificar a presença da lógica econômica no processo educacional, mas, sim, compreender como a organização da educação pelo estado, ao se pautar em determinações econômicas, expressa uma racionalidade sistêmica que amplia a relação direta entre educação e economia.

Método

Com aporte da Teoria Crítica da Sociedade, esta pesquisa considerou a primazia do objeto e suas relações para determinar o método e os procedimentos necessários, tendo em vista que para realizar uma investigação cientifica é preciso refletir exatamente como "ela deve ser conduzida para ter sentido; que haja uma posição crítica em relação aos próprios procedimentos; que esses sejam adequadamente pensados; e que não se pesquise e não se reflita intempestivamente sem objetivo" (Adorno, 2007, p. 184-185). Este estudo analisou relatórios de gestão e de atividade do FNDE, a fim de compreender como a autarquia opera a racionalidade administrativa governamental para organizar seus processos internos e realizar a execução orçamentária da política educacional, verificando como a lógica organizacional, preconizada pelo estado, atua no direcionamento dos fluxos de governo para a gestão pública da educação. Pondera, também, acerca dos preceitos, metas e estratégias priorizadas na distribuição e execução dos recursos para o financiamento da educação.

A fonte documental aqui utilizada foi delimitada por meio do levantamento dos relatórios de gestão e de atividade do FNDE, realizados no período de 2000 a 2019, junto ao sítio on-line da autarquia. O procedimento de coleta documental revelou que de 2000 a 2009 foram elaborados relatórios de atividades da autarquia com o objetivo de apresentar, de maneira geral, o resumo das atividades realizadas pelo fundo anualmente, visando "propiciar uma abordagem geral dos programas, projetos, ações, serviços e operações de organização, tanto do ponto de vista administrativo-financeiro, quanto pela ótica jurídica" (FNDE, 2000). A partir de 2010 os documentos passam a ser denominados Relatórios de Gestão tendo como foco específico "a prestação de contas anual a que esta Autarquia está obrigada, nos termos do art. 70 da Constituição Federal" (FNDE, 2010).

A leitura dos documentos arrolados foi realizada a fim de identificar traços na política educacional contemporânea que constituem uma lógica sistêmica de organização da educação e compreender como as demandas sociais, principalmente as de ordem econômica transformam os rumos da educação. De modo a atingir os objetivos da investigação, a análise dos dados foi dividia em três eixos norteadores, a saber: 1) Racionalidade organizacional do FNDE: compreende o modelo de governança institucional, o gerenciamento de processos internos e o planejamento de atividades; 2) Execução orçamentária: contempla os planos plurianuais de orçamento, o planejamento orçamentário da autarquia e as fontes de recursos financeiros; e 3) Programas Educacionais: considera as ações da política educacional e as demandas educacionais priorizadas.

O procedimento de análise de dados se desenvolveu, principalmente, nas contribuições de Herbert Marcuse acerca do processo histórico de organização da sociedade sob o modelo de produção capitalista, sobretudo nas implicações da racionalidade tecnológica como um sistema de dominação que determina todas as esferas sociais. Foram consideradas, também, as análises de Max Horkheimer e Theodor Adorno sobre a indústria cultural, principalmente o estudo realizado pelos autores "centrado na identificação de tendências em curso na sociedade", no qual o objeto de análise se volta para tendência como processo, expondo seus problemas e contradições, e não, necessariamente, o efeito que a tendência aponta (Cohn, 2008, p. 67). Ademais, foram admitidas reflexões contemporâneas de Pierre Dardot e Christian Laval acerca do estabelecimento do neoliberalismo, suas práticas e dispositivos, como a nova razão do mundo que generaliza a lógica da concorrência como modelo de organização social e de formação subjetiva.

A pesquisa propõe a análise baseada nas tendências como processo e não no efeito em si. Trata-se de compreender a lógica empresarial de organização da educação pelo estado como tendência e identificar seus problemas e contradições ante a aproximação da lógica de produção capitalista da lógica educacional, considerando, contudo, que apesar de constituir uma unidade tensa, a educação não está de toda reduzida aos valores econômicos vigentes na sociedade industrial. Não pretende, portanto, restringir a análise do âmbito educacional à economia, mas, sim, compreender, que a educação não pode ser isolada dos fatores econômicos que, historicamente, têm determinado todas as esferas da sociedade.

Análise da atividade do FNDE (2000 a 2019)

Regulamentada por regimento interno próprio, a estrutura institucional do FNDE é "caracterizada pela setorização dos controles nas unidades administrativas, às quais competem estabelecer, manter, monitorar e aperfeiçoar o controle interno" (FNDE, 2012, p. 49). De maneira hierarquizada cada órgão e diretoria possuem função e composição próprias, atuando, direta ou indiretamente, em focos específicos e de maneira interdepende, cabendo à alta administração da autarquia estabelecer diretrizes que perpassam toda a instituição (Cf. FNDE, 2013; 2019). Entretanto, apesar de sua estrutura bem definida, a autarquia, ao longo dos anos, "aperfeiçoa seus processos internos de trabalho em busca da excelência na execução do Plano Plurianual do Ministério da Educação e ações orçamentárias de programas e projetos" (FNDE, 2013, p. 18).

Essa busca pelo aperfeiçoamento faz-se necessária para que se obtenha o máximo de aproveitamento no desempenho das atividades, principalmente considerando a função da autarquia de executar o orçamento de ações da política educacional, contudo, é preciso considerar que, a depender da maneira como esse processo se desenvolve, a busca pela eficácia tende a tornar-se contraditória ao priorizar somente "um conjunto de valores e de verdade próprios que serve bem ao funcionamento do aparato — e para isto apenas" (Marcuse, 1999, p. 84). No período de 2000 a 2019, a organização institucional do FNDE contemporizou reformas administrativas que promoveram constantes modificações e reorganizações nos processos internos da autarquia, sobretudo, na estrutura regimental, no direcionamento estratégico institucional e na gestão das atividades gerenciadas pelo órgão. Mudanças que visavam ampliar e desenvolver métodos de gestão empresarial na maneira como a autarquia organiza e executa suas atividades.

Fundamentada nos discursos do gerencialismo de ampliação da eficiência por meio da descentralização dos processos, da definição de objetivos e metas, da gestão de recursos e do controle dos resultados (cf. Brasil, 1995), a alta administração da autarquia promoveu a implementação de "mecanismos, instâncias e práticas de governança em consonância com princípios aplicados às instituições públicas: capacidade de resposta; integridade; confiabilidade; melhoria regulatória; prestação de contas e responsabilidade; e transparência" (FNDE, 2019, p. 11), constituindo, com isso, um modo de governança altamente racionalizado, baseado em padrões econômicos, no qual "a Sistematização de Práticas de excelência na gestão de governança na Autarquia tem a finalidade de dar suporte à missão, à continuidade e à sustentabilidade institucional para atingir os objetivos estratégicos" (FNDE, 2019, p. 1).

Elementos comuns ao modelo de Governança de Estado que "tornou-se a principal categoria empregada pelos grandes organismos encarregados de difundir mundialmente os princípios da disciplina neoliberal, em especial pelo Banco Mundial nos países do Sul" (Dardot; Laval, 2016, p. 275) e se caracteriza pelo alinhamento da administração pública com a lógica empresarial de gestão. Nos termos de Dardot e Laval (2016, p. 276):

> A governança do Estado toma emprestada da governança da empresa uma característica importante. Da mesma forma que os gerentes das empresas foram postos sob a vigilância dos acionistas no âmbito da corporate governance predominantemente financeira, os dirigentes dos Estados foram colocados pelas mesmas razões sob o controle da comunidade financeira internacional, de organismos de expertise e de agências de classificação de riscos. A homogeneidade dos modos de pensar, a semelhança dos instrumentos de avaliação e validação das políticas públicas, as auditorias e os relatórios dos consultores, tudo indica que a nova maneira de conceber a ação governamental deve muito à lógica gerencial predominante nos grandes grupos multinacionais.

A Governança Pública constitui, assim, um "conjunto de mecanismos de liderança, estratégia e controle postos em prática para avaliar, direcionar e monitorar a gestão, com vistas à condução de políticas públicas e à prestação de serviços de interesse da sociedade" (Brasil, 2017b), aproximando o estado e suas instituições, cada vez mais de uma lógica que pertence ao mundo econômico.

"Nesse sentido, os Estados são vistos como uma 'unidade produtiva' como qualquer outra no interior de uma vasta rede de poderes político-econômicos submetidos a normas semelhantes" (Dardot; Laval, 2016, p. 277).

No Brasil, o termo governança pública ganha maior destaque a partir dos anos 2000, no âmbito do governo federal, esse conjunto de estratégias e métodos de gestão passa a figurar como modelo para a administração pública, principalmente a partir da promulgação do Plano Plurianual Brasil de Todos 2004 -2007 (Lei nº 10.933/2004), que propôs significativas transformações na gestão pública visando reduzir o déficit institucional; ampliar a governança; e alcançar mais eficiência, transparência, participação e um alto nível ético (Brasil, 2003b, p. 9). Não buscava necessariamente romper com o modelo gerencialista priorizado pela reforma do aparelho do estado iniciada pelo governo do presidente Fernando Henrique Cardoso na década de 1990, pelo contrário, visava ampliar a lógica de gestão empresarial por meio do estabelecimento de um modelo de governança com foco nos resultados e predominância de estratégias de monitoramento e avaliação do desempenho, seguindo as tendências internacionais.

> Os temas e os termos da 'boa governança' e das 'boas práticas' tornaram-se o mantra da ação governamental. As organizações internacionais propagaram amplamente as novas normas da ação pública, sobretudo nos países subdesenvolvidos. O Banco Mundial, no Relatório sobre o desenvolvimento mundial, de 1997, propôs a substituição do termo 'Estado mínimo' por 'Estado melhor'. Em vez de encorajar sistematicamente as privatizações, deseja ver o Estado como um 'regulador' dos mercados. O Estado deve ter autoridade, deve concentrar-se no essencial, deve ser capaz de criar quadros regulamentares indispensáveis à economia. Segundo o Banco Mundial, o Estado eficaz é um Estado central forte, cuja prioridade é uma atividade reguladora que garanta o Estado de direito e facilite o mercado e seu funcionamento (Dardot; Laval, 2016, p. 311, grifos no original).

Nesse contexto,

> O Plano de Gestão Pública para um Brasil de Todos é uma agenda positiva de transformações da gestão pública que visa a fortalecer o Estado para o exercício de um papel mais ativo da geração de desenvolvimento com inclusão social. Busca-se dotar o arranjo organizacional do Poder Executivo de reais condições de formulação e alcance de resultados, por meio de ações em três frentes de atuação, paralelas, integradas e complementares (Brasil, 2003b, p. 14).

O objetivo era constituir uma gestão pública empreendedora capaz de promover a "redefinição das estratégias, a recomposição da força de trabalho, a reconfiguração das estruturas e processos e o redimensionamento de recursos em bases mais eficientes e direcionadas para resultados" (Brasil, 2003b, p. 8). Propunha, também, "a construção de um novo padrão de relacionamento entre o governo e as empresas estatais, no qual fiquem definidos os marcos da gestão empresarial e da gestão voltada ao interesse público" (Brasil, 2003b, p. 8). Princípios que foram mantidos nos planos plurianuais posteriores (2008-2011; 2012-2015; 2016-2019), independentemente do governo vigente.

Nesse contexto, as mudanças nos processos internos do FNDE respondem às modificações operadas pelo governo federal tanto na condução da administração pública, quanto na execução das políticas públicas, que seguiram as tendências mundiais de expansão do uso do modelo econômico neoliberal como um padrão organizacional das diferentes esferas sociais (Cf. Dardot; Laval, 2016). Sob a lógica de ampliar a eficiência e a conquista de resultados, os planos de estratégia, de ação e de execução orçamentária da autarquia foram sendo reformulados "com o intuito de contribuir para a melhoria dos indicadores educacionais do país e viabilizar iniciativas que possibilitem o acesso e a permanência de todo cidadão à educação pública" (FNDE, 2017, p. 23).

Ao longo dos anos, foram realizadas mudanças e reformas administrativas "focadas no fortalecimento institucional e na modernização gerencial que, entre outras medidas, busca redesenhar os processos e o planejamento estratégico, tático e operacional da instituição" (FNDE, 2006, p. 12). Em parceria com instituições privadas de consultoria, novos métodos da gestão empresarial foram introduzidos na reformulação dos processos internos da autarquia, constituindo um modelo de governança institucional pautado em princípios de eficiência (em executar), qualidade (na execução) e transparência (no que foi executado), que amplia as estratégias de controle, monitoramento e responsabilização nos valores organizacionais do FNDE.

Por sua vez, a execução orçamentária gerenciada pelo FNDE no período de 2000 a 2019 denota ampla priorização no atendimento do ensino fundamental e, posteriormente, na educação básica (Cf. FNDE, 2000; 2019), por meio de programas que buscam atender demandas focalizadas, seguindo os fluxos de planejamento governamental. Com destaque para algumas ações universalistas que estiveram sob responsabilidade da autarquia ao longo dos dois decênios analisados, dentre elas o Programa Nacional do Livro Didático (PNLD), o Programa Nacional de Alimentação Escolar (PNAE), o Programa Dinheiro Direto na Escola (PDDE) e o Programa Nacional de Apoio ao Transporte Escolar (PNATE).

De maneira geral, os principais programas gerenciados pelo FNDE apresentam em sua organização elementos que expressam a aproximação entre os princípios educacionais e a lógica econômica, desvelando, principalmente na maneira como são executados, o processo de economicização da educação no qual, para além das intervenções mais diretas dos interesses empresariais "em matéria de pedagogia, de conteúdos, e de validação das grades curriculares e dos diplomas" que "constitui uma pressão da lógica do mercado de trabalho sobre a esfera educativa" (Laval, 2004, p. 111), a mercantilização da educação pode se materializar de várias outras formas, sobretudo pelas reformas "da lógica gerencial, do consumismo escolar ou das pedagogias de inspiração individualista" (Laval, 2004, p. 11).

Principal dotação orçamentária gerenciada pelo FNDE no período de 2001 a 2003, o Programa Toda Criança na Escola, por exemplo, buscava cumprir seu objetivo de "assegurar vagas na escola para todas as crianças na faixa da escolarização obrigatória" (MEC,1997, p. 12) desenvolvendo de ações de correção de fluxo e de aceleração da aprendizagem pautadas numa racionalidade contábil de "quantos entram, quantos saem da escola, qual o perfil da seriação escolar, etc." (Spozati, 2000, p. 21), que compreende o acesso à educação básica, apenas, como quantidade de matrículas oferecidas, ignorando as condições objetivas da oferta educacional e as reais possibilidades de permanência. Baseado na articulação de ações, recursos e premissas criadas por outros projetos e programas governamentais, o Toda Criança na Escola se restringia a corrigir aspectos técnicos e procedimentais da oferta educacional, sem, de fato, implementar uma ação governamental capaz de enfrentar as demandas de ordem econômica e social que, historicamente, agravaram os problemas de evasão e exclusão escolar de crianças e adolescentes, sobretudo os mais vulneráveis (Cf. Santos Júnior, 2000). Nesse contexto, a meta da política educacional se traduz em formar mais indivíduos com menor dispêndio de tempo e recursos.

No mesmo sentido, as ações consideradas universalistas, como o PNAE, PNLD, PNATE e o PDDE, expressam em sua organização elementos que denotam a aproximação entre os princípios educacionais e a lógica econômica. Embora estabelecidas como políticas de ação compensatória voltadas para o fornecimento de alimentação e transporte escolar, a distribuição de materiais didáticos-pedagógicos e para a viabilização de autonomia e autogestão escolar, há precedentes no uso dos recursos e na execução das ações universalistas que viabilizam e estreitam a relação entre os setores público e privado. Definidas como "uma forma obrigatória de cumprir com o dever do Estado em matéria de educação" (Höfling, 2000, p. 160), as ações de caráter universal constituem programas suplementares "destinados e garantidos a todos aqueles que tem, igualmente, direito ao acesso à educação, pelo menos em termos legais". Esses programas figuram diretamente como meios necessários para assegurar que os estudantes, especialmente os mais vulneráveis, tenham condições minimamente iguais de continuidade e participação na formação escolar, e, por isso, não deveriam atender aos interesses econômicos empresariais.

Entretanto, o PNAE e o PNATE têm se caracterizado pela expansão da gestão terceirizada de seus recursos e serviços, já o PDDE possibilita o uso da sua receita para custear projetos de ampliação da gestão empresarial nas unidades escolares, enquanto o PNLD se caracteriza por fomentar o mercado editorial. Com isso, o que se verifica, especialmente, na maneira como os programas universalistas são executados é uma forte mercantilização do campo educacional, isso porque, "mesmo quando faz política social, o Estado não deixa de reorganizá-la a fim de maximizar os ganhos de capital" (Costa, 2021, p. 46).

Além disso, há uma tendência de captura de princípios educacionais como o da descentralização, da autonomia e da autogestão, por uma lógica de gestão empresarial, sob a qual os programas e ações educacionais são organizados e executados de maneira que a gestão descentralizada seja tomada como simples transferência de responsabilidades na execução de atividades; a autonomia reduzida à possibilidade de escolha entre alternativas preestabelecidas; enquanto a autogestão torna-se, apenas, um conjunto de estratégias assumidas para responder com maior eficiência às demandas estabelecidas pelos órgãos gestores centrais. Trata-se do uso de preceitos educacionais como uma forma lapidada de promover o processo de economicização da educação (cf. Laval, 2006) estimulando práticas, métodos e estratégias que estabelecem uma relação cada vez mais direta entre educação e economia.

Conclusão

Com ênfase no desempenho e na gestão por resultados, a governança institucional do FNDE expressa uma lapidada tecnologia administrativa, baseada em padrões empresariais, que figura como uma racionalidade institucional que foi progressivamente ampliada e modificada, buscando o aprimoramento da visão estratégica e da capacidade operacional da instituição para o cumprimento de sua função na execução orçamentária da política educacional. Compreende-se que há nessa tecnologia administrativa um caráter sistêmico organizado para promover os efeitos desejados, que, em uma sociedade organizada sob os preceitos do neoliberalismo, tende a estabelecer um conjunto de práticas, métodos e conceitos capaz de determinar pela lógica econômica os rumos das políticas públicas, da gestão governamental, dos projetos sociais e das ações dos indivíduos.

Desvela, com isso, uma tendência histórica de disseminação dos princípios econômicos como uma forma eficaz de padronização e organização da sociedade, na qual "o comércio, a técnica, as necessidades humanas e a natureza se unem em um mecanismo racional e conveniente. Aquele que seguir as instruções será mais bem-sucedido, subordinando sua espontaneidade à sabedoria anônima que ordenou tudo para ele", constituindo "um aparato racional, combinando a máxima eficiência com a máxima conveniência, economizando tempo e energia, eliminando o desperdício, adaptando todos os meios a um fim, antecipando as consequências, sustentando a calculabilidade e a segurança" (Marcuse, 1999, p. 80).

Porém, "a eficácia em termos de razão tecnológica é, ao mesmo tempo, eficácia em termos de eficiência lucrativa, e a racionalização é, ao mesmo tempo, padronização e concentração monopolista" (p. 81). Assim, a lógica econômica não se manifesta apenas nas relações de produção e consumo de bens e mercadorias, ela se expressa também como um modelo racional de organização das relações políticas e sociais, da manifestação do pensamento e dos padrões de comportamento, extrapolando a "ordem tecnológica para a ordem social; ela governa o desempenho não apenas nas fabricas e lojas, mas também, nos escritórios, escolas, juntas legislativas, e, finalmente, na esfera do descanso e do lazer" (p. 82). Como um sistema dinâmico, o capitalismo não é estático, ele se modifica alterando sua própria estrutura e desenvolvendo formas mais avançadas e igualmente capazes de manter o controle totalitário e a exploração da força de trabalho, figurando sempre como um recente e lapidado modelo de racionalidade organizacional.

> [...] os conceitos usados para analisar o capitalismo do século XIX e dos começos do século XX não podem ser aplicados, simplesmente, à sua fase atual; sendo conceitos históricos, contém em si mesmos índices históricos, e a estrutura que eles analisam é uma estrutura histórica. Certo, capitalismo é capitalismo em todas as suas faces e sua organização do

modo de produção está subentendida em todo o seu desenvolvimento. Contudo, as capacidades do modo de produção também se desenvolvem, e essas mudanças afetam a base e a superestrutura. (Marcuse, 1972, p. 40).

Nesse cenário, o neoliberalismo se impõe por meio de discursos e práticas baseados em premissas de concorrência, investimento, responsabilidade e eficiência. Nos programas e ações gerenciados pelo FNDE, no período de 2000 a 2019, há elementos que expressam premissas econômicas neoliberais no direcionamento e organização das políticas educacionais. Buscando atender a demandas focalizadas, esses programas e ações favorecem, na maneira como estão organizados, processos de mercantilização que ampliam a relação direta entre educação e economia, utilizando princípios educacionais para promover a lógica de mercado, pois "esta é a dinâmica do capitalismo de monopólio: a sujeição da população inteira ao domínio do capital" (Marcuse, 1973b, p. 46).

Na política social brasileira a educação assume contraditoriamente o papel de fiadora do desenvolvimento econômico, uma ação capaz de promover mudanças concretas na inserção social dos indivíduos por meio da ampliação do poder de consumo, com isso, a formação é assumida como um produto e, como tal, deve ser tomada como um investimento, tornando-se ideológica. Há, portanto, uma contradição latente na relação entre os princípios educacionais e o desenvolvimento da educação neoliberal. Pautado em tendências de mercado, o ensino promove a formação de indivíduos estritamente ajustados à racionalidade vigente, que assumem sem objeção os preceitos de concorrência, empreendedorismo e consumismo como valores individuais, figurando como sujeitos ativos que devem "participar inteiramente, engajar-se plenamente, entregar-se por completo à sua atividade profissional" (Dardot; Laval, 2016, p. 327), que são totalmente responsáveis por sua própria inserção social e que militam pela manutenção do modelo econômico.

Com isso, a educação realiza os interesses do capital, obliterando boa parte do seu potencial de criar condições para ampliar a consciência humana acerca das contradições sociais e suprimindo as possibilidades de crítica e oposição à ordem vigente.

A educação seria impotente se ignorasse o objetivo de adaptação e não preparasse os homens para se orientarem no mundo. Porém ela seria igualmente questionável se ficasse nisto, produzindo nada além de *well adjusted people*, pessoas bem ajustadas, em consequência do que a situação existente se impõe precisamente no que tem de pior. Nestes termos, desde o início existe na educação para a consciência e para a racionalidade uma ambiguidade. Talvez não seja possível superá-la no momento, mas certamente não podemos nos desviar dela. (Adorno, 1995, p. 143-144).

Sob a lógica econômica, a educação suprime o potencial de emancipação e autonomia humanas, figurando como pseudoformação na medida em que busca, apenas, atender a demandas imediatas da sociedade administrada (Adorno, 1974). Embora a dinâmica do capitalismo crie constantemente formas novas e mais lapidadas de controle e coesão social, que obstruem a liberdade de pensamento e oposição, as práticas educativas voltadas para a ampliação da capacidade crítica e reflexiva do pensamento possibilitariam aos indivíduos viver de maneira consciente as mediações e contradições sociais, compreendendo a necessidade de se opor e confrontar a ordem vigente. Porém, uma educação moldada por padrões empresariais e organizada por meio de programas e ações focalizados promove, meramente, o pensamento unidimensional (CF. Marcuse, 1973) e um comportamento de acordo com a razão econômica, reduzindo a formação humana em investimento necessário para ampliar a esfera da produção e do consumo de bens e serviços.

O objetivo primeiro da política educacional deveria ser a ampliação da consciência e da racionalidade crítica dos indivíduos, porém encontra-se reduzida ao atendimento das demandas econômicas. A economicização da educação, verificada na análise orçamentária do FNDE, não figura meramente na privatização da oferta educacional ou na ampla transferência de recursos públicos para a iniciativa privada, mas, sim, numa racionalidade sistêmica que se expressa no conjunto de práticas e métodos que padronizam o pensamento, favorecem os interesses econômicos e constituem o âmbito educacional como um nicho de mercado que beneficia, por meio de seus processos educativos, a realização de excelentes negócios.

Referências

ADORNO, T. W. Teoria de la seudocultura. *In*: HORKHEIMER, M.; ADORNO, T. W. *Sociologica*, II. Madrid: Taurus, 1971. p. 233-267.

ADORNO, T. W. *Educação e Emancipação*. 3. ed. São Paulo: Paz e Terra, 1995.

ADORNO, T. W.; HORKHEIMER, M. A indústria cultural: o esclarecimento como mistificação das massas. *In*: ADORNO, T. W.; HORKHEIMER, M. *Dialética do Esclarecimento*. Rio de Janeiro: Zahar, 2006. p. 99-138.

BRASIL. Lei nº 5.537, de 21 de Novembro de 1968. Cria o Instituto Nacional de Desenvolvimento da Educação e Pesquisa (INDEP), e dá outras providências. *Diário Oficial da União*: seção 1, Brasília, DF, 22 nov. 1968.

BRASIL. *Plano Diretor da Reforma do Aparelho do Estado*. Presidência da República. Câmara de Reforma do Estado. Brasília, DF, nov. 1995. Brasil, 1995.

BRASIL. Decreto nº 2.829, de 29 de Outubro de 1998. Estabelece normas para a elaboração e execução do Plano Plurianual e dos Orçamentos da União, e dá outras providências. *Diário Oficial da União*: seção 1, Brasília, DF, p. 9, 30 out. 1998.

BRASIL. Ministério do Planejamento, Orçamento e Gestão. Secretaria de Planejamento e Investimentos Estratégicos. *Plano plurianual 2008-2011*: projeto de lei / Ministério do Planejamento, Orçamento e Gestão, Secretaria de Planejamento e Investimentos Estratégicos. Brasília, 2007.

COHN, G. Industria Cultural como conceito multidimensional. *In*: BACCEGA, Maria Aparecida. (org.). *Comunicação e culturas de consumo*. São Paulo: Editora Atlas, 2008. p. 65-73.

COSTA, F. C. *FIES, PROUNI e PROIES (2003/2019)*: valorização do capital no ensino superior. 2021. 199 f. Tese (Doutorado em Serviço Social) – Universidade Federal do Rio de Janeiro, Escola de Serviço Social, Programa de Pós-graduação em Serviço Social, Rio de Janeiro, 2021.

CRUZ, R. E. *Pacto federativo e financiamento da educação*: a função supletiva e redistributiva da União - o FNDE em destaque. 2009. Tese (Doutorado em Educação) – Faculdade de Educação, Universidade de São Paulo, São Paulo, 2009. DOI: 10.11606/T.48.2009.tde-11122009-101928. Acesso em: 5 dez. 2020.

CRUZ, R. E. Federalismo e financiamento da educação: a política do FNDE em debate. *In*: GOUVEIA, Andréa Barbosa.; PINTO, José Marcelino Rezende; CORBUCCI, Paulo Roberto. (org.). *Federalismo e políticas educacionais na efetivação do direito à educação no Brasil*. Brasília: Ipea, 2011. p. 79-94.

DARDOT, P.; LAVAL, C. *A Nova Razão Do Mundo*: ensaio sobre a sociedade neoliberal. São Paulo: Boitempo, 2016.

FUNDO NACIONAL DE DESENVOLVIMENTO DA EDUCAÇÃO (FNDE, 2000). *Relatório de atividades do FNDE, 2000*. Fundo Nacional de Desenvolvimento da Educação. Brasília: FNDE, 2000. 114 p.

FUNDO NACIONAL DE DESENVOLVIMENTO DA EDUCAÇÃO. (FNDE, 2009). *Relatório de gestão do FNDE, 2009*. Fundo Nacional de Desenvolvimento da Educação. Brasília: FNDE, 2010. 83 p.

FUNDO NACIONAL DE DESENVOLVIMENTO DA EDUCAÇÃO. (FNDE, 2012). *Relatório de gestão do FNDE, 2012*. Fundo Nacional de Desenvolvimento da Educação. Brasília: FNDE, 2013. 198 p.

FUNDO NACIONAL DE DESENVOLVIMENTO DA EDUCAÇÃO. (FNDE, 2013). *Relatório de gestão do FNDE, 2013*. Fundo Nacional de Desenvolvimento da Educação. Brasília: FNDE, 2014. 234 p.

FUNDO NACIONAL DE DESENVOLVIMENTO DA EDUCAÇÃO. (FNDE, 2019). *Relatório de gestão do FNDE, 2019*. Fundo Nacional de Desenvolvimento da Educação. Brasília: FNDE, 2020. 113 p.

HÖFLING, E. M. Notas para discussão quanto à implementação de programas de governo: em foco o Programa Nacional do Livro Didático. *Educação & Sociedade* [on-line]. v. 21, n. 70, p. 159-170, 2000. Disponível em: https://doi.org/10.1590/S0101-73302000000100009. Acesso em: 18 mar. 2019.

HORKHEIMER, M.; ADORNO, T. W. Sociedade. *In*: HORKHEIMER, M.; ADORNO, T. W. *Temas Básicos de Sociologia*. São Paulo: Editora Cultrix, 1978. p. 25-44.

HORKHEIMER, M.; ADORNO, T. W. Indivíduo. *In*: HORKHEIMER, M.; ADORNO, T. W. *Temas Básicos de Sociologia*. São Paulo: Editora Cultrix, 1978. p. 45-60.

LAVAL, C. *A Escola Não é Uma Empresa*. Londrina: Editora Planta, 2004.

MARCUSE, H. *A ideologia da sociedade industrial*. 4. ed. Rio de Janeiro: Zahar Editores, 1973.

MARCUSE, H. *Eros e Civilização*. 8. ed. Rio de Janeiro: Zahar Editores, 1978.

MARCUSE, H. Algumas implicações sociais da tecnologia moderna. *In*: MARCUSE, H. *Tecnologia, guerra e fascismo*. São Paulo: Unesp, 1999. p. 71-104.

SANTOS JÚNIOR, C. L. *O mito da erradicação do trabalho infantil via escola.* 2000. 189 p. Dissertação (Mestrado em Educação) – Universidade Federal de Pernambuco, Recife, 2000.

SHIROMA, E. O.; MORAES, M. C. M.; EVANGELISTA, O. (org.). *Política educacional.* 4. ed. Rio de Janeiro: Lamparina, 2007.

SPOZATI, A. Exclusão Social e Fracasso Escolar. *Revista Em Aberto*, Brasília, v. 17, n. 71, p. 21-32, jan. 2000.

SOUZA, C. Políticas públicas: questões temáticas e de pesquisa. *Caderno CRH*, Salvador, n. 39, p. 11-24, jul./dez. 2003. Disponível em: https://doi.org/10.9771/ccrh.v16i39.18743. Acesso em: 18 mar. 2019.

SOUZA, D. L. *Exame Nacional do Ensino Médio (ENEM)*: análise da reorganização estrutural do exame. 2018. Dissertação (Mestrado em Educação) – Programa de Pós-graduação em Educação, Universidade Federal de São Paulo, 2018.

SOUZA, D. L. *Política Educacional Contemporânea*: Análise da atividade do Fundo Nacional de Desenvolvimento da Educação (2000 a 2019). 2022. 210 f. Tese (Doutorado em Educação) – Universidade Federal de São Paulo, Escola de Filosofia, Letras e Ciências Humanas, 2022.

EXPANSÃO E MERCANTILIZAÇÃO DA EDUCAÇÃO SUPERIOR: ANÁLISE PRELIMINAR DE UM PROCESSO DE DEFORMAÇÃO EM LARGA ESCALA

Maria Angélica Pedra Minhoto

Introdução

Este texto apresenta parte dos resultados obtidos no âmbito do projeto de pesquisa realizado pelo Centro de Estudos Sociedade, Universidade e Ciência — SoU_Ciência, sediado na Universidade Federal de São Paulo (BIELSCHOWSKY *et al.*, 2022)[26]. A pesquisa está igualmente articulada ao projeto temático "Formação e educação, tecnologia e profissionalização, na sociedade industrial do capitalismo tardio" (Sass, 2019), coordenado pelo Prof. Dr. Odair Sass, do qual a autora participa, bem como à pesquisa realizada no âmbito do estágio pós-doutoral, intitulada "Fins da Universidade Pública e Formação no Brasil: análise baseada na produção científica" (Minhoto, 2019).

O objetivo é apresentar uma análise preliminar da recente expansão da educação superior, aliada a um processo de mercantilização, que está impulsionando o que aqui é nomeado de deformação em larga escala.

Inicialmente, por meio da análise dos dados das Instituições de Ensino Superior (IES), contidos no Censo da Educação Superior de 2020, conduzida pelo Instituto Nacional de Estudos e Pesquisas Educacionais Anísio Teixeira (Inep), foi realizado um levantamento das IES categorizadas como privadas com fins lucrativos. Diante desse resultado, procedeu-se a uma busca de tais IES em suas páginas da internet a fim de mapear a quais entidades

---

[26] O SoU_Ciência é um Centro de Estudos e Think Tank sobre Sociedade, Universidade e Ciência. É um Grupo de Pesquisa multidisciplinar cadastrado no CNPq, sediado na Unifesp e composto por uma equipe de pesquisadores de todos os campi e de outras universidades, com histórico de pesquisa, inovação e gestão em Educação Superior e Ciência, Tecnologia e Inovação (CT&I). O Centro adota a política de ciência aberta e pública, creative commons e transparência de dados em todas as pesquisas realizadas. Para mais informações, vide: https://souciencia.unifesp.br/. O relatório que dá base a esse texto pode ser encontrado em: https://doi.org/10.34024/souciencia.RT1.

mantenedoras estavam vinculadas. Esse procedimento permitiu agrupar as IES por mantenedoras e identificar os dez maiores grupos privados em funcionamento no país. As matrículas em cada grupo ultrapassaram a marca dos 100 mil matriculados, de acordo com o Censo de 2020.

A partir da definição desse conjunto, foi possível realizar análises comparativas sobre as condições de funcionamento e os resultados obtidos no Exame Nacional do Desempenho dos Estudantes (Enade) das IES pertencentes aos dez maiores grupos privados e de outras instituições privadas e públicas.

Observou-se, inicialmente, que cerca de 62% de todos os ingressantes nos cursos superiores de graduação, no ano de 2020, efetuaram as suas matrículas nas IES desses dez maiores grupos privados. Nas instituições sob a gestão desses grupos, 47% dos matriculados estão frequentando cursos de graduação que apresentam baixos conceitos no Enade (1 ou 2 em uma escala que vai a 5) e altas taxas de evasão — os dados dos Censos permitem verificar que apenas 42% dos ingressantes nessas IES, em 2018, continuavam ativos no final de 2019 (Bielschowsky *et. al.*, 2022, p. 147-148).

Assim, esse primeiro exercício permitiu verificar que uma parte importante dos jovens e adultos matriculados em cursos de graduação estava vinculada a esses grandes grupos, cujas IES são consideradas pela legislação como universidades e centros universitários. Porém, a organização das atividades dessas IES distancia-se da lógica subjacente à formação universitária, estabelecida na Constituição Federal de 1988, que prevê a indissociabilidade entre ensino, pesquisa e extensão.

Com isso, a hipótese que se colocou para a pesquisa foi a de que está em curso no país uma deformação em larga escala, com a maior parte dos estudantes brasileiros matriculada em cursos de baixa qualidade, ofertados na modalidade de Ensino a Distância (EaD). Esse processo faz parte de uma lógica de mercantilização da formação, que reverbera não apenas na deformação de futuros profissionais, mas tem graves consequências para toda a sociedade brasileira — seja pelo investimento público e/ou privado realizado para a manutenção desses cursos de graduação, seja pela dificuldade de atuação profissional de seus egressos, que poderão não conseguir inserção em suas áreas de formação ou que poderão trabalhar sem condições adequadas em suas profissões.

Com o intuito de verificar as características e as consequências do que está em andamento com o processo de expansão da educação superior, foram analisados os dados do Censo da Educação Superior e do Enade, ambos produzidos pelo Inep[27].

Expansão da Educação Superior e os sinais da deformação em larga escala

A expansão do ensino superior nos últimos 25 anos no Brasil foi considerável, alcançando, na taxa bruta de matrículas, uma posição equivalente à de países da América Latina e Caribe. De 1995 a 2020, o número de matrículas cresceu tanto na educação pública quanto na privada, passando, respectivamente, de 696 mil para 1,95 milhões e de 1,063 para 6,72 milhões. Os dados do Banco Mundial (The World Bank, 2021) indicam que, em 2019, o Brasil tinha uma taxa bruta de matrículas de 55,1%, mais do que o triplo do registrado em 1999.

A primeira forte onda de expansão das IES privadas, ocorrida nos governos de Fernando Henrique Cardoso (1995-2002), conforme mostra a figura 1, foi marcada pela organização de um sistema nacional de avaliação da qualidade do ensino e pela flexibilização das categorias administrativas que enquadravam as IES.

Figura 1: Evolução das matrículas no ensino superior

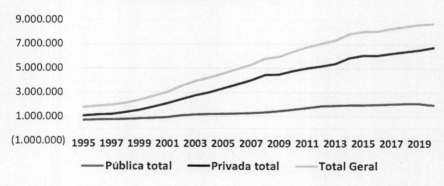

Fonte: Elaboração própria com dados dos Censos da Educação Superior (Inep) — microdados armazenados pelo SoU_Ciência

---

[27] Desde a década de 1990, o MEC tem produzido dados educacionais de muita relevância, por meio da atuação do Inep. Em fevereiro de 2022, no entanto, o MEC retirou o acesso às séries históricas dos diversos microdados educacionais, argumentando que as informações ali contidas trariam risco de identificação de estudantes, o que contraria a Lei Geral de Proteção de Dados Pessoais (LGPD — Lei n. 13.709, de 14/08/2018). As análises realizadas neste artigo estão em acordo com a LGPD e fizeram uso dos microdados disponibilizados pelo MEC e salvos pelos autores antes de sua retirada em fevereiro de 2022.

A LDB de 1996 (Brasil, 1996) e os Decretos 2.207 e 2.306, de 1997 (Brasil, 1997a; Brasil, 1997b) foram fundamentais para essas mudanças. Os decretos legalizaram o negócio mercantil na educação, sendo que o primeiro regulamentou o sistema federal de ensino e permitiu que as mantenedoras da IES se constituíssem "em qualquer das formas admitidas em direito, de natureza civil ou comercial" (Brasil, 1997a). Com essa redação, permitiu às IES privadas que se constituíssem com fins lucrativos, um marco de transição no cenário da estruturação da gestão desse nível de ensino.

Antes disso, as instituições privadas não poderiam ser formalmente organizações com fins lucrativos, medida que era acompanhada por isenções de impostos. No entanto, de acordo com o artigo 7º do Decreto 2.306/97:

> As instituições privadas de ensino, classificadas como particulares em sentido estrito, com finalidade lucrativa, ainda que de natureza civil, quando mantidas e administradas por pessoa física, ficam submetidas ao regime da legislação mercantil, quanto aos encargos fiscais, parafiscais e trabalhistas, como se comerciais fossem equiparados seus mantenedores e administradores ao comerciante em nome individual. (Brasil, 1997b).

A edição dos dois decretos desencadeou um movimento sem precedentes de mudança estatutária e de regime administrativo no conjunto das IES privadas. Em 1999, dois anos após sua edição, as IES privadas com fins lucrativos passaram a representar 15% do total das privadas e detinham 13,1% das matrículas desse setor. Em 2010, perfaziam 43,4% do total das IES particulares e com 43,4% de suas matrículas e, finalmente, em 2020, último ano disponível do Censo da Educação Superior, 60% das privadas eram com fins lucrativos e já respondiam por 71,9% de suas matrículas. Com isso, em 30 anos, o setor privado com fins lucrativos cresceu de maneira vertiginosa e passou a responder por dois terços das matrículas (Bielschowsky et al., 2022, p. 20).

Algumas mudanças foram posteriormente adicionadas aos decretos, mas nenhuma delas apresentou alteração em relação à forma de organização e constituição das mantenedoras de IES privadas, permanecendo a estrutura descrita e sua distinção entre IES públicas e privadas.

No final dos anos 2000, o país experimentou uma nova mudança na forma de atuação no setor privado: a financeirização. Chaves e Amaral

(2016) definem a financeirização como liberação e desregulamentação de fluxos financeiros, interligação das transações, criação de inovações financeiras e de fundos de investimentos institucionais, o que levou impactos adicionais para os negócios da educação superior.

Em 2007, a Anhanguera foi a primeira empresa educacional a abrir seu capital, lançando *Initial Public Offerings* (IPO) na Bovespa com autorização do Conselho Administrativo de Defesa Econômica (Cade) e da Comissão de Valores Mobiliários (CVM). A Kroton foi a segunda, no mesmo ano. Seguiram-se IPOs da Estácio e do Sistema Educacional Brasileiro (SEB). Ao mesmo tempo, na primeira e segunda décadas deste século, desapareceram dois terços das IES comunitárias ou confessionais e respectivas matrículas (Sguissardi, 2015).

Na passagem para o governo Lula, foi criado um novo sistema de avaliação de cursos e instituições, o Sistema Nacional de Avaliação do Ensino Superior (Sinaes), que incorporou a autoavaliação à avaliação externa e um novo sistema de exames que incluiu, além dos formandos, os ingressantes, buscando medir o "valor agregado" com a passagem dos jovens pelo ensino superior. O chamado tripé avaliativo, destinado a avaliar a qualidade do sistema a partir do desempenho do estudante, dos cursos e das instituições, foi implantado por meio de ciclos avaliativos trienais. Tais ciclos e seus resultados tornaram-se uma referência básica aos processos de supervisão e regulação do Ministério da Educação (MEC) para garantir o funcionamento das IES e a qualidade da oferta de seus cursos.

Entretanto, toda a evolução das matrículas e a expansão das IES nesse período foram acompanhadas pelo novo perfil de funcionamento das instituições, com fins lucrativos, o que impulsionou um processo de aquisições e fusões entre elas e dinamizou modelo de negócio pautado, em grande parte, pela formação de baixa qualidade ou de formação nenhuma. Muitas pequenas e médias IES privadas passaram a fazer parte de grupos cujo funcionamento se assemelha ao de instituições financeiras, sendo seu compromisso primordial a elevação de lucros e rentabilidade, especialmente após o lançamento dos IPOs dos primeiros grandes grupos educacionais privados.

Esse problema torna-se um dos sérios desafios legados pelo modo como a expansão ocorreu nas duas últimas décadas. A criação de grandes grupos educacionais foi concomitante à estagnação das matrículas em outros tipos de instituição privada. Na década passada, houve relativa estabilidade nas matrículas de outros segmentos privados, enquanto os estudantes das IES que hoje pertencem aos dez maiores grupos privados mais do que dobraram, conforme mostram os dados compilados na figura 2.

Figura 2: Matrículas em IES que pertenciam aos dez maiores grupos privados em 2020

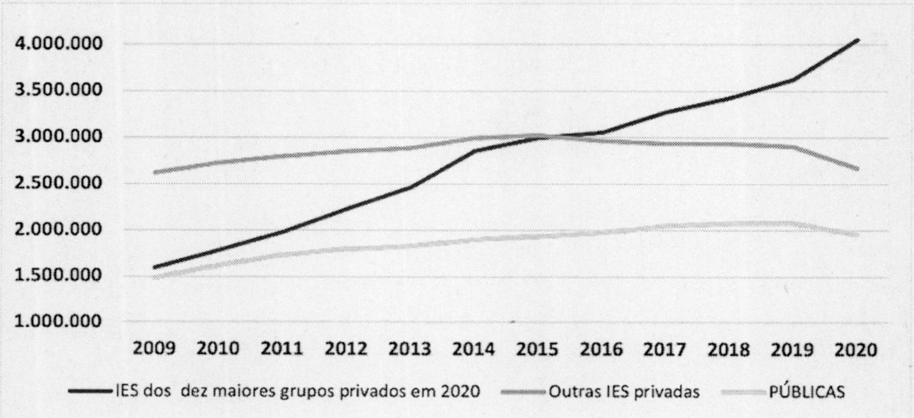

Fonte: Elaboração própria com dados do Censo da Educação Superior do (Inep) — microdados armazenados pelo SoU_Ciência

As matrículas em instituições públicas cresceram de forma relevante entre 2009 e 2020 (cerca de 33%), mas estiveram longe de rivalizar com os grandes grupos privados (cerca de 150%). O total de estudante no seguimento público chegou a ultrapassar 1,9 milhão de matriculados em 2018, mas ficou abaixo desse patamar no ano mais recente pelos dados disponíveis.

A distribuição das matrículas, em 2020, dá uma ideia mais precisa do que está em curso na educação superior brasileira: 56% de todos os matriculados estavam em IES com fins lucrativos, 18% nas demais IES privadas, 4% na confessionais e 22% nas públicas, conforme os dados da figura 3.

Figura 3: Matrículas na Educação Superior por categoria administrativa, em 2020

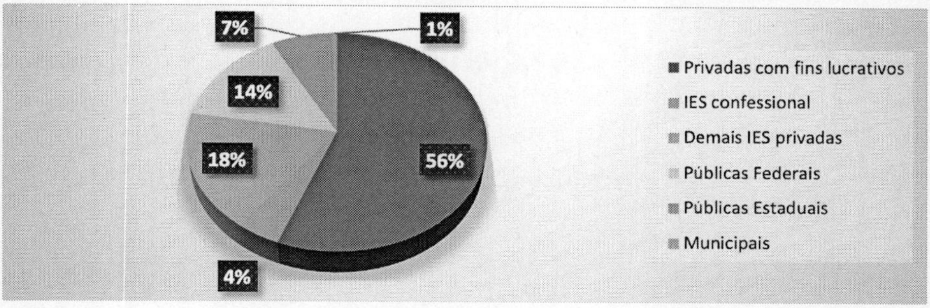

Fonte: Elaboração própria com dados do Censo da Educação Superior de 2020 (Inep)

Quando a perspectiva de análise recai sobre a qualidade dos cursos oferecidos, os dados apresentados na tabela 9 mostram que quase a metade (47%) dos estudantes vinculados às IES dos dez maiores grupos educacionais está em cursos que obtiveram um baixo conceito Enade (conceitos 1 ou 2, numa escala que vai de 1 a 5), enquanto nas demais IES privadas esse número foi de 37% e nas públicas apenas 15%. Evidencia-se, com dados oficiais do MEC, a existência de uma enorme distância na formação recebida pelos estudantes das IES que pertencem aos grandes grupos privados, quando comparada à experimentada pelos estudantes das IES públicas.

TABELA 9: PARTICIPAÇÃO E RESULTADOS NO ENADE E ENADE PROPORCIONAL REFERENTE A 2017-2019 – NOS DEZ MAIORES GRUPOS, DEMAIS IES PRIVADAS, IES PÚBLICAS

Tipos de IES	Participantes do Enade 2017-2019	Participantes em cursos com conceito 1 ou 2	Percentual de participantes em cursos 1 ou 2	Enade proporcional
IES dos 10 maiores grupos	370.456	173.814	46,9%	2,04
demais IES privadas	494.357	183.040	37,0%	2,23
Públicas Federais e Estaduais	264.374	40.455	15,3%	3,01
Total	1.129.187	397.309	35,1%	2,34

Fonte: Elaboração própria com dados do Enade (INEP, dados armazenados pelo SoU_Ciência)

Um problema adicional, associado à evolução no crescimento desproporcional das matrículas no setor privado, é a explosão do Ensino a Distância (EaD). A adoção acelerada dessa modalidade de ensino pelas instituições privadas pode ser percebida a seguir, na figura 4.

Figura 4: Evolução das matrículas em cursos presenciais e com educação a distância nas IES privadas

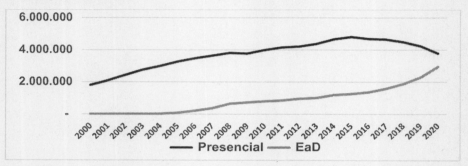

Fonte: Elaboração própria com dados do Censo da Educação Superior (Inep) — microdados armazenados pelo SoU_Ciência

Entre 2001 e 2020, as matrículas em EaD no setor privado deixaram de ser residuais e passaram a representar perto de 45% do total do segmento. Essa expansão tem como subproduto o encolhimento na oferta de matrículas presenciais do setor privado. Entre 2015 e 2020, as matrículas presenciais experimentaram queda sustentada, revertendo a tendência de crescimento das décadas anteriores. Ao mesmo tempo, a curva que representa as matrículas em EaD apresentou aceleração.

Se a crescente utilização do ensino a distância tem permitido, por um lado, a ampliação do acesso a cursos de graduação, por outro, é notável que tem sido amplamente utilizada como um instrumento de financeirização do ensino superior. A figura 5 mostra as matrículas totais e o número de ingressantes em cursos presenciais e a distância nas IES públicas, privadas e dos 10 grandes grupos, em 2020.

Figura 5: Matriculados e Ingressantes em cursos presenciais e a distância nas IES públicas, privadas e dos 10 grandes grupos, em 2020

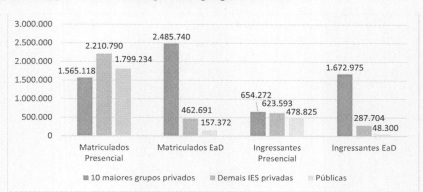

Fonte: Elaboração própria com dados do Censo da Educação Superior de 2020 do Inep (2022)

    Destaca-se que 80,0% de todas as matrículas em EaD e 83,3% de todos os novos ingressos em EaD, no ano de 2020, foram realizados no âmbito das IES vinculadas aos dez grandes grupos privados, sendo que boa parte dessa oferta está sendo feita em cursos/IES de baixa qualidade, como evidenciado na tabela 9. Tão ou mais sério é identificar que apenas 42% dos ingressantes de 2018 nas IES desses grandes grupos estavam ativos no final de 2019, um número bem inferior aos 71% das IES públicas, conforme mostra a figura 6.

Figura 6: Percentual de estudantes ativos no final do ano seguinte a seu ingresso na educação superior a partir de 2013 nas IES que pertenciam em 2020 aos dez maiores grupos, demais IES privadas e IES públicas Estaduais e Federais

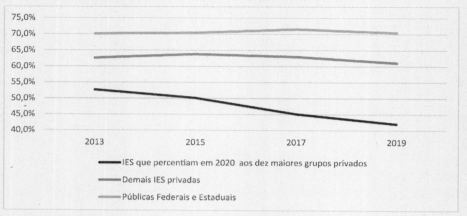

Fonte: Elaboração própria com dados do Censo da Educação Superior (INEP, dados armazenados pelo SoU_Ciência).

Trata-se de um efeito perverso desse processo de expansão, no qual a maioria dos estudantes acaba frustrada em sua pretensão de evoluir em sua trajetória profissional e, em muitos casos, permanece endividada. Considerando que a oferta de vagas de ingresso desses grupos está em ampla expansão, os números apresentados apontam que o modelo de negócios subjacente a esses grupos pauta-se, em parte, não na formação de estudantes, mas na captação de um número cada vez maior de ingressantes, com vistas a lucrar o máximo possível com as mensalidades dos primeiros anos de graduação.

Faz-se necessário pontuar que essa prática foi amplamente denunciada, já em 2012, pelo relatório da Comitê de Saúde, Educação, Trabalho e Pensões do Senado dos Estados Unidos, que apontava o modo como as universidades privadas com fins lucrativos tinham seus negócios voltados prioritariamente à captação de novos estudantes, com amplo investimento em propaganda e baixíssimo investimento em apoio ao estudante matriculado.

O Brasil é um país com uma das menores taxas de envolvimento do setor público na educação superior no mundo. Em 2020, enquanto o Brasil possuía 78% das matrículas em IES privadas, nos países europeus, por exemplo, o setor privado era responsável por menos de 20% das matrículas nesse nível. E nos Estados Unidos, esse número era de apenas 26% (Unesco, 2019).

São várias as consequências desse modelo de concentração de matrículas. Em primeiro lugar, há uma clara diferença na formação dos estudantes das IES públicas e privadas, o que pode ser observado, por exemplo, com o desempenho muito superior dos estudantes das públicas em relação aos grandes grupos privados no Enade (conforme dados compilados na tabela 9). Além disso, a taxa de evasão no setor público é bem menor do que aquela apresentada pelo setor privado, especialmente quando se consideram os ingressantes em IES dos dez maiores grupos educacionais privados (de acordo com a figura 6).

A pesquisa científica e o desenvolvimento tecnológico do país, realizados em nível de pós-graduação, estão concentrados no setor público: 81,5% dos estudantes e 83,7% dos docentes da pós-graduação brasileira estão em IES públicas e chama atenção a baixíssima participação das IES privadas não confessionais na pós-graduação e pesquisa (Bielschowsky et. al., 2022, p. 53).

Outro fator que merece atenção é o alto número de estudantes por docente, conforme a tabela 10.

Tabela 10: Número de IES, relação estudante/professor equivalente 40hs e % de Doutores por categoria de IES

Categoria de IES	Número de IES	Relação estudante/ professor equiva-lente 40hs	% Doutores
IES confessionais	126	34	44,8%
Universidades Privadas	70	103	32,5%
Centros Universitários Privados	286	79	27,4%
Faculdades Privadas	1.660	36	27,4%
IES Municipais	57	22	28,5%
IES Públicas Estaduais	124	16	63,0%
IES Públicas Federais	118	11	73,6%
Todas as IES	2.441	34	48,6%

Fonte: Elaboração própria com dados do Censo da Educação Superior de 2020 (INEP, 2022)

Nas Universidades (103) e Centros Universitários (79) particulares não confessionais a média é de 91 estudantes por docente equivalente 40 horas. O comportamento é distinto das IES confessionais, que possuem 34 estudantes/docente equivalente 40hs, e, também, das demais faculdades privadas, com 36 estudantes/docente equivalente a 40 horas, aproximando-se da relação estudante/professor equivalente 40hs das IES municipais (22). As IES públicas estaduais e federais têm uma relação estudante/docente com um número ainda menor, respectivamente de 16 de 11 estudantes por docente equivalente a 40 horas, um dos elementos fortemente associados à maior carga pesquisa e extensão que esses docentes possuem nas IES públicas.

É importante destacar que, se de um lado, há grandes tendências que mostram claramente o modo como os grandes grupos privados educacionais atuam e seu respectivo processo de financeirização está construindo uma expansão da educação superior brasileira com base em uma formação precária ou mesmo formação nenhuma (quando consideramos a evasão), há exemplos que mostram no âmbito singular algumas IES privadas que têm como meta um ensino de qualidade e uma participação no esforço de pós-graduação e pesquisa no país.

Especialmente quando se observa as Universidades particulares, deve--se destacar as condições acadêmicas ofertadas por diversas confessionais e por algumas particulares não confessionais. Esses elementos mostram como é necessário defender a educação pública e a educação privada de qualidade em um processo de expansão que atualmente prioriza o acesso a IES que pouco investem na formação de seus estudantes e na pesquisa científica e, algumas vezes, legando aos seus ex-alunos um alto endividamento pessoal.

Pelo que foi brevemente evidenciado aqui, é urgente o estabelecimento de um rigoroso processo de regulação da Educação Superior, em especial dos cursos oferecidos na modalidade EaD, bem como o endurecimento das normas que permitem a uma instituição ser considerada como universidade ou centro universitário, de modo que cesse rapidamente o crescente processo de deformação em larga escala de profissionais nas mais diversas áreas.

Referências

BIELSCHOWSKY, C. *et al. Expansão da Educação Superior no Brasil*: análise das Instituições Privadas. Relatório de Pesquisa. São Paulo: SoU_Ciência, 2022.

Disponível em: https://repositorio.unifesp.br/bitstreams/6fb611ec-7dbb-40bc-96ef-ea5cb41d5813/download. Acesso em: 30 set. 2022.

BRASIL. Lei nº 9.394, de 20 de dezembro de 1996. Estabelece as diretrizes e bases da educação nacional. Disponível em: https://www.planalto.gov.br/ccivil_03/leis/l9394.htm. Acesso em: 30 set. 2022.

BRASIL. Decreto no 2.207, de 15 de abril de 1997a. Regulamenta, para o Sistema Federal de Ensino, as disposições contidas nos arts. 19, 20, 45, 46 e § 1o, 52, parágrafo único, 54 e 88 da Lei no 9.394, de 20 de dezembro de 1996, e dá outras providências. Disponível em: http://www.planalto.gov.br/ccivil_03/decreto/d2207.htm. Acesso em: 20 jun. 2022.

BRASIL. Decreto no 2.306, de 19 de agosto de 1997b. Regulamenta, para o Sistema Federal de Ensino, as disposições contidas no art. 10 da Medida Provisória no 1.477-39, de 8 de agosto de 1997, e nos arts. 16, 19, 20, 45, 46 e § 1o, 52, parágrafo único, 54 e 88 da Lei no 9.394, de 20 de dezembro de 1996, e dá outras providências. Disponível em: http://www.planalto.gov.br/ccivil_03/decreto/D2306.htm. Acesso em: 23 jun. 2022.

CHAVES, Vera Lúcia Jacob; AMARAL, Nelson Cardoso. Política de Expansão da Educação Superior no Brasil - O PROUNI e o FIES como Financiadores do Setor Privado. *Educação em Revista*, Belo Horizonte, v. 32, n. 4, p. 49-72, out./dez. 2016.

MINHOTO, M. A. P. *Fins da Universidade Pública e Formação no Brasil*: análise baseada na produção científica sobre o tema. Projeto de Pós-Doutorado desenvolvido no Programa de Pós-Graduação em Educação: História, Política, Sociedade, da PUC-SP, 2019.

SASS, Odair. *Formação e educação, tecnologia e profissionalização, na sociedade industrial do capitalismo tardio* [Versão preliminar]. Programa de Pós-Graduação em Educação: História, Política, Sociedade, da PUCSP, 2019.

SGUISSARDI, Valdemar. Educação Superior no Brasil: Democratização ou massificação mercantil? *Educação & Sociedade*, v. 36, n. 133, p. 867-889, 2015. Disponível em: https://doi.org/10.1590/ES0101-73302015155688. Acesso em: 19 ago. 2021.

THE WORLD BANK. School enrollment, tertiary (% gross). *Data Bank*. 2021. Disponível em: https://data.worldbank.org/indicator/SE.TER.ENRR. Acesso em: 23 jun. 2022.

UNESCO INSTITUTE FOR STATISTICS [UIS]. *Distribution of enrolment by type of institution*: Percentage of enrolment in tertiary education in private institutions. 2019. Disponível em: http://data.uis.unesco.org/index.aspx?queryid=3841. Acesso em: 22 jun. 2022.

TEORIA DA PSEUDOCULTURA (1959) [28] [29]

Theodor W. Adorno

O que hoje se manifesta como crise na formação cultural (*Bildung*) não é exclusivamente objeto principal de uma disciplina particular ou mesmo da sociologia da educação. Os sintomas de colapso da formação cultural, que são observados por toda parte, inclusive entre as pessoas mais cultas, não podem ser inteiramente explicados pelas inadequações dos sistemas educativos e dos métodos de ensino, criticados há muitas gerações. Contudo, por mais necessárias que sejam, as reformas pedagógicas isoladas não são suficientes. Em alguns momentos, elas podem até mesmo intensificar a crise, rebaixando as demandas intelectuais dos que deveriam ser educados e subestimando ingenuamente o impacto da realidade extrapedagógica sobre eles. No entanto, considerações e investigações isoladas sobre os fatores sociais que influenciam e penetram a formação cultural, em sua função presente e nos incontáveis aspectos de sua relação com a sociedade, não alcançam o poder do que está em curso mais do que o fazem as reformas educacionais. Como fatores parciais da totalidade social imanente no âmbito do sistema, elas são parte do conceito de formação cultural; movem-se no âmbito da esfera de relações que deve ser claramente

---

[28] Versão em português de Maria Angélica Pedra Minhoto feita a partir da tradução alemão-inglês de Deborah Cook. Segue a referência da publicação em língua inglesa: ADORNO, Theodor W. Theory of pseudo-culture (1959). Trans. Deborah Cook. *Telos: a quarterly journal of critical thought*. New York, n. 95, p. 15-38, spring, 1993. Esse ensaio é a transcrição da conferência realizada na Assembleia Berlinense da Deutsche Gesellschaft für Soziologie, em maio de 1959. Foi publicado pela primeira vez por Der Monat, ano 11, setembro de 1959 (21p.) A tradução do alemão para o inglês foi feita de: ADORNO, Theodor W. Gesammelte Schriften 1. Band 8, "Sociologischen Schriften". Frankfurt am Main: Suhrkamp Verlag, 1972, p. 93-121. A revisão técnica da tradução foi feita por Odair Sass e Carlos A. Giovinazzo Jr.

[29] Originalmente publicado como "Theorie der Halbbildung", em 1959, e reimpresso em Theodor W. Adorno, *Schriften*, v. 8, "Sociologischen Schriften", p. 93-121. Traduzido por Deborah Cook para a língua inglesa. Adorno usa a palavra *Bildung* em vários sentidos: educação, cultivo, formação e cultura. Assim, a palavra foi traduzida de diferentes maneiras, dependendo do contexto. Adorno também distingue as palavras *Bildung* e *Kultur*. Quando *Bildung* é usada, aparece entre parênteses e o leitor pode assumir que Adorno continuará a usá-la até que *Kultur* apareça entre parênteses. Reciprocamente, *Kultur* aparece entre parênteses e se aplica até que *Bildung* apareça. Em alguns casos, o mesmo procedimento é seguido para as formas adjetivadas das palavras: por exemplo, *Bildungdugter* e *Kultursugter*, quando tratadas como sinônimas (nota da tradutora para a língua inglesa). O mesmo procedimento é aqui empregado.

compreendida. A transformação da formação cultural, sedimentada como uma espécie de espírito objetivo negativo (e não apenas na Alemanha), pode ser deduzida das leis do movimento social, até mesmo do conceito de formação. A formação cultural transformou-se em pseudoformação (*halbbildung*) socializada, a onipresença do espírito alienado. Dada a sua gênese e significado, a pseudoformação não precede a formação cultural, ao contrário, a sucede. Nela, tudo fica aprisionado nas malhas da socialização. Não há mais natureza rude; mas crueza da natureza — a remota falsa alegação — que sobrevive e se reproduz tenazmente. Um exemplo perfeito de consciência desprovida de autodeterminação agarra-se aos elementos reconhecidos da formação cultural como direito inalienável. Entretanto, sob o seu feitiço, esses elementos gravitam ao redor da barbárie enquanto se deterioram. Isso não pode ser explicado apenas com base em acontecimentos recentes, nem, por certo, pelo bordão "sociedade de massas", que, em geral, não indica mais do que um ponto cego a partir do qual deveria ter início o trabalho do conhecimento. O fato de a pseudoformação ter se tornado a forma dominante da consciência contemporânea, a despeito de todo o esclarecimento e informação disseminada, na verdade, com a sua ajuda, é exatamente o que demanda uma teoria mais compreensiva.

Consideradas as práticas da pseudoformação, a ideia de cultura (*Kultur*) não deve ser sacrossanta, pois a formação cultural (*Bildung*) não é outra coisa que a cultura (*Kultur*) do ponto de vista de seus propósitos subjetivos. Mas a cultura tem duplo caráter: refere-se à sociedade e é mediação entre sociedade e pseudocultura. Na terminologia alemã, a cultura — que é nitidamente distinguida da práxis — refere-se tão somente à cultura intelectual. Inerente a essa visão está a ideia de que a emancipação completa da burguesia não logrou êxito, ou prosperou apenas no momento em que a cultura burguesa já não podia mais se equiparar à humanidade. A derrota dos movimentos revolucionários, que nos países ocidentais almejavam realizar o conceito de cultura como liberdade, repôs tais ideias, por assim dizer, e não apenas obscureceu a conexão entre elas bem como sua realização, mas as transformou em tabu. A cultura tornou-se autossuficiente. Na linguagem da filosofia exaurida, converteu-se em "valor". Os grandes sistemas especulativos da metafísica e a grande música, com os quais está tão proximamente ligada, devem a sua existência ao poder da cultura. Entretanto, é precisamente em tal intelectualização da cultura que se confirma a sua impotência: a vida real das pessoas está entregue à existência cega, às relações cegas e cambiantes. A cultura não é indiferente a esse fenômeno. Max Frisch observou que pessoas que ocasionalmente participaram apaixonada e intencionalmente dos chamados bens culturais foram capazes de subscrever sem reservas as práticas assassinas do nacional-socialismo: isso não é apenas a dimensão de uma consciência progressivamente cindida, mas contradiz objetivamente o conteúdo daqueles bens culturais, a humanidade e tudo o que lhe é inerente, na medida em que não são mais do que bens culturais. O sentido inerente deles não pode ser separado do curso dos acontecimentos humanos. Qualquer formação cultural (*Bildung*) que proceda de outra forma, que se autonomize e se torne absoluta, converte-se, desse modo, em pseudoformação. Exemplo disso pode ser encontrado nos escritos de Wilhelm Dilthey, que provavelmente, mais do que qualquer outro, tornou palatável para a classe média-alta alemã o conceito de vida cultural (*Geisteskultur*) com fim em si mesma e o entregou de bandeja aos pedagogos. Passagens de seu livro mais famoso, como a que se refere a Hölderlin — "Que outra vida de poeta se teceu de um material tão delicado, como se fossem raios de lua! E como sua vida, assim foi sua poesia!"[30] —, apesar de toda a erudição do autor, já não podem ser diferenciadas dos produtos da indústria cultural, no estilo de Emil Ludwig[31].

Por outro lado, quando a cultura compreendeu a si mesma como conformação da vida real, acentuou unilateralmente o elemento de adaptação com o propósito de manter as pessoas obedientes. Fez isso para fortalecer a precária continuidade da socialização e para conter as explosões caóticas que periodicamente ocorrem precisamente onde a tradição de uma formação cultural autônoma está estabelecida. Na melhor das hipóteses, a ideia filosófica de formação (*Bildungsidee*) buscou moldar de forma protetora a existência natural. Isso significou tanto a repressão dos instintos animais, por meio da conformação mútua entre as pessoas, quanto a redenção da natureza face à pressão estabelecida no caminho instituído pela ordem humana. As filosofias de Schiller, dos kantianos e dos críticos de Kant foram a expressão mais plena da tensão entre as duas tendências, enquanto na teoria da formação hegeliana, tal como naquela do tardio Goethe, o desiderato da adaptação triunfou no próprio humanismo, sob o epíteto da renúncia. Se aquela tensão se dissolvesse, a adaptação se tornaria dominante, na medida em que estava lá. Por causa da forma como é individualmente determinada,

---

[30] Wilhelm Dilthey, Das Erlebnis und die Diktung (Leipzig and Berlin: B. G. Teubner Verlag, 1919, p. 441.

[31] [Tr] Emil Ludwig, também conhecido como Ludwig Cohen (1881-1948), formou-se advogado, mas cedo na vida passou a escritor de biografias (com Plutarco como modelo), romances e peças, a primeira mais bem-sucedida que as últimas.

recusa-se a ir além do positivo, além daquilo que já está lá. Dada a pressão que exerce sobre os homens, perpetua a deformação que imaginava haver conformado: a agressão. De acordo com Freud, essa é a razão do mal-estar na cultura (*Kultur*). Nos termos da história das ideias, toda a sociedade conformista nada mais é que história natural Darwinista. Ela recompensa a sobrevivência do mais adaptado. Se o campo de forças chamado formação cultural (*Bildung*) fosse constituído por categorias fixas, quer do espírito ou da natureza, quer da soberania ou da adaptação, cada categoria isolada seria conflituosa com aquilo que é comum a todas: tornar-se-iam ideologia e promoveriam a degeneração.

O duplo caráter da cultura (*Kultur*), que encontra equilíbrio apenas momentaneamente, é derivado do antagonismo social inconciliável, o qual caberia à cultura curar, mas, que, como mera cultura, não pode fazê-lo. Na hipóstase do espírito gerada pela cultura, a reflexão modifica a separação socialmente condicionada entre trabalho corporal e espiritual. A superioridade objetiva do princípio dominante justifica a antiga injustiça, ao passo que, por óbvio, apenas aniquilando o dominado é que se torna evidente a possibilidade de extinção da repetição obstinada das relações de dominação. Entretanto, a adaptação é imediatamente o esquema da dominação progressiva. Apenas fazendo-se a si mesmo semelhante à natureza, restringindo-se a si mesmo ao existente, é que o sujeito se tornou capaz de controlar o existente. Esse controle se apresenta socialmente como meio de dominar os instintos humanos, fundamentalmente, como meio de controle do processo vital da sociedade em seu conjunto. Mas o preço disso é a vitória da natureza, que sempre doma o domador e esse, inutilmente, dela se aproxima, a princípio pela magia e depois pela rigorosa objetividade científica. No processo de aproximação — a eliminação do sujeito no interesse de sua própria autoconservação —, afirma-se o contrário do que é conhecido: a mais pura relação inumana com a natureza. Culpa por associação[32], seus momentos opõem-se necessariamente entre si. Em vista da progressiva dominação da natureza, o espírito torna-se obsoleto e decai vítima do estigma da magia, ao qual outrora foi atribuído à fé na natureza: substitui ilusões subjetivas pelo poder dos fatos objetivos. Sua própria

---

[32] Culpa por associação é um tipo de *Argumentum ad hominem* (argumento contra a pessoa) — uma falácia identificada quando um interlocutor busca negar uma proposição criticando o seu autor e não o conteúdo. No caso da culpa por associação, a crítica não é frontalmente direcionada ao autor, mas a um terceiro, cuja imagem é negativa, associada à proposição que o autor original defende. Um exemplo comum dessa falácia é a associação à figura de Hitler, apelidada de *Reductio ad Hitlerum*. [N. T.].

essência, a objetividade da verdade, converte-se em falsidade. No entanto, em uma sociedade que simplesmente existe e se desenvolve cegamente, a adaptação não é superada. A configuração das relações humanas choca-se contra os limites do poder. Mesmo com a intenção de organizar as relações de forma humana, o poder prossegue como princípio dominante, negando a reconciliação. A adaptação é assim refreada — transforma-se em fetiche tanto quanto o espírito, torna-se grandiosa entre os meios universalmente organizados, sobrepondo-se aos fins racionais; o brilho da pseudorracionalidade é incapaz de qualquer especificidade conceitual. Ergue uma casa de vidro, mal compreendida como liberdade, e essa falsa consciência é condizente com a igualmente falsa e arrogante autoconsciência do espírito.

Essa dinâmica está em conformidade com a dinâmica da formação cultural (*Bildung*). A formação não é invariável: não apenas difere em épocas distintas por seus conteúdos e instituições, tampouco pode ser transmitida arbitrariamente como ideia. A ideia de formação cultural foi emancipada com a burguesia. Os tipos sociais do feudalismo, como o fidalgo e o gentleman, e especialmente a velha erudição teológica, desprenderam-se de sua forma tradicional de existência e de suas determinações específicas e se fizeram independentes frente ao contexto social no qual estiveram incorporados. Tornaram-se reflexivos, autoconscientes e foram simplesmente aplicados a outras pessoas. Sua realização supostamente correspondeu à realização de uma sociedade burguesa de pessoas livres e iguais. Ao mesmo tempo, entretanto, separaram-se de seus propósitos, de suas reais funções, tão radicalmente quanto à estética da finalidade sem fim de Kant. A formação cultural deveria beneficiar o indivíduo livre alicerçado em sua própria consciência, aprimorado no interior da sociedade, que sublimasse claramente seus instintos, como também o próprio espírito. A formação cultural é pré-requisito implícito de uma sociedade autônoma, porquanto mais esclarecido o indivíduo, mas esclarecida a sociedade. Não obstante, a relação entre a formação cultural e a práxis irrefletida pareceu contraditória; pareceu naufragar em um profundo grau de heteronomia para se tornar um meio de salvaguardar vantagens, em vista da indiferenciada "guerra de todos contra todos" (*bellum omnium contra omnes*). Sem dúvida, a ideia de formação cultural pressupõe uma condição de humanidade sem status ou finalidade, e uma vez que a formação concede e se enreda na práxis do trabalho socialmente útil em busca de fins particulares, falseia-se a si mesma. Mas a sua pureza, que se converte em ideologia, não é menos culpada. Na medida em que elementos finalísticos são inerentes à ideia de formação cultural, deveriam, em conformidade com ela, possibilitar ao indivíduo preservar-se como sujeito racional em uma sociedade racional, como sujeito livre em uma sociedade livre. De acordo com o modelo liberal, isso ocorreria da melhor forma possível se todo o homem fosse formado para seu próprio benefício. Quanto menos relações sociais, especialmente quando diferenças econômicas são o exemplo, mais a ideia de formação cultural orientada por uma finalidade será rejeitada. Não se deve insistir apenas no ponto sensível de que a formação cultural por si não garante uma sociedade racional ou agarrar-se à esperança, falsa desde o começo, de que a formação cultural será capaz de alcançar o que realmente é negado às pessoas. O sonho da formação cultural — liberdade em relação à ditadura dos meios e à obstinada e estéril utilidade — converte-se em apologia de um mundo guiado pela mesma ditadura. A dubiedade da formação rompe com o ideal formativo que considera a cultura (*Kultur*) como absoluta.

O progresso da formação cultural (*Bildung*) que a jovem burguesia subscreveu em oposição ao feudalismo não seguiu linearmente, de forma alguma, como sugeria a promessa. Quando a burguesia tomou o poder político na Inglaterra e na França, nos séculos XVII e XVIII, respectivamente, estava econômica e espiritualmente mais desenvolvida que o sistema feudal. As qualidades adquiridas então pela palavra "formação" permitiram à classe em ascensão conquistar seus objetivos econômicos e administrativos. A formação cultural não foi apenas a marca da burguesia emancipada e seu privilégio sobre as pessoas inferiores, como os camponeses. Sem a formação cultural, a burguesia dificilmente teria obtido êxito como empresário, intermediário, funcionário público ou como outra coisa qualquer. Algo bem diferente ocorreu com a nova classe engendrada quase que simultaneamente à consolidação da sociedade burguesa. Quando as teorias socialistas se ocuparam de despertar o proletariado para a consciência de classe, esse não estava em hipótese alguma mais avançado subjetivamente que a burguesia. Não foi, portanto, sem razão que os socialistas derivaram sua posição histórica de sua própria condição econômica objetiva e não de sua condição espiritual. Mesmo em uma sociedade em que as pessoas eram formalmente iguais, os proprietários tinham o monopólio da formação cultural. A desumanização que emergiu do modo de produção capitalista negou aos trabalhadores tudo o que era necessário à formação, começando pelo lazer (tempo livre). Tentativas de remediar via educação foram malogradas a ponto de parecerem caricaturas. Toda a chamada cultura popular (termo que se habituou evitar) sofreu a ilusão de que poderia revogar a exclusão do proletariado da formação cultural, socialmente ditada, simplesmente por meio da educação.

Mas a contradição entre formação cultural e sociedade não resulta simplesmente em ausência de formação ao velho estilo, o camponês. Atualmente, as zonas rurais são áreas de reprodução de pseudoformação. Em parte, graças aos meios de comunicação de massa, como rádio e televisão, a concepção pré-burguesa de mundo — essencialmente a concepção religiosa tradicional — foi destruída em um curto espaço de tempo. Foi substituída pelo espírito da indústria cultural. Contudo, o a priori do conceito de formação cultural essencialmente burguês — a autonomia — não teve tempo de se desenvolver. A consciência segue imediatamente de uma heteronomia a outra. A autoridade da Bíblia foi substituída pela autoridade do estádio, da televisão e suas "histórias reais" — que nisso clamam ser literais e atuais —, ao largo da imaginação produtiva[33]. O mais alarmante dessa situação, que no Terceiro Reich de Hitler tornou-se bem mais drástico que um mero fenômeno sociocultural, não foi reconhecido. Confrontar esse fenômeno seria a tarefa mais urgente de uma política de formação cultural socialmente refletida, ainda que essa questão dificilmente seja central no que toca à pseudoformação. Ao menos por ora, a marca da pseudocultura permanece burguesa, assim como a ideia de formação propriamente dita. Carrega a fisionomia da classe média baixa. A formação cultural não apenas desapareceu dessa classe, ela foi arrastada por forças de interesse, inclusive daqueles que não participam do privilégio da formação cultural. Um técnico que conserta rádios ou um mecânico de automóveis, ignorantes segundo critérios tradicionais, precisam de muitos conhecimentos e habilidades para o exercício de suas profissões, habilidades que só podem ser adquiridas por meio de conhecimentos matemáticos e científicos. Como observou Thorstein Veblen, a chamada classe inferior tem muitos mais conhecimentos que a arrogância acadêmica está disposta a admitir.

A fenomenologia da consciência burguesa não basta por si só para explicar a nova situação. Contrariamente à consciência da sociedade burguesa sobre si mesma, no início do alto capitalismo, o proletariado era socialmente extraterritorial, objeto das relações de produção e sujeito apenas como produtor. Os primeiros proletários foram pequenos burgueses, artesãos e

---

[33] Ver Karl-Guenther Groneisen, "Lendbevölkerung im Kraftfeld der Stadt", em Gemeindestudie des Instituts für sozialwissenschaftliche Forschung, Monografia 2 (Darmstadt: E. Roether Verlag, 1952).

camponeses despossuídos, extrínsecos à formação burguesa. Essa situação se prolongou por algum tempo em virtude da pressão das condições de vida, da desmedida duração da jornada de trabalho e dos salários deploráveis ao longo das décadas descritas em [Marx] *O Capital* e em [Engels] *A Situação das classes trabalhadoras na Inglaterra*. Entretanto, considerando que não houve mudanças decisivas nos fundamentos econômicos das relações, no antagonismo entre o poder e a impotência econômica e nos limites objetivamente fixados da formação cultural, a ideologia se alterou essencialmente. A ideologia ocultou longamente a divisão, inclusive para aqueles que precisaram carregar o fardo. Durante os últimos 100 anos, foram incluídos nas malhas do sistema. O termo sociológico para isso é integração. Subjetivamente, nos termos da consciência, as fronteiras sociais tornaram-se cada vez mais tênues na Europa, como ocorre desde há muito nos Estados Unidos. As massas são abastecidas de bens culturais por inúmeras fontes. Isso ajuda a mantê-las no lugar — neutralizadas e petrificadas. Para elas, nada é precioso demais ou muito caro. Isso funciona tanto quanto os conteúdos da formação cultural que, via mecanismo de mercado, são adaptados à consciência daqueles que foram excluídos do privilégio da formação – formação que outrora deveria supostamente modificá-los.

O processo é determinado objetivamente, não é resultante de *mala fide*, visto que a estrutura social e sua dinâmica impedem que os bens culturais se tornem imprescindíveis, que sejam apropriados pelos neófitos, como o seu próprio conceito sugere. Provavelmente, o mais inócuo é o fato de que milhões de pessoas que formalmente desconhecem os bens culturais estão agora inundados por eles e dificilmente preparados para lidar psicologicamente com isso. Contudo, as próprias condições materiais de produção dificultam a lida com esse tipo de experiência, na qual conteúdos formativos tradicionais estavam sintonizados e para os quais estavam melhor adaptados. Consequentemente, a própria formação cultural, apesar de todo o suporte, está sendo mutilada. Em muitos casos, como algo formalmente inviável e obstinadamente fútil, obstruiu o caminho do progresso. Os que ainda sabem o que é um poema terão dificuldades para encontrar um emprego bem-remunerado como redatores de textos publicitários. A diferença constantemente ampliada entre poder e impotência social nega aos fracos e, tendencialmente, também aos poderosos, as reais precondições da autonomia que o conceito de formação cultural conserva ideologicamente. Como resultado, a consciência das distintas classes está se tornando padronizada, apesar de que, segundo investigações recentes, as classes atualmente se parecem menos do que há alguns anos. Em todo o caso, não se pode falar com especificidade estrutural objetiva, mas apenas nos termos de uma psicologia social voltada para uma sociedade de classes médias uniformizadas, se necessário, com flutuações em sua composição. Entretanto, também aparecem subjetivamente ambas as coisas: o véu da integração, especialmente nas categorias de consumo, e a firme dicotomia que mesmo assim fica evidente sempre que os sujeitos se colocam contra os antagonismos firmemente estabelecidos de interesses escusos. A essa altura, a população subjacente é "realista"; as outras se sentem porta-vozes dos ideais[34]. Porque a integração como ideologia, permanece analogamente frágil.

Tudo isso, certamente, vai muito além desse escopo. Contudo, caracteristicamente, referenciais teóricos nem sempre concordam inteiramente com os resultados das pesquisas e estabelecem pontos de vista opostos. Aventuram-se excessivamente; na linguagem da pesquisa social, tendem a falsear as generalizações. Independente das necessidades administrativas e comerciais, o desenvolvimento de métodos empírico-sociológicos foi necessário precisamente por essas razões. Entretanto, a especulação não seria possível sem uma boa dose de ousadia. Sem o inevitável momento de falseamento da teoria, a especulação estaria autorresignada à mera redução aos fatos, o que os deixariam não conceituados ou pré-científicos, no verdadeiro sentido do termo. Sem dúvida, há evidência empírica convincente para refutar a tese do atrofiamento da formação cultural, bem como a da pseudoformação socializada e de sua influência nas massas. Mesmo hoje em dia, o estrato da classe média composto pelos trabalhadores de colarinho branco é modelo de pseudoformação, e seus efeitos sobre as verdadeiras classes baixas podem ser claramente comprovados com pouquíssima ousadia, a mesma necessária para comprovar a padronização geral da consciência. A julgar pela situação aqui e agora, a contenda em torno da universalidade da pseudoformação é simplista e exagerada. No entanto, o conceito não implica a inclusão indiscriminada de todas as pessoas e classes, mas, antes, pretende dar forma a uma tendência, esboçar a fisionomia do espírito que também determina a marca de uma época, mesmo que a sua validade seja ainda muito limitada quantitativa e qualitativamente. As categorias da pseudoformação podem, até o momento, ter falhado em abranger inúmeros trabalhadores, pequenos funcionários públicos e outros grupos, porém, em última análise, isso não ocorre graças à consciência de classe que, embora

---

[34] Cf. "Zum politischen BewuBtssein ausgewählter Gruppen der deutschen Bevölkerung", manuscrito inédito do Instituto de Pesquisa Social (Frankfurt a/M: 1957).

debilitada, é ainda força vital. Pelo lado da produção, no entanto, essas categorias são demasiadamente poderosas, seu surgimento se adaptou muito bem aos interesses estabelecidos, caracterizam tão adequadamente as formas ubíquas nas quais a formação aparece, merecendo ser representadas mesmo que não se enquadrem estatisticamente. Se nenhum outro conceito, distinto do conceito tradicional de formação, servir de antítese à pseudoformação socializada, que pode ser criticada, isso tão somente expressa a situação de que nada à disposição é melhor, embora seja um critério dúbio visto que perdeu suas possibilidades. A restituição do passado também não é desejável, e nem sua crítica foi minimamente reduzida. Nada sobreveio ao espírito objetivo hoje que não estivesse dado, no auge do liberalismo, ou que não tenha sido ao menos restituído por uma dívida antiga. Mas o que agora transparece no domínio da formação cultural não foi vislumbrado em sua antiga forma, por mais ideológica que fosse, visto que as relações petrificadas impediram as possibilidades do espírito transcender a formação convencional. A medida da má notícia é apenas a velha má notícia. No momento em que é condenada, mostra um colorido conciliatório e se reduz à insignificância. Apenas por esta razão, e não por *louvar um tempo passado* (*laudatio temporis acti*), é que se recorre à formação tradicional.

No conceito de pseudoformação, o conteúdo mercantilizado, reificado da formação cultural sobrevive ao custo de seu verdadeiro conteúdo e de sua relação vital com sujeitos vivos. Isso corresponde apenas de forma rudimentar à sua definição. O fato de hoje o termo pseudoformação ter adquirido a mesma reputação antiquada e arrogante, tal como a cultura popular, não prova que o fenômeno desapareceu, antes, comprova que seu contraconceito — precisamente o de formação cultural —, que sozinho o tornou compreensível, não está mais presente. Bem ou mal, apenas indivíduos isolados não completamente absorvidos no cadinho, ou grupos profissionais que se autocelebram como elite, ainda participam da formação cultural. Contudo, a indústria cultural, em sua dimensão mais ampla — tudo o que o jargão credencia como meios de comunicação de massa —, perpetua esse estado de coisas, explorando-o. Com a sua complacência, trata-se de formação cultural para aqueles por ela anteriormente desprezados, de integração para os não integrados, a pseudoformação no seu próprio espírito: o espírito da falsa identidade. As brincadeiras de mau gosto com os novos- ricos, que embaralham expressões estrangeiras, persistem, porque mediante essa confusão se confirmam as crenças de todos aqueles que se riem dos outros. A identificação deveria prosperar nessas pessoas, no entanto, o fracasso é tão inevitável como o é seu empreendimento. Pois, uma vez esclarecidos, a própria ideia de que são livres e autônomos e não precisam ser iludidos, não importando o quão inconsciente para os indivíduos isso ocorra nas sociedades capitalistas, exige que se comportem como se tudo fosse verdade. Isso só lhes parece possível no que compreendem como espírito: formação cultural objetivamente danificada. A forma totalitária da pseudoformação deve ser explicada não somente por fatores sociais e psicológicos, mas também por aquilo que é potencialmente melhor — a condição da consciência postulada na sociedade burguesa sugere a possibilidade de autonomia real para qualquer vida, cuja realização é negada pelo modo de organização da vida convertido em mera ideologia. Essa identificação deve fracassar porque, em uma sociedade que perdeu virtualmente todas as suas qualidades como resultado da dominação do princípio de troca, o indivíduo não ganha nem forma e nem estrutura, elementos que tornariam possível a ele cultivar-se no sentido mais literal do termo. Por outro lado, o poder da totalidade sobre o indivíduo alcançou proporções tais que esse precisa refletir sobre a ausência de forma, sem possuí-la. Perdeu-se o que antes se dispunha aos sujeitos, mesmo que problematicamente, para que pudessem ganhar forma. Todavia, eles continuam sem liberdade, sua vida em comunidade, sob bases individuais, não foi articulada de início como interação genuína. O termo fatal "ideal" (*Leitbild*), no qual está inscrita a impossibilidade do seu significado, expressa isso. É a evidência do sofrimento que se ergue da ausência de um cosmos social e espiritual que Hegel chamaria de "substancial", sem violência, inquestionavelmente ligado ao indivíduo, uma totalidade verdadeiramente reconciliada com o indivíduo. Ao mesmo tempo, no entanto, essa noção é também evidência do desejo de estabelecer algo arbitrariamente substancial, tal como fez Nietzsche com seu novo testamento. O aparato sensorial linguístico já está demasiado gasto para compreender que o ato de violência em direção ao qual o desejo por ideais normativos tende é justamente o que contradiz muito substancialmente o que se conquista. Essa característica do fascismo sobreviveu. Entretanto, retroage à própria ideia de formação cultural. A formação é estruturada inerentemente por antinomias. Pressupõe autonomia e liberdade, mas até hoje esteve referida a estruturas de uma ordem preconcebida no que toca a cada indivíduo, que é heterônomo em um certo sentido e, portanto, insustentável. Apenas no âmbito dessa ordem o indivíduo é capaz de se cultivar. Assim, no próprio instante em que há formação cultural, ela cessa de existir. Teleologicamente, sua regressão está determinada desde a origem. Hoje, os verdadeiros ideais eficazes são um conglomerado de concepções ideológicas que se colocam entre os sujeitos e a realidade, e a filtram. São de tal modo incorporados afetivamente, que não podem ser removidos facilmente pela *ratio*. A pseudoformação abraça-os todos. A falta de formação, entendida como mera ingenuidade e simples ignorância, permitiu uma relação imediata com objetos, o que poderia enaltecer a consciência crítica em virtude de seu potencial para o ceticismo, perspicácia e ironia, qualidades que se desenvolvem naqueles não são inteiramente domesticados. A pseudoformação deseja que isso fracasse. A tradição foi essencialmente uma entre muitas outras condições sociais para a formação cultural. Segundo [Werner] Sombart e Max Weber, ela era essencialmente pré-burguesa, incompatível com a racionalidade burguesa. Entretanto, a perda da tradição como efeito do desencantamento do mundo finalmente levou à condição de incultivável (*Bilderlosigkeit*), à esclerose do espírito pela sua instrumentalização, o que é incompatível com a formação cultural, desde o início. Nada mais consegue manter o espírito em uma relação vital com as ideias. A autoridade mediava, frequentemente mais mal que bem, a tradição e os sujeitos. Segundo Freud, tal como a autonomia, o princípio do ego surge da identificação com a figura paterna, à medida que as categorias derivadas dessa identificação sejam diretamente contrárias à irracionalidade das relações familiares, então, a formação cultural é socialmente desenvolvida. Reformas escolares, cuja necessidade humana não se questiona, eliminaram a autoridade retrógrada. No entanto, também debilitaram a já minguada dedicação e internalização do espiritual, necessária à liberdade. No presente, a Liberdade — o inverso da compulsão — foi atrofiada e a compulsão expandida, mas ainda nenhuma compulsão para a liberdade foi proposta. Quem, entre os que frequentaram o Ginásio, não reclamou sobre a necessidade de memorizar os poemas de Schiller e as odes de Horácio? Quem não se irritou com velhos parentes que voluntária e incessantemente recitavam de cor esse tipo de coisa? Dificilmente alguém é forçado hoje à memorização. Os mais não intelectualizados já estão inclinados pelo que não é intelectual, pelo automatismo. Por esses processos, o espírito é privado de alguns alimentos com os quais se cultivava. A crença no espírito pode ter secularizado o espírito teológico em algo sem substância. Se a chamada nova geração o despreza, ela devolve aquilo que foi forjado desde o começo. Mas onde falta tal crença — propriamente ideologia — emerge ideologia pior. Na Alemanha, caracterizar alguém como uma "pessoa de espírito" sempre teve uma conotação altamente ofensiva, mas essa caracterização está se desvanecendo. O pretenso realismo que emerge para ocupar seu lugar está completamente pronto para acomodar a existência espiritual e engolir o que lhe é empurrado goela abaixo. Uma vez que quase não existem jovens hoje que sonham em ser grandes poetas ou compositores, é possível dizer, com algum grau de exagero, que não há entre eles um grande teórico em economia e, em última análise, nenhuma espontaneidade política verdadeira. A formação cultural precisou de proteção diante dos ataques do mundo exterior, necessitou de um certo respeito pelo sujeito singular, talvez, mesmo a fragmentação da socialização. Hölderlin escreveu: "Entendi a linguagem dos deuses, jamais entendi a linguagem dos homens". Cento e cinquenta anos mais tarde um jovem que pensasse dessa maneira seria ridicularizado ou entregue aos cuidados benevolentes de um psiquiatra por conta de seu autismo. Porém, se a distinção entre a linguagem dos deuses — a ideia de uma verdadeira linguagem, tendo que se haver com questões substantivas — e a linguagem prática da comunicação não é mais percebida, então a formação cultural está perdida. Não há dúvida de que a formação alemã em sua melhor época não incluiu completamente o conhecimento da filosofia contemporânea, que, entre os anos 1790 e 1830, estava reservada a uns poucos. No entanto, aquela filosofia era ainda imanente à formação cultural, conduziu figuras seminais como [Wilhelm von] Humboldt e [Friedrich] Schleiermacher às suas concepções sobre a natureza da formação cultural. O cerne do idealismo especulativo, a doutrina do caráter objetivo do espírito que transcende o simples indivíduo psicológico, foi o princípio da formação cultural — o princípio de algo não imediatamente útil para os outros, algo não imediatamente mensurável nos termos de sua finalidade. O irrevogável colapso da metafísica do espírito sepultou sob si a formação cultural. Não se trata de um acontecimento isolado na história intelectual, é fato social. O espírito está afetado pelo fato de ele próprio e de sua objetificação como formação cultural não serem mais aguardados, revela-se, assim, ser em si algo social. O desiderato da formação cultural universalmente aceito, que pode ser concedido e verificado quando possível por exames, não é nada mais do que a sombra de tal antecipação. A formação cultural verificável converteu-se em norma, um tipo de qualificação e, como tal, não é mais cultura quanto a educação geral, degenerada em conversa fiada de vendedor. O momento de espontaneidade, tal como foi finalmente glorificado nas teorias de Bergson e nos romances de Proust, que caracterizava a formação cultural como algo distinto dos mecanismos da dominação social da natureza, foi destruído pela excessiva luz da verificabilidade. Contrária à falsa máxima de Fausto, a formação cultural não pode ser comprada; sua aquisição é o mesmo que a má compra. Entretanto, negando-se que pode ser comprada, a formação envolve-se na rede de privilégios, pois apenas aqueles que a possuem não tem necessidade de adquiri-la e dela se apoderam. Dessa maneira, sucumbe-se à dialética da liberdade e da falta de liberdade. Como legado da antiga falta de liberdade, abre-se mão, mas enquanto as condições de não liberdade objetiva persistirem, a formação cultural é impossível como mera liberdade subjetiva.

Nos Estados Unidos, país burguês mais adiantado, atrás do qual todos os outros manquitolam unidos, a natureza de uma existência sem formação (*Bilderlosigkeit*) pode ser observada na sua forma mais extrema, como condição social universal da pseudoformação. As imagens religiosas, que dotam o existente de cores algo mais grandiosas do que o existente, desbotaram-se, as imaginações irracionais do feudalismo, que se desenvolveram com aquelas da religião, sumiram. O que sobrevive ao folclore arcaico, que sempre foi sintético, não pode ser modificado. No entanto, a autorregulada existência não foi ela mesma significativa; desmistificada, permaneceu prosaica também em sentido negativo. Uma vida moldada em todos os aspectos de acordo com o princípio da equivalência, esgota-se na reprodução de si mesma, ao reiterar o movimento. Suas demandas ao indivíduo são impostas com tanta força e severidade que não é possível ao sujeito conquistar seu espaço em oposição a elas como alguém que está no comando de sua vida, nem pode experimentá-las como parte de sua finalidade humana. Consequentemente, a existência sombria — a alma que não aspira a nada superior na vida — requer imagens substitutas para o divino, obtidas por meio da pseudocultura. A desarmonia de seus elementos, que cresceu a ponto de se tornar caótica e a renúncia à plena racionalidade, até mesmo por membros dispersos (*membra disiecta*) particulares, levaram uma consciência empobrecida a recorrer à magia [35]. Os meios de comunicação de massa talharam uma mitologia substituta, valendo-se do Velho Oeste, que ninguém confronta com os fatos de um passado nem tão longínquo. As estrelas de cinema, as músicas populares e suas letras oferecem efeitos semelhantes. Palavras que o homem comum (*man of the street*) — ele mesmo já mitológico — dificilmente pode entender, tornam-se populares justamente por isso. Uma música famosa dizia de uma jovem "Você é uma

---

[35] Cf. entre outros, Ernest Lichtenstein em Handbuch für Sozialkunde (Berlin e Munique, 1955), Seção A II, pp. 1 e subsequentes.

rapsódia" (*You are a rhapsody*), sem que ninguém parasse para pensar como tal comparação é pouco cortês, uma comparação com um *pot-pourri* de técnicas amorfas de composição. Às vezes, bem arrumadas, quase sempre impressionantemente belas, as feições das mulheres são decifradas como o sistema de escrita pictográfica da pseudoformação — rostos como os de Montespan ou o de Lady Hamilton, que são incapazes de proferir algo original, mas que repetem mecanicamente o que é delas esperado em qualquer situação para causar uma boa impressão, como foi registrado por Evelyn Waugh. A pseudoformação de há muito parou de cingir-se simplesmente ao intelecto, adulterou também a vida sensorial. Responde à questão psicodinâmica de como o sujeito pode ser capaz de perseverar em face de uma racionalidade que é em si irracional.

Enquanto os elementos originais de refinamento social inerentes à formação cultural forem anulados, sendo formação cultural e refinamento essencialmente o mesmo, um sucedâneo toma o seu lugar. A perene sociedade do status absorve os restos da formação e a transforma em símbolo de status. Isso nunca foi alheio à formação burguesa, que sempre esteve inclinada a separar o povo dos autointitulados representantes — formalmente aqueles que podiam falar latim — do povo, tal como Schopenhauer, certa vez, observou com ingenuidade. Contudo, por trás dos muros de seu privilégio apenas aquelas forças humanas originadas da *práxis,* e com isso prometiam um estado de coisas sem privilégio, foram capazes de florescer. Mas a dialética da formação cultural foi imobilizada graças à sua integração social, porque foi colocada sob controle direto. A pseudoformação é o espírito subjugado pelo fetichismo da mercadoria. Do mesmo modo que o caráter social do gerente de loja e do balconista de estilo antigo foi invadido pela cultura dos colarinhos-brancos (mesmo com Karl Kraus, que buscou descobrir as origens desse processo, fala-se da ditadura estética do balconista), os respeitáveis motivos de lucro da formação cultural recobriram como mofo o conjunto da cultura. Como raramente deixam passar qualquer coisa que se desvie disso, apenas a formação totalitária está na linha de frente do novo. Com a integração progressiva, a pseudoformação cultural esconde-se de sua ingenuidade, não foi outra cultura, a dos colarinhos-brancos, que liquidou com o balconista. Isso também oprime o espírito que foi e o remodela de acordo com suas próprias necessidades. Assim, a pseudocultura não somente participa parasitariamente de seu prestígio momentaneamente não reduzido, como também o despoja da própria distância crítica e de seu potencial e, finalmente, de seu prestígio.

Um modelo disso é o destino dos chamados clássicos. Ao longo do século XIX, na Alemanha, o cânone cultural constituía-se ao menos por coleções de obras escolhidas, mesmo que controladas pelos interesses editoriais da época e sujeitas a mecanismos suspeitos de seleção. Schiller foi o exemplo perfeito da formação acumulada em aforismos, no entanto, até mesmo essa tênue autoridade desapareceu. Comenta-se que as novas gerações raramente reconhecem os nomes de muitos ícones clássicos, cuja imortalidade foi proclamada precipitadamente. A energia foi drenada das ideias que outrora compunham e sopravam vida à formação cultural. Essas ideias não recorrem às pessoas como conhecimento (como parece se manter na ciência) ou como normas. Por exemplo, liberdade e humanidade perderam seu poder de esclarecimento na totalidade, um sistema fechado de compulsão, porque não é mais possível moldar a vida por eles. Tampouco sobrevive seu imperativo estético, visto que as criações do espírito que encarnavam liberdade e humanidade são amplamente tidas como frágeis, verborrágicas e ideológicas. Os bens de formação cultural entraram em decadência não apenas para os indivíduos cultos, mas também em si e para si mesmos, nos termos de seu real valor. Esse real valor não é, como considerava o idealismo, uma invariante atemporal, mas antes, como as próprias pessoas, tem vida em uma dinâmica socio-histórica e pode morrer.

Mesmo o progresso manifesto, a elevação geral do nível de vida acompanhada do desenvolvimento das forças produtivas materiais, não é inteiramente uma bênção para a vida intelectual. As discrepâncias que resultaram do fato de que a superestrutura é revolucionada em um ritmo mais lento que a base se intensificaram em detrimento da consciência. A pseudoformação coloniza parasitariamente o legado cultural. O fato de a formação cultural se beneficiar da tecnologia e dos altos padrões de vida, de todos serem afetados pelo que é formativo culturalmente, é nada menos que ideologia pseudodemocrática de balconista — "a música entra em produção de massa" (*music goes into mass production*) —, e são chamados de esnobes aqueles que disso duvidam. Essa ideologia pôde ser refutada pela investigação social empírica. Assim, nos Estados Unidos, em um engenhoso estudo que comparou dois grupos de indivíduos que escutavam a chamada música séria, um por meio de audições vivas e outro por meio do rádio, Edward Schumann demonstrou que o último reagia mais superficialmente e com menos entendimento que o primeiro. A música séria foi virtualmente transformada em música leve para ouvintes de rádio e as criações intelectuais em geral, que as pessoas atacam com a precipitação que Kierkegaard equiparou ao demoníaco, congelam-se em bens culturais. A recepção desses bens não se conforma a um critério imanente, atende apenas ao critério que o consumidor acredita que deles derivou. Entretanto, a demanda por formação cultural como desejo de ser incluído entre os da elite — pelo que, cada vez menos é possível diferenciar-se subjetivamente, de algum modo — aumenta com o padrão de vida. Como resposta a esse desejo, amplos setores da sociedade são encorajados a fingir uma formação cultural que de fato não têm. O que antes estava reservado ao esnobe e aos *nouveau riche* converteu-se em espírito do povo. Uma grande parte da produção da indústria cultural (*Kultur*) vive da cultura popular e isso, por sua vez, produz a necessidade desses artefatos pseudoculturais, tais como os romances biográficos, que se reportam a questões culturais e simultaneamente produzem identificação barata e trivial; liquidação de disciplinas inteiras, como a arqueologia ou a bacteriologia, distorcidas em toscos estimulantes, dão a impressão ao leitor de que é *bem informado* (*au courant*). A insanidade sobre a qual se subordina o mercado cultural (*Kulturmarket*) é por ele reproduzida e fortalecida. Sob as condições vigentes, a disseminação indiferente da formação cultural (*Bildung*) é exatamente o mesmo que a sua destruição.

Dúvidas sobre a popularização da formação cultural e de seu valor inqualificável como meio de esclarecimento sob as condições atuais corrobora as suspeitas dos reacionários. Por exemplo, não é possível se opor a publicações em *paperback* de textos filosóficos importantes do passado com o argumento de que seu conteúdo sofreria com essa forma e função de apresentação sem parecer um porta-voz ridículo de uma ideia de formação cultural condenada historicamente, permitida a alguns poucos dinossauros capazes de atestar a sua grandiosidade e esplendor. De fato, seria insensato querer ocultar tais textos em pequenas e dispendiosas edições em um tempo em que a tecnologia e os lucros econômicos da produção massificada convergem. Do medo ao inevitável, entretanto, não se pode ignorar o que isso implica e, sobretudo, como é conflitante com a demanda imanente por democratização da formação cultural em si. No processo de disseminação da formação, modifica-se o significado do que é difundido em muitos sentidos, contrários ao que se pretenderia divulgar com orgulho. Apenas uma visão linear e contínua de progresso intelectual desconsidera de forma imprudente o conteúdo qualitativo da formação cultural, que foi socializada como pseudoformação. Em contraste, a concepção dialética reconhece a ambiguidade do progresso no interior da totalidade repressiva. O fato de que os antagonismos se multiplicam significa que todos os avanços particulares da consciência da liberdade também participam na persistência da falta de liberdade. Luz é vertida sobre toda a esfera de uma passagem tocantemente ilusória do velho tesouro das ideias sociais democratas citadas por [Walter] Benjamin como moto para as suas "Teses sobre o Conceito de História": "Pudessem ser mais esclarecedoras as nossas tarefas diárias e o povo seria mais inteligente"[36]. Da mesma forma como não há valores aproximados na arte, pois uma performance medíocre de um trabalho musical de jeito algum realiza seu conteúdo e é totalmente inadequado para a tarefa, o mesmo pode ser dito de toda a experiência intelectual. O que é pseudocompreendido e pseudoexperimentado não se constitui como primeiro estágio da formação cultural, mas seu inimigo mortal. Os elementos da formação cultural que penetram a consciência sem serem conservados convertem-se em substâncias tóxicas; tendem a se transformar em superstições mesmo que critiquem a superstição como tal. Um exemplo disso é de um velho trabalhador braçal que, em sua ânsia por algo mais elevado, enfrentou a "Crítica da Razão Pura" e acabou na astrologia, ostensivamente, porque foi unicamente capaz de reconciliar as leis morais que estão em nós com as estrelas que estão sobre nós. Os elementos não assimilados da formação cultural fortalecem a reificação da consciência, contra o que a formação deveria nos proteger. Para alguém que recorra à "Ética" de Spinoza, despreparado para entendê-la nos termos da doutrina cartesiana da substância e das dificuldades de mediação entre *res cogitans* e *res extensa*, as definições com as quais a obra começa assumem com isso um caráter de algo dogmaticamente opaco e abstrusamente arbitrário. Apenas quando o conceito e a dinâmica do racionalismo são compreendidos em relação a toda a sua definição é que esse caráter desaparece. Qualquer pessoa despreparada não saberá o que tais definições deveriam ser e nem o que as justifica de maneira inerente. Ou as rejeitará como jargões, e com isso facilmente adotará uma atitude de superioridade com toda a filosofia, ou, lançando mão da autoridade de um autor famoso, as engolirá todas e, nessas condições, converter-se-á em autoritário, tanto quanto as citações dos chamados grandes pensadores vagam como fantasmas em manuscritos ideológicos, reforçando a opinião trivial de diletantes. Por si próprios, as introduções históricas e os comentários que avançam no tema são raramente capazes de fornecer a compreensão contextual adequada das definições para aqueles que se aproximem da "Ética" de Spinoza, a menos que estejam familiarizados com a problemática específica a que o autor se dedica. O resultado é desorientação e obscurantismo; mas, acima de tudo, uma relação cega com os produtos culturais (*Kulturprodukten*) inadequadamente compreendidos, o

---

[36] Josef Dietzgen, "Die Religion der Sozialdemokratie", em Walter Benjamin, Schriftem, Vol. I (Frankfurt a/M: Suhrkamp Verlag, 1955), p. 502.

que mutila até mesmo o espírito desses produtos que, concebidos como coisas vivas, deveriam ajudar a expressar. Entretanto, isso flagrantemente contradiz a intenção de uma filosofia que, como derradeira fonte do conhecimento, bem ou mal reconheceu apenas o imediatamente verificável. O que vale de verdade para todos os filósofos permanece verdadeiro, e, por analogia, para toda a arte. A ideia de que genialidade e grandeza sejam imediatamente evidentes em si e compreensíveis como despojos de uma estética baseada no culto ao gênio, oculta o fato de que nada considerado como formação cultural (*Bildung*) pode ser apreendido sem pré-requisitos. Um caso extremo pode aclarar a questão. Um livro amplamente divulgado nos Estados Unidos[37] é voltado descaradamente para as pretensões da pseudoformação cultural — aparência de ser culto pela capacidade de reconhecer imediatamente *standards* indiscutíveis da literatura sinfônica no ramo da música. O método é: os principais temas de sinfonias, mesmo motivos únicos, são letrados e inscritos na memória como frases musicais de canções populares. Assim, o tema principal da Quinta Sinfonia de Beethoven é cantado com as palavras "Eu sou o seu destino, venha, deixe-me entrar" (*I am your Fate, come, let me in!*); o tema principal da Nona Sinfonia está quebrado em partes, porque sua abertura não é cantável adequadamente e apenas o momento final é letrado; "Levante-se! A poderosa Nona está agora a seu alcance" (*Stand! The mighty ninth is now at hand!*). Não obstante, Spaeth dedica as seguintes linhas ao tema marginal da Symphonie Pathétique, de Tchaikovsky, que foi com frequência livremente parodiado:

> *Esta música tem uma tonalidade menos patética*
>
> *Soa mais razoável e não tão cheia de dor.*
>
> *O sofrimento acabou, o luto pode ser remediado,*
>
> *Parece que Tchaikovsky ficará calmo novamente.*
>
> (*This music has a less pathetic strain,*
>
> *It sounds more sane and not so full of pain.*
>
> *Sorrow is ended, grief mary be mended,*
>
> *Is seems Tchaikovsky will be calm again!*)

Muito pode ser aprendido sobre a despretensiosa pseudoformação cultural média nessa explosão de barbárie, que certamente danificou a

---

[37] Sigmund Speath, Great Symphonie: How to Recognize and Remember Them (New York: Garden City Publishers, 1936).

consciência musical de milhões de pessoas. As letras estúpidas não têm nada a ver com o conteúdo, entretanto agarram-se a ele como sanguessugas e produzem efeito nas obras sinfônicas, testemunhando definitivamente o fetichismo da pseudoformação em relação a seus objetos. A objetividade da obra de arte é distorcida por sua personalização — o retrato de Tchaikovsky seria o de um movimento apaixonado que desvanece em um episódio lírico. Mesmo que o próprio Tchaikovsky tivesse de fato se adiantado à indústria cultural, sua música é destilada da compreensão de um artista meio louco delirante, que, não obstante, tem seus momentos de tranquilidade, segundo o clichê do eslavo cabeludo. Além do mais, os temas da música sinfônica não são os mais importantes, pois, em sua maior parte, são mero material. A popularização, que atrai a atenção para os temas, desvia-se do essencial — o curso estrutural da música como algo total — para o anatômico, para pedaços de melodias particulares. Assim, o que auxilia a disseminação sabota aquilo que é disseminado. Finalmente, entretanto (e esse é um aspecto que dificilmente merece um epíteto mais moderado que satânico) será quase impossível para as pessoas que memorizaram o tema com as abomináveis letras esquecê-las e escutar a música tal como realmente é. A informação cultural mascarada de amor à arte revela-se destrutiva. Mas também o *paperback* mais inocente tem pelo menos em si potencialmente algo de Spaeth. Nenhum esclarecimento merece assim ser nomeado se for amedrontado demais para empreender reflexões desse tipo.

O mecanismo que fomenta o prestígio de uma formação cultural que já não é mais experimentada e até dificilmente presente, bem como a malograda identificação com ela, é subjetivo, um narcisismo coletivo[38]. A pseudoformação fez o reino privado disponível a todos. O narcisismo coletivo equivale a isso: as pessoas compensam a impotência social, que vai à raiz das unidades individuais e motivos conscientes, bem como dos sentimentos de culpa, porque não são o que deveriam ser e não fazem o que deveriam fazer, segundo a sua autoimagem. Eles compensam tornando-se, real ou imaginariamente, membros de algo mais elevado e amplo, ao que atribuem qualidades que a si próprios faltam e das quais tiram proveito por meio de uma participação vicária. A ideia de formação cultural está predestinada a isso, porque, analogamente ao mito racial, pede ao indivíduo apenas o mínimo possível para que o narcisismo coletivo seja gratificado; a matrícula em uma escola melhor, às vezes até a presunção de pertencer

---

[38] Cf. Theodor W. Adorno, "Aberglaube aus zweiter Hand", em Adorno, Schriften, v. 8, Soziologische Schriften, op. cit., p. 155 e subsequentes.

a uma boa família, já são suficientes. A atitude que liga a pseudoformação e o narcisismo coletivo é a de estar no comando, de ter uma opinião, de autorrealizar-se e de considerar-se como um expert. A fenomenologia da linguagem no mundo administrado, que Karl Korn delineou recentemente, em especial a "linguagem das exibições", é francamente a ontologia da pseudoformação. As monstruosidades linguísticas que interpretou são o estigma de identificações abortivas que contêm em si o espírito objetivo. Para continuar a satisfazer as demandas que a sociedade dirige às pessoas, a formação cultural é reduzida às marcas distintivas da imanência e integração social, e se converte em algo intercambiável e utilizável. A mentira comparativamente inocente sobre a unidade da formação cultural e a propriedade, com o que se defendia o sistema de classe na Prússia Guilhermina, transformou-se em tresloucada verdade. Assim, o espírito da pseudoformação cultural comprometeu-se com o conformismo. Não só o fermento da crítica e da oposição foram dele extraídos, posto que a formação cultural no século XVIII manteve os poderes estabelecidos, como também a afirmação e a duplicação mental do existente, de qualquer modo, converteu-se em conteúdo da pseudoformação, prova de sua legitimidade. A crítica, no entanto, degenera em mera inteligência que não é iludida por nada e engana os seus adversários como uma forma de seguir adiante.

O pseudoformado se dedica à autoconservação sem dispor de si mesmo (self). Não pode mais realizar sua subjetividade tal como a teoria burguesa a definiria, no sentido da experiência e das ideias, o que debilita subjetivamente a formação cultural tanto quanto tudo o que se opõem a ela objetivamente. A experiência — a continuidade da consciência na qual sobrevive o ausente; na qual a prática e a parceria fundam uma tradição no indivíduo — é substituída então por uma condição seletiva, desconectada, intercambiável e efêmera de estar informado, o que, como se pode observar, será prontamente cancelada por uma outra informação. O *temps durée,* a vida coesa relativamente sintonizada consigo mesma e que leva a um julgamento, é substituído por um atestador "É isso", sem qualquer julgamento, similar à forma como os passageiros de trens expressos repetem os nomes de fábricas de rolamento, ou de cimento, ou novos galpões por onde rapidamente passam e que desaparecem na distância, prontos para responder a qualquer questão inconsequentemente não formulada. A pseudoformação é um impeditivo para o tempo[39], para a memória,

---

[39] Cf. Theodor W. Adorno, "Uber Statik und Dynamik als aus soziologische Kategorien", em Schriften, v. 8, op. cit., p. 230.

por meio dos quais, somente, aquela síntese de experiências que uma vez significou formação cultural adentrou na consciência. Orgulhoso de estar sempre ocupado e mesmo sobrecarregado, o pseudoformado compreensivelmente também se orgulha de sua má memória. Possivelmente, essa é a razão do tanto que se faz do tempo na ideologia filosófica contemporânea, visto que dele muito se perde, e que deveria ser conservado. Entretanto, o concretismo tão apregoado e o abstracionismo, que geralmente permite apenas ao indivíduo ser considerado um representante do universal, para ser chamado por aquele nome, complementam um ao outro. O conceito [de tempo] é espoliado, porque está subsumido à ordenação de quaisquer clichês prontos (*readymade*) tirados de revisões dialéticas. Esses clichês revelam seu pernicioso poder nos sistemas totalitários; até a sua forma é a forma isolada, lancinante e incontestável do "É isso". Posto que a pseudoformação se aferra, sobretudo, às categorias tradicionais que ela não mais satisfaz, a nova forma da consciência está inconscientemente informada de sua própria deformação. Por essa razão, a pseudoformação é irritadiça e encolerizada — ser informado sobretudo é, ao mesmo tempo, o desejo de ser um sabichão. Ressentimento é um slogan da pseudoformação que viu melhores dias. Mas a própria pseudoformação é a esfera do puro e simples ressentimento, do que ela acusa a todos que ainda conservam uma centelha de autoconhecimento. O potencial destrutivo da pseudoformação é inconfundível sob a superficialidade do conformismo dominante. Enquanto confisca de maneira fetichista os bens culturais (*Kulturguter*) como propriedade, está constantemente preparada para os aniquilar.

A pseudoformação está associada à paranoia — o complexo de perseguição. A conspícua afinidade a um estado de consciência como o da pseudoformação, com processos psicóticos inconscientes, permaneceria, contudo, enigmática, uma harmonia preestabelecida, se os sistemas de ilusão não tivessem também a sua função social objetiva apartada de seu lugar na economia psíquica do indivíduo. Eles equilibram aquela percepção essencial que a pseudocultura obstrui. Tais sistemas suprem os indivíduos privados da continuidade de julgamento e experiência com esquemas para lidar com a realidade. Esses esquemas certamente não dão acesso à realidade, mas compensam a ansiedade sobre o que não se pode alcançar. Os consumidores de produtos psicóticos prontos (*readymades*) sentem-se protegidos por todas aquelas semelhanças isoladas, que estão unidas em sua solidão por uma ilusão comum em condições de alienação social radical. Depois que transcende os interesses imediatos, a gratificação narcísica de lidar com uma vida secreta e pertencer ao grupo seleto, dispensa-se do teste de realidade, o que, de acordo com Freud, foi a mais nobre tarefa do antigo ego. Os sistemas ilusórios da pseudocultura são curtos-circuitos permanentes. Poder-se-ia ter desejado explicar a tendência coletiva a essas formas de consciência, que [George] Sorel e [Alfred] Rosenberg batizaram como mitos, com o fato de que a realidade social atual, inerentemente difícil, complexa e incompreensível, leva aos mesmos curtos-circuitos. No entanto, mesmo essa dedução aparentemente objetiva, é insuficiente. Devido à abolição de incontáveis mecanismos conectados com o mercado, como também à eliminação do jogo de forças aleatório em muitos setores, a sociedade tornou-se mais transparente do que jamais foi. Se o discernimento não dependeu de nada, além do estado funcional da sociedade, então seria possível ao proverbial coveiro compreender como as coisas funcionam atualmente. O que é produzido objetivamente é muito mais a condição subjetiva, o que torna possível a objetividade e impossível o discernimento. A sensação de falta de contato com o poder do existente e de, não obstante, ter de capitular ante ele, também mutila as forças motrizes do entendimento. O que se apresenta ao sujeito como imutável torna-se fetiche, inescrutável e mal compreendido. As pessoas pensam em termos de oposição binária entre os predestinados à salvação ou os predestinados à condenação. O pseudoculto inclui-se entre merecedores da salvação; entre os condenados estão todos aqueles que poderiam colocar em xeque o seu reino e tudo o que a ele estiver conectado. O julgamento dos que muitas vezes são autoproclamados inimigos, ou apenas interpretados como tal, naquele exato momento de brutalidade, no qual o colapso da cultura (*Kultur*) desemboca objetivamente em quem se vangloria de sua cultura, irrompe barbaramente. A pseudocultura é defensiva: esquiva-se dos contatos que poderiam trazer à luz algo de sua natureza dúbia. Não é a complexidade, mas a alienação que dá origem às formas psicóticas de reação ao social e a psicose é ela mesma alienação objetiva apropriada e internalizada pelo sujeito. Os sistemas coletivos ilusórios da pseudocultura reconciliam o irreconciliável, pois eles articulam a alienação, sancionam-na, como se fosse um profundo mistério obscuro, e aparentemente se aproximam dela, substituindo a experiência danificada por uma falsa experiência. Para o pseudoculto, todo o mediado converte-se em imediato, até mesmo o passado todo poderoso. Daí a tendência para a personalização, relações objetivas são remetidas aos indivíduos ou a salvação é deles esperada. O culto delirante à personalização se desenvolve em conjunto com a despersonalização do mundo. Por outro lado, como consciência alienada, a pseudocultura não trava relação imediata com nada; está sempre fixada em sua própria visão de mundo. Sua postura é a de considerar que as coisas estão dadas (*taking something for granted*), mesmo para as conjecturas mais selvagens, sempre soa como se estivesse dizendo "O que? Você não sabe disso?". A consciência crítica é prejudicada, reduzida a uma disposição turva de observar por trás das cenas. [David] Riesman descreveu esse fenômeno como o exemplo de "tomar a droga por dentro". Não obstante, permanecem irracionais as respostas dominantes e os teoremas da pseudocultura, o que explica a sua simpatia por irracionalismos de toda a estirpe, especialmente os depravados, para a glorificação da natureza e da alma. É ao mesmo tempo intelectualmente pretensiosa e barbaramente anti-intelectual. A afinidade eletiva entre a pseudocultura e a pequena burguesia é óbvia. Entretanto, como a pseudocultura é socializada, suas tendências patéticas começam a infectar toda a sociedade, o que corresponde ao estabelecimento da pequena burguesia como caráter social dominante. A conexão social entre ilusão e pseudocultura foi raramente tratada pelas ciências sociais, no entanto, foi tema de uma literatura, à qual nunca foi dado o devido prestígio. A fisionomia total da pseudocultura é encontrada na descrição de [Peter] Benedix sobre a sogra destrutiva em sua comédia fora de moda, *Der Stoernfried* ("O Encrenqueiro"). A sociologia seria provavelmente capaz de elaborar sua ontologia completa, uma relação estrutural de todas as suas categorias de base, que, ao mesmo tempo, são derivadas das condições sociais. A pessoa pseudoculta, ao afirmar a cultura, mesmo que dela esteja excluída, utiliza-se de uma segunda cultura sui generis — uma cultura extraoficial, que, ao mesmo tempo celebra claramente seu verdadeiro encontro com a cultura aparelhada pela indústria cultural —, exclui o mundo dos livros não colocados na estante, realmente lidos, mesmo que pareça ser tão carente de história e tão insensível para as catástrofes históricas quanto o próprio inconsciente. Do mesmo modo que o inconsciente, a pseudocultura tende a ser não responsiva, o que a torna mais difícil de ser corrigida pedagogicamente. Apenas uma aproximação psicológica profunda poderia neutralizar tal tendência de modo a prevenir sua ossificação nos estágios iniciais do desenvolvimento e fortalecer a reflexão crítica.

Aproximações desse tipo, entretanto, logo têm problemas. A familiaridade com a desordem social (*Unwesen*) da pseudocultura confirma o que é produzido e reproduzido pelas condições objetivas, que mantêm a esfera da consciência em estado de impotência, e não pode ser modificada isoladamente. Na totalidade contraditória, a questão da formação cultural (*Bildung*) também está enredada em uma antinomia. É ingênuo e ideológico continuar discursando sobre cultura (*Kultur*), em vista da tendência em aniquilá-la, que se manifesta objetivamente e para além de todos os limites dos sistemas políticos. Além do mais, a cultura não pode florescer *in abstracto* ao nível de uma norma ou de um pretenso valor, pois afirmações desse tipo rompem a conexão existente entre tudo o que é cultural e a realização, por meio de um autocontrole, autoconsciente, de uma vida que vale a pena ser vivida e contribuem para a neutralização do espírito, o que destrói a formação cultural (*Bildung*). Por outro lado, no entanto, mesmo a teoria social e uma práxis de alguma forma por ela orientada, não pode tomar o lado da tendência mais forte e, com uma coragem nascida do desespero, empurrar o que está em queda, atribuindo a si a extinção da formação cultural, para, em seguida, ser diretamente corresponsável pela regressão à barbárie. Entre as tentações de um espírito que perdeu a fé em si mesmo, não menos inofensivo é o que em psicologia Anna Freud chamou de identificação com o agressor[40], isto é, subscrever de forma submissa o que é supostamente inevitável. Atualmente, o intelectual crítico prospera menos do que quem usa o intelecto, ou o que toma por esse para ofuscar. Igualmente presunçosa é a ilusão de que qualquer um — e isso se refere sempre a si mesmo — pode estar isento da tendência para a pseudoformação socializada. O que, com justiça se ousa chamar de progresso da consciência, o insight crítico e sem ilusões a respeito da natureza das coisas como realmente são, prossegue em ritmo acelerado com a perda da formação cultural (*Bildungsverlust*): senso comum e formação tradicional são incompatíveis. Não é casual que, quando Marx e Engels conceberam a teoria crítica da sociedade, aquelas esferas que eram a primeira preocupação do conceito de formação cultural — filosofia e arte — tornaram-se brutas e primitivas. Tal simplificação tornou-se incompatível com o objetivo social de escapar finalmente da barbárie; entretanto, nesse ínterim, tal simplificação apoia o terror do Leste. A consciência progressista, que permite àqueles que a possuem a capacidade de resistir à cultura (*Kultur*) mercantilizada e degenerada em propriedade, não está apenas sobre, mas simultaneamente sob a formação cultural (*Bildung*). A nova qualidade emergente é sempre mais e menos do que aquela em que ela chafurda. A liga da barbárie é depurada por uma enzima que fermenta seu próprio progresso, purificando-a. O que

---

[40] Cf. Adorno, "Aberglaube aus zweiter Hand", op. cit., p. 168.

deveria ser almejado é uma situação que não glorificasse a cultura (*Kultur*), nem conservasse ou destruísse seu espólio, mas que transcendesse, antes, a antítese entre a formação cultural (*Bildung*) e a sua ausência, entre a cultura (*Kultur*) e a natureza. Entretanto, isso demanda não apenas romper com a absolutização da cultura, mas, também, de sua concepção como algo dependente, como mera função da práxis, ou diretrizes para a práxis, não deve ser hipostasiada ou canalizada para teses não dialéticas. O insight de que aquilo que se origina não é redutível à sua origem e tampouco pode ser equiparado com aquilo de que provém, também se relaciona com um certo tipo de espírito, ele próprio tentado a fazer de si mesmo a origem. Pode-se muito bem responder a alguém que reivindica tamanho autoengrandecimento fazendo referência à sua dependência das condições reais da vida e sua inseparabilidade mútua e, finalmente, ao fato de que é um ser orgânico. Porém, fosse o intelecto totalmente reduzido à dependência e fosse ele se resignar ao papel de mera necessidade, então o oposto viria à mente. Nessa medida, a preocupação com a formação cultural (*Bildung*) no momento histórico presente está justificada. Não é apenas falsidade, mas a verdade do intelecto que se separa das reais condições de vida e se torna independente delas; nenhum conhecimento vinculado, nenhuma obra de arte bem-sucedida pode ser refutada por referir-se à sua gênese social. Se as pessoas desenvolveram a mente para conservar a vida, suas criações espirituais, que existiram por essa razão, já não proporcionam qualquer alimento. A irrefutável independência do espírito *vis-à-vis* a sociedade — a promessa de liberdade — é ela mesma tanto um fato social como a unidade de ambos. Se aquela independência for simplesmente negada, então o espírito é eliminado e converte o existente em ideologia não menos de quando usurpava ideologicamente o poder absoluto. Além do fetichismo da cultura (*Kultur*), o que só pode ser propriamente chamado cultural é: apenas o que se realiza em virtude da integridade de sua própria forma espiritual, o que intercede somente via essa integridade, o que reage à sociedade, mas não em conformidade direta com as leis sociais. O poder do espírito para tanto vem precisamente do que outrora fora a formação cultural (*Bildung*). Nos casos em que o espírito não se dissolve em uma identidade indiferenciada com a sociedade, e ainda assim só obedece a leis sociais, o seguinte anacronismo é oportuno: agarrar-se à formação cultural, mesmo depois de a sociedade tê-la privado de seus alicerces. Pois a única forma possível de sobrevivência ao espírito é pela reflexão crítica sobre a pseudoformação, para o que a formação cultural é essencial.

SOBRE A ESPECIFICAÇÃO DA TEORIA CRÍTICA[41]

Theodor W. Adorno

1. Inclusão do fator subjetivo. "A argamassa" [der Kitt]. Necessidade de uma mais-valia psíquica sobre a Economia objetiva para manter a sociedade coesa.

2. O Marxismo como teoria crítica da sociedade significa que não pode ser hipostasiado, nem pode simplesmente tornar-se Filosofia. As perguntas filosóficas são *abertas,* não predeterminadas por uma concepção do mundo [Weltanschauung].

3. A teoria crítica não visa à totalidade, mas a *critica.* Mas isso também significa que seu conteúdo é *antitotalitário,* com todas as consequências políticas.

4. A teoria crítica não é Ontologia, não é Materialismo positivo. Seu conceito implica que a satisfação das necessidades materiais é condição necessária, mas não suficiente, de uma sociedade livre [einer befreiten Gesellschaft]. O materialismo realizado é ao mesmo tempo a abolição do Materialismo como dependência de interesses materiais cegos. Ao mesmo tempo, superar o princípio da troca significa satisfazê-lo: todos devem receber o equivalente ao trabalho social médio.

5. Para a teoria crítica, a ciência é uma entre outras forças produtivas sociais e está entrelaçada às relações de produção. Ela própria está sujeita àquela reificação contra a qual a teoria crítica se dirige. Não pode ser a medida da teoria crítica, não pode ser ciência como Marx e Engels a postularam.

6. Isso significa que, tanto quanto na teoria crítica, o marxismo — sem ser amenizado — deve refletir criticamente sobre si mesmo. Ele é inconciliável com o Positivismo, uma forma limitada de razão. Sua irracionalidade é definível de forma imanente. A teoria crítica é motivada por um conceito modificado de razão.

---

[41] Texto publicado originalmente em: Theodor W. Adorno. Zur Spezifikation der kritischen Theorie. *In*: Theodor W. Adorno. *Adorno Archiv (Hrsg.).* Tradução de Maria Amélia Güllnitz Zampronha. Eine Bildmonographie, Frankfurt a. M. 2004, p. 292. Revisão técnica da tradução: Odair Sass, Maria Angélica Pedra Minhoto e Carlos A. Giovinazzo Jr.

7. A teoria crítica — contra o materialismo como metafísica — leva a dialética muito mais a sério [schwernehmen] do que o Marxismo estabelecido. Isso se aplica sobretudo à ideologia. A teoria crítica não pode criar a superestrutura pelo alto. O conceito de ideologia, como o de aparência socialmente necessária, contém o conceito de uma consciência correta. Nem todo espírito é ideologia. A teoria crítica também é crítica imanente do espírito.

8. A teoria crítica é motivada pelo interesse por uma sociedade digna, visto que é prática. Mas não deve ser medida pela prática como um *thema probandum*; a objetividade da verdade e a razão são inerentes a ela. Não hipostasia uma unidade entre teoria e prática que é impossível na sociedade contemporânea. Não há continuum entre a teoria e a prática.

Notas bibliográficas indicativas (redigidas por Odair Sass)

As notas subsequentes, numeradas de 1 a 8, uma para cada tópico, visam tão somente indicar textos e obras de Theodor Adorno, em que foram tratados temas e questões sumariamente mencionados no roteiro que o autor apresentou, como fundamentais para a elaboração da teoria crítica. Portanto, limitam-se a situar escritos que contemplam os oito tópicos, sem pretender esgotar as obras do autor, não esquecendo, também, que eles foram analisados por outros autores da teoria crítica e do Instituto de pesquisa social, na Alemanha e nos Estados Unidos da América.

1. Diante do avanço do fascismo, pela tomada do poder de estado, na Europa, acompanhado da adesão de parcela expressiva do proletariado, até então, considerado o herdeiro histórico da revolução socialista, tornou inadiável responder à pergunta: por que as pessoas aderiram cegamente a um programa que é contrário aos seus próprios interesses? Adorno procurou refletir de diversas maneiras sobre essa pergunta, tanto em *Dialética do esclarecimento* (1985), escrito em conjunto com Max Horkheimer, quanto em ensaios, tais como "O que significa elaborar o passado" (1995a), "Educação após Auschwitz" (1995a), "Sobre a relação entre sociologia e psicologia" (2015), e em pesquisas empíricas, como a investigação sobre a Personalidade autoritária (1965) e *As estrelas descem à Terra* (2008). A inclusão do fator subjetivo na teoria social foi justificada

diversas vezes por ele, por meio da indispensável e necessária "inflexão em direção ao sujeito", frequentemente desprezada, ou considerada como uma recaída ao subjetivismo e ao psicologismo.

2. Em resposta ao marxismo "ortodoxo", que postulava ser o intérprete oficial da obra de Marx, qualificando aqueles que se dedicavam à pesquisa social, realizada no Instituto de pesquisa social, sediado, de 1924 a 1930, em Frankfurt, de "revisionistas", Adorno, bem como outros autores da teoria crítica, esclarece, em diversos textos e passagens de seus trabalhos, as suas objeções referentes às interpretações da obra de Marx e ao marxismo, como, por exemplo, em "Capitalismo tardio ou sociedade industrial?" (1994) e "Notas marginais sobre teoria e práxis" (1995b).

3. A síntese "O verdadeiro é o todo", escrita por Hegel, indica a importância do conceito de totalidade para a dialética porque estabelece a identidade entre razão e real. Diferentemente, para Adorno, a totalidade, conceito que permite explicar o sistema social existente como conjunto articulado, ainda que isoladamente possa conter partes de elementos racionais, é irracional como um todo, sintetizado por ele na expressão "O todo é falso". A relação entre o todo e as partes, também, aparece em vários textos do autor, dos quais é exemplar a seguinte conclusão a propósito da injustiça que sofre o não idêntico: "Tudo progride no todo; só não o faz o todo mesmo", contida no importante ensaio "Progresso" (1995b). Daí a assertiva de que não se trata apenas de identificar e compreender a totalidade, aceitando-a, trata-se, em decorrência, de superá-la.

4. Ontologia, a ciência do ser tal como ele é por sua natureza, para além das determinações que o conformam, é, desde a filosofia grega clássica, um tema recorrente da Filosofia e das teorias do conhecimento, tendo como referências importantes, no século XX, György Lukács, na literatura marxista, e Martin Heidegger, no existencialismo. A esse, Adorno dedica de forma sistemática a crítica da Ontologia, especialmente na primeira parte da *Dialética negativa* (2009).

5. Engels e Marx investigaram a função da Ciência e do conhecimento científico aplicado à produção, como Tecnologia, no desenvolvimento das forças produtivas e das relações sociais de

produção e evidenciaram a contradição entre ambas, à medida que a primeira era cada vez mais acelerada, enquanto a segunda permanecia estagnada e atrasada, em relação àquela, o que levou Marx a concluir que tal contradição seria superada por meio da revolução socialista. A teoria crítica, por sua vez, diante da ascensão do fascismo, com o apoio de vários setores do proletariado, contrapôs a esse entendimento, evidenciando que Marx subestimou a força da integração do capital, que proporcionou o enredamento entre as forças produtivas e as relações sociais de produção, em vez da explosão entre elas, como discute, Adorno, por exemplo em "Capitalismo tardio ou sociedade industrial" (1994).

6. Enfatiza, como indicado na nota 3, anterior, a crítica que incide sobre a positivação realizada por algumas correntes do materialismo histórico e da dialética, de modo a se esquivar da reflexão acerca do movimento histórico do objeto, como preconizava a dialética de Hegel e de Marx.

7. No mesmo sentido, Adorno, em contraposição à tese de que a ideologia não tem história, como em Louis Althusser, entende que a ideologia deslocou-se para o próprio sistema social capitalista, como aparência social, necessária reduzindo à mingua as suas contradições imanentes, como se pode ler no capítulo intitulado "Ideologia", escrito em parceria com Max Horkheimer (1978), motivo pelo qual a tradicional crítica transcendente da ideologia tornou-se insuficiente, sendo discutida também no relevante ensaio "Crítica cultural e sociedade" (1994).

8. Considerando o desenvolvimento material e intelectual tal como se apresenta, hoje mais do que no passado, a possibilidade de uma sociedade digna do nome, constituída de indivíduos livres, que proporcione a vida pacificada dos seres humanos uns com os outros e desses com a natureza extra-humana, neste planeta, é passível de ser realizada. Contudo, não se trata de um programa ou projeto a ser comprovado como se fosse uma hipótese a ser testada. É um potencial factível. Para contribuir com esse empreendimento humano, a teoria crítica postula que ele repousa sobre a razão e a verdade, em contraste com a irracionalidade e a inverdade, bem como a superação das muitas cisões que a história da humanidade amealhou e ainda persistem, entre as quais cabe mencionar: traba-

lho intelectual e manual, classes sociais, sujeito e objeto, reflexão e ação, teoria e práxis, indivíduo e sociedade. A cisão, quase que um princípio metodológico adotado por Adorno, à medida que invariavelmente contrapõe um conceito com o seu contrário, em seus escritos; procedimento adotado em: "Notas marginais sobre teoria e práxis" (1995), já mencionado, na nota 2, e "Sobre a relação entre sociologia e psicologia" (2015), na nota 1, anterior.

Obras mencionadas nestas notas indicativas:

ADORNO, Theodor W. *Educação e emancipação*. Rio de Janeiro: Paz e Terra, 1995a.

ADORNO, Theodor W. *Palavras e sinais*. Petrópolis: Vozes, 1995b.

ADORNO, Theodor W. *As estrelas descem à terra*. São Paulo: Editora UNESP, 2008.

ADORNO, Theodor W. *Ensaios sobre Psicologia social e Psicanálise*. São Paulo: Editora UNESP, 2015.

ADORNO, Theodor W. et al. *La personalidad autoritaria*. Buenos Aires: Editorial Proyección, 1965.

COHN, Gabriel (org.). *Theodor W. Adorno*. São Paulo: Ática, 1994.

HORKHEIMER, Max; ADORNO, Theodor W. *Temas básicos da sociologia*. São Paulo: Cultrix: EDUSP, 1978.

HORKHEIMER, Max; ADORNO, Theodor W. *Dialética o esclarecimento*. Rio de Janeiro: Jorge Zahar, 1985.

SOBRE OS AUTORES

Carlos Antônio Giovinazzo Jr.: Professor e pesquisador da Pontifícia Universidade Católica de São Paulo (PUC-SP), área da Educação. Doutor em Educação pela mesma Universidade. Realiza investigações com foco nos seguintes temas: educação, adolescentes e jovens; escola, formação política e consciência; organização escolar, ensino e prática pedagógica; educação e comunicação. Orcid: 0000-0001-9314-4406.

Cristiane Fairbanks: Doutora em Educação: História, Política, Sociedade pela Pontifícia Universidade Católica de São Paulo (PUC-SP), advogada formada também pela PUC-SP e filósofa, participa do projeto de pesquisa "Formação e educação, tecnologia e profissionalização, na sociedade industrial do capitalismo tardio", com o aporte da teoria crítica da sociedade, que investiga a relação entre formação técnica, humanística e profissional no ensino médio e superior. Publicou o capítulo intitulado "O Ensino Superior e a formação no capitalismo tardio: diálogos entre sociedade, educação e trabalho" na coletânea Trilhando Horizontes (2021). Orcid: 0000-0002-4585-9092.

Deise Lopes de Souza: Doutora (2022) e mestra em Educação (2018) pela Universidade Federal de São Paulo (Unifesp); graduada em Pedagogia (2014) pela mesma instituição. Pesquisadora do Grupo Avaliação de Políticas Educacionais (GPAPE); atuou junto ao Observatório da Educação Superior da EFLCH-Unifesp e do Projeto Temático "Formação e Educação, Tecnologia e Profissionalização na Sociedade Industrial do Capitalismo Tardio". Tem experiência na área Política Educacional, com ênfase nos seguintes temas: Políticas Públicas, Orçamento da Educação; Organização da Educação; Financiamento da Educação; Ensino Médio, Enem, Política Educacional, Avaliação Externa e Educação Superior. Orcid: 0000-0003-2541-0754.

Elisangela Lizardo: Doutora em Educação: História, Política, Sociedade na Pontifícia Universidade Católica de São Paulo; mestra em Educação: História, Política, Sociedade pela Pontifícia Universidade Católica de São Paulo; especialista em Democracia Participativa, República, Movimentos Sociais pela Universidade Federal de Minas Gerais. Docente de Educação Pedagogia no Instituto Federal de Educação, Ciência e Tecnologia de São Paulo. Orcid: 0000-0001-9314-4406.

Juarez Bernadino de Oliveira: Doutor e mestre em Educação pela Pontifícia Universidade Católica de São Paulo, graduado em Estudos Sociais e Pedagogia, atua, desde 2009, como supervisor de ensino efetivo na Secretaria de Educação do Estado de São Paulo e é membro do grupo de pesquisa Teoria Crítica, Formação e Cultura (PUC-SP). Realiza pesquisas sobre formação continuada de professores. Orcid: 0009-0004-6096-428X.

Luiz Alberto Neves Filho: Doutor e mestre em Educação: História, Política, Sociedade pela Pontifícia Universidade Católica de São Paulo, especialista em Psicologia da Educação pela Fac. Oswaldo Cruz-SP, MBA em Gestão da Tecnologia da Informação — Faculdades Metropolitanas Unidas, e graduado (Licenciatura Plena e Bacharelado) em Ciências Sociais pelo Centro Universitário Santanna-SP. Atualmente, é coordenador de Inovação Pedagógica na Escola Superior de Propaganda e Marketing (ESPM). Também atuou como Professor de Ensino Superior, Desenvolvedor de Conteúdos (Ensino Presencial e EaD) de disciplinas relacionadas às Ciências Humanas, Ciências Sociais, Educação e Legislação Educacional. Orcid: 0000-0002-5581-0938.

Maria Angélica Pedra Minhoto: Doutora e mestra em Educação, pela Pontifícia Universidade Católica de São Paulo, pós-doutora e graduada em Economia e Pedagogia pela mesma instituição. Atualmente, é Professora do Departamento de Educação, da Escola de Filosofia, Letras e Ciências Humanas da Universidade Federal de São Paulo, em que foi pró-reitora de graduação entre 2013 e 2017. Atualmente, é coordenadora de Pesquisa do Centro de Estudos Sociedade, Universidade e Ciência (SoU_Ciência) e líder dos grupos de pesquisa Avaliação de Políticas Educacionais e SoU_Ciência, ambos cadastrados no CNPq. Orcid: 0000-0002-8872-493X.

Pedro Fernando da Silva: Doutor e mestre em Psicologia Social, pela Pontifícia Universidade Católica de São Paulo (PUC-SP); psicólogo pela Universidade de Mogi das Cruzes (UMC). Professor do Instituto de Psicologia da USP e do Programa de Pós-Graduação em Psicologia Escolar e do Desenvolvimento Humano (IPUSP); coordenador do Laboratório de Estudos sobre o Preconceito (LaEP); membro do Núcleo de Estudos e Trabalhos Terapêuticos (NETT). Orcid: 0000-0002-4219-0282.

Odair Sass: Doutor em Psicologia Social. Psicólogo. Docente e pesquisador do Departamento de Psicologia Social da Faculdade de Ciências Humanas e Saúde (FACHS) e do Programa de Pós-Graduação em Educação: História, Política, Sociedade, ambos da PUC-SP. Orcid: 0000-0002-1803-0297.

NOTA DOS ORGANIZADORES

Realizou-se todos os esforços a fim da obtenção de anuência à publicação em língua portuguesa do artigo de Theodor W. Adorno "Theory of pseudo-culture (1959)", tradução para o inglês de Deborah Cook, publicado em *Telos: a quarterly journal of critical thought* (1993). Desde 2021, foram feitas inúmeras tentativas de contato com a tradutora e com a editora responsável pelo periódico, mas sem sucesso. Decidiu-se pela publicação em português com todas as referências e informações que identificam a origem e a autoria do texto traduzido.